U0881684

制度必读系列

Civil Code and Institution of China

# 中国民法典与中国制度

中国政法大学制度学研究院

李　铁著

中央党校出版集团◎大有书局

**图书在版编目（CIP）数据**

中国民法典与中国制度 / 李铁著 . -- 北京 : 大有书局 , 2021.7
ISBN 978-7-80772-005-8

Ⅰ . ①中… Ⅱ . ①李… Ⅲ . ①民法－法典－中国
Ⅳ . ① D923

中国版本图书馆 CIP 数据核字 (2021) 第 049019 号

书　　名　中国民法典与中国制度
　　　　　ZHONGGUO MINFADIAN YU ZHONGGUO ZHIDU
作　　者　李　铁 著
统筹策划　张作珍
特约编辑　刘韫劼
责任编辑　张媛媛　周　舟
出版发行　大有书局
　　　　　（北京市海淀区长春桥路 6 号）
综 合 办　（010）68929273
发 行 部　（010）68922366
经　　销　新华书店
印　　刷　中煤（北京）印务有限公司
版　　次　2021 年 7 月北京第 1 版
印　　次　2021 年 7 月北京第 1 次印刷
开　　本　170 毫米 ×240 毫米 16 开
印　　张　19
字　　数　240 千字
定　　价　65.00 元

本书如有印装问题，可联系调换，联系电话：（010）68929022

## 丛书编委会成员名单


顾　问

李君如

主　编

李　铁

执行主编（按姓氏笔画排序）

张作珍　赵建军　廉希圣

编　委（按姓氏笔画排序）

丛天龙　华　夏　黄俊康　韩建国

滕灵芝　魏俊芳

# 序言

2020年5月28日，第十三届全国人大三次会议审议通过了《中华人民共和国民法典》。

翌日，习近平总书记主持十九届中央政治局第二十次集体学习时发表讲话指出："民法典系统整合了新中国成立70多年来长期实践形成的民事法律规范，汲取了中华民族5000多年优秀法律文化，借鉴了人类法治文明建设有益成果，是一部体现我国社会主义性质、符合人民利益和愿望、顺应时代发展要求的民法典，是一部体现对生命健康、财产安全、交易便利、生活幸福、人格尊严等各方面权利平等保护的民法典，是一部具有鲜明中国特色、实践特色、时代特色的民法典。"

民法典，是新中国成立以来第一部以"法典"命名的法律，是新时代我国社会主义法治建设的重大成果，是一部固根本、稳预期、利长远的基础性法律。《中华人民共和国民法典》对推进全面依法治国、加快建设社会主义法治国家，对发展社会主义市场经济、巩固社会主义基本经济制度，对推进国家治理体系和治理能力现代化具有重大意义。

深入推动民法典实施，以更好推进全面依法治国、建设社会主义法治国家，以更好保障人民权益，这是一项对当代中国具有深远影响意义的重大历史使命。

习近平总书记还指出，要加强我国民事法律制度理论研究，为有效实施民法典、发展我国民事法律制度提供理论支撑。本书是中国政法大学制度学研究院在国家制度和法律制度研究基础上独具特色的学术理论成果，希望借本书为各级领导干部学习、遵守、维护民法典做出表率，为提升运用民法典维护人民权益、促进社会和谐稳定的能力和水平做出贡献。

基于此，本书的着笔是从法典的法系根脉、法典的时代特征、法典的制度创新、法典的实施要素来阐述中国首部法典的风貌。同时，为法典的切实实施提供制度体系的学术理论助力——“民法典外民法系”“民法典外民法典”“民法典外制度典”，以期为首座法典理论大厦添砖加瓦。

李铁

2020 年 8 月 28 日

# 目　录

# 第一章 中国气派民法典

# 一、民法典的三大制度成果

新冠肺炎疫情是百年来最严重的传染病大流行，给世界各国造成了严重冲击，夺走了上百万生命。面对突如其来的严重疫情，我们党带领全国人民进行了一场惊心动魄的人民战争，经受了一场艰苦卓绝的历史考验，取得了抗击新冠肺炎疫情斗争的重大战略成果，充分展现了我们党无比坚强的领导力，再次升华了中国特色社会主义制度的显著优势。

在抗疫斗争中,我国颁布的《中华人民共和国民法典》(以下简称《民法典》)，必将以法典的基础性功能优势为国家治理现代化提供更加有力的制度保障。

中国民法典包含了以下三方面的重要制度成果。

## （一）制度入法：一系列重要制度成果用法典形式确定下来

《民法典》是私法的基本法，各项民事法律在民法典的统率下，构成统一的整体。一个人一辈子可能不会跟刑法打交道，而处处都离不开民法。比如，在疫情期间，我们居家点外卖、看手机 App，这些活动都是以合同的形式运行着。《民法典》的出台，全面强化并实实在在地促进了人民群众的人身权、人格权、财产权，关系着人民群众的切身利益。所以，在当今颁布《民法典》，既非常必要，也恰逢其时。

## （二）聚焦法典：新时代我国社会主义法治建设的重大成果

《民法典》在中国特色社会主义法律体系中具有重要地位，对推进全面依法治国、加快建设社会主义法治国家，对发展社会主义市场经济、巩固社会主义基本经济制度，对坚持以人民为中心的发展思想、依法维护人民权益、推动我国人权事业发展，对推进国家治理体系和治理能力现代化，对中华民族实现伟大复兴的进程都会产生历史性的影响。

### （三）总体目标：民法典是全面依法治国的重要制度载体

《民法典》系统整合了新中国成立70多年来长期实践形成的民事法律规范，汲取了中华民族5000多年的优秀法律文化，借鉴了人类法治文明建设的有益成果，是一部体现我国社会主义性质、符合人民利益和愿望、顺应时代发展要求的法典，是一部体现对生命健康、财产安全、交易便利、生活幸福、人格尊严等各方面权利平等保护的法典，是一部具有鲜明中国特色、实践特色、时代特色的法典。这样一部固根本、稳预期、利长远的基础法律，它的深远意义就在于为全面依法治国提供了有力的制度保障。

还有一点必须提及，在我国革命、建设、改革的各个历史时期，我们党一直高度重视民事法律的制定实施，关注民法典的编修工作。

早在革命战争年代，我们党在中央苏区、陕甘宁边区等地区就制定实施了涉及土地、婚姻、劳动、财经等方面的法律。新中国成立后，我国相继制定实施了婚姻法、土地改革法等重要法律，以及有关户籍、工商业、合作社、城市房屋、合同等一批法令，并于1954年、1962年、1979年、2001年先后4次启动民法制定工作，均由于条件所限没能系统推进。但我国先后制定或修订的中外合资经营企业法、婚姻法、经济合同法、商标法、专利法、涉外经济合同法、继承法、民法通则、土地管理法、企业破产法、外资企业法、技术合同法、中外合作经营企业法、著作权法、收养法、公司法、担保法、保险法、票据法、拍卖法、合伙企业法、证券法、合同法、农村土地承包法、物权法、侵权责任法等多部民事商事法律，为编纂民法典奠定了坚实基础。

党的十八大以来，我们党顺应实践发展要求和人民群众期待，把编纂民法典摆上重要日程。党的十八届四中全会对编纂民法典做出了具体部署。在党中央的坚强领导下，在习近平总书记的指导下，各方面精心设计、共同努力，历时五载，《民法典》终于问世，实现了几代人的夙愿。

## 二、中国民法典的国际地位

中国民法典是一部具有中国特色、实践特色、时代特色的民法典，也是一部具有世界水准的民法典。若论人类的民法典体系，最具有代表性的不外是法、德两国民法典。如果说法国民法典是 19 世纪的典范，德国民法典是 20 世纪的典范，那么毫无疑义，中国民法典将是 21 世纪的民法典典范。

### （一）价值意义：人类法治文明建设的集大成法典

中国民法典是社会主义市场经济的基本法律，是社会生活的“百科全书”，是国家治理的良法重器，也是人民民事主体权利的“宣言书”：民法典是坚持以人民为中心、保障人民权益实现和发展的必然要求；是发展社会主义市场经济、巩固基本经济制度的必然要求；是提高我们党治国理政水平、推进法治政府建设的必然要求；是作为行政决策、行政管理、行政监督的重要标尺；是衡量各级党和国家机关履行为人民服务宗旨的重要尺度。

## （二）体系宏伟：体量大、架构新、国际化的法典

《民法典》共有 7 编、1260 条，包含总则编、物权、合同、人格权、婚姻家庭、继承、侵权责任 6 个分编，总共 80 多章，规模、篇幅居人类法典之首。聚焦《民法典》的核心要义和重点问题，可以清楚体现在一系列的新规定、新概念、新精神中。

《民法典》关于民事活动平等、自愿、公平、诚信的基本原则，主体平等、财产保护、便利交易、人格尊严、家庭和谐、侵权追责的基本要求，都说明其既是公民保护自身权益的法典，也是全体社会成员必须遵循的核心价值观，其所体现的当代中国精神理念，正是 21 世纪中华民族生机勃发的时代气质的凝聚和再现。

## （三）远景影响：制度设计必将促进国家制度典诞生

国家规定，《民法典》作为“十四五”时期普法工作的重点，纳入国民教育体系。同时，要加强对民事法律制度的理论研究，加强同《民法典》相关联、相配套的法规制度建设，预期稳定形成的民法规范和制度体系，可确保《民法典》得到全面有效执行。

《民法典》的主要制度体系创新，与国家制度的顶层设计、入法实践相辅相成。在整个社会主义法律体系中，《民法典》是一部基础性的法律；在民事领域立法中，《民法典》处于基础性、统帅性的地位。同时，作为市场经济的基本法，行政执法和司法执行的基本依据，各级党和国家机关要全面推进、保障民法典实施，必然需要一系列遵守、维护民法典的制度规范作为后盾。据不完全统计[①]，现行的与法典接轨并行的制度法规有 300 多部，体量大大超过法典本身。如《民法典》规定的绿色规则有

① 本书后文提及的制度典目录可说明此处数字。

18条，而国家出台的生态文明制度则达30余部，且都是遵循“用最严格制度最严密法治保护生态环境”的法治原则。

还有，大国的责任担当同样体现于我国民法典中。《民法典》立足中国实际，回答中国之问；从中国的实践出发，解决当代中国的实践问题；回应21世纪我国所面临的现实问题，为构建人类命运共同体担当大国责任。毫无疑问，《民法典》的中国特色、实践特色和时代特色的具体体现是中国承担国际责任的一种坚定表现。

## 三、制度入法奠定法典基石

《民法典》系统整合了新中国成立70多年来长期实践形成的民事法律规范，涉及各类民事主体的各种人身关系和财产关系，涉及社会和经济生活的方方面面，是名副其实的社会生活的“百科全书”。

《民法典》浓缩着新中国几代人的梦想，凝聚着无数人前赴后继、呕心沥血的奋斗和对法治进步孜孜不倦的追求，是一部具有中国特色、体现时代特点、反映人民意愿的法典，必将为坚持和完善中国特色社会主义制度、实现“两个一百年”奋斗目标、实现中华民族伟大复兴的中国梦提供强有力的制度依据和法治支撑。

### （一）编纂民法典的总体要求和基本原则

编纂民法典的指导思想是：高举中国特色社会主义伟大旗帜，以马克思列宁主义、毛泽东思想、邓小平理论、“三个代表”重要思想、科学发展观、习近平新时代中国特色社会主义思想为指导，增强“四个意识”，坚定“四个自信”，做到“两个维护”，全面贯彻党的十八大、十九大和有关中央全会精神，坚持党的领导、人民当家作主、依法治国有机统一，紧紧围绕统筹推进"五位一体"总体布局和协调推进"四个全面"战略布局，紧紧围绕建设中国特色社会主义法治体系、建设社会主义法治国家，总结实践经验，适应时代要求，对我国现行的、制定于不同时期的民法通则、物权法、合同法、担保法、婚姻法、收养法、继承法、侵权责任法和人格权方面的民事法律规范进行全面系统的编订纂修，形成一部具有中国特色、体现时代特点、反映人民意愿的民法典，为新时代坚持和完善中国特色社会主义制度、实现"两个一百年"奋斗目标、实现中华民族伟大复兴的中国梦提供完备的民事法治保障。

## （二）民法典是全面依法治国的立法工程

编纂一部真正属于中国人民的民法典，是在坚持和完善中国特色社会主义制度、推进国家治理体系和治理能力现代化的时代要求下，按照党的十八届四中全会决定，通过对我国现行的民事法律制度规范进行系统整合、编订纂修，形成一部适应新时代中国特色社会主义发展要求，符合我国国情和实际，体例科学、结构严谨、规范合理、内容完整并协调一致的法典。《民法典》的编纂工作具有重大而深远的意义，主要体现在以下五方面。

### 1. 是坚持和完善中国特色社会主义制度的现实需要

新中国成立 70 多年来，中国共产党团结带领中国人民不懈奋斗，取得了举世瞩目的发展成就，中国特色社会主义制度展现出强大的生命力和显著的优越性。我国民事法律制度正是伴随着社会主义现代化建设的历史进程形成并不断发展的，在系统总结制度建设成果和实践经验的基础上，编纂一部具有中国特色、体现时代特点、反映人民意愿的民法典，充分彰显了中国特色社会主义法律制度成果和制度自信，促进和保障了中国特色社会主义事业不断发展。

### 2. 是推进全面依法治国的重大举措

民法是中国特色社会主义法律体系的重要组成部分，规范各类民事主体的各种人身关系和财产关系，涉及社会和经济生活的方方面面，是一部社会生活的“百科全书”。《民法典》通过确立民事主体、民事权利、民事法律行为、民事责任等民事总则制度，确立物权、合同、人格权、婚姻家庭、继承、侵权责任等民事分则制度，来调整各类民事关系，不仅对健全和完善中国特色社会主义法律体系具有重要法治意义，对推进国家治理体系和治理能力现代化，也具有重要实践意义。

### 3. 是坚持和完善社会主义基本经济制度、推动经济高质量发展的需要

公有制为主体、多种所有制经济共同发展，按劳分配为主体、多种分配方式并存，社会主义市场经济体制等社会主义基本经济制度，是市场经济的法治基础，是受法治规则调整的经济制度。通过确立民事主体制度中的法人制度，规范民事活动的民事法律行为制度、代理制度，调整各类财产关系的物权制度，调整各类交易关系的合同制度，保护和救济民事权益的侵权责任制度，都是坚持和完善社会主义基本经济制度的必然遵循。编纂民法典，进一步完善我国民商事领域基本法律制度和行为规则，有利于营造各种所有制主体依法平等使用资源要素、公开公平公正的市场秩序，有利于推动经济高质量发展。

### 4. 是增进人民福祉、维护最广大人民根本利益的必然要求

中国特色社会主义法治建设的根本目的是保障人民权益。党的十九大明确提出要保护人民人身权、财产权、人格权，而现行民事法律制度中的一些规范已经滞后，难以满足人民日益增长的美好生活需要。通过编纂民法典，形成更加完备的民事权利体系，形成规范有效的权利保护机制，以更好地维护人民权益，不断增加人民群众获得感、幸福感和安

全感。

### 5. 是紧跟全球新一轮科技革命和信息产业兴起的时代需要

当今信息技术、生物技术、制造技术、新材料技术、新能源技术等已经广泛渗透到整个社会的各个领域，人类已经从工业社会迈向智能社会，信息科技在造福人类的同时，也带来一系列现实问题，急需新的法律制度对其加以规范。编纂民法典正是积极回应这一需求，明确肯定了数据和网络虚拟财产的民事客体地位和财产属性；对当事人通过互联网等信息网络订立电子合同以及这些合同的履行设置了法律规则；回应了大数据背景下个人信息的保护问题；对网络侵权也做出了更为周全的法律规定。

## （三）民法典的主体结构和法律制度体系

2020 年 5 月 28 日，第十三届全国人大三次会议表决通过了《中华人民共和国民法典》，自 2021 年 1 月 1 日起施行，《中华人民共和国婚姻法》《中华人民共和国继承法》《中华人民共和国民法通则》《中华人民共和国收养法》《中华人民共和国担保法》《中华人民共和国合同法》《中华人民共和国物权法》《中华人民共和国侵权责任法》《中华人民共和国民法总则》同时废止。

### 1. 第一编　总则

共 10 章、204 条。总则规定了民事活动必须遵循的基本原则和一般性规则，统领《民法典》各分编。

（1）基本规定。第一章规定了《民法典》的立法目的和依据。“弘扬社会主义核心价值观”是《民法典》重要的立法目的之一，体现坚持依法治国与以德治国相结合的鲜明中国特色，确立平等、自愿、公平、诚信、守法和公序良俗等民法的基本原则；确立绿色原则为民法的基本原则，规定民事主体从事民事活动，应当有利于节约资源、保护生态环境。

民事主体。民事主体是民事关系的参与者、民事权利的享有者、民事义务的履行者和民事责任的承担者，具体包括三类。一是自然人。自然人是最基本的民事主体。“草案规定了自然人的民事权利能力和民事行为能力制度、监护制度、宣告失踪和宣告死亡制度，并对个体工商户和农村承包经营户作了规定（草案第一编第二章）。”[①] 二是法人。《民法典》针对法人是具有民事权利能力和民事行为能力，依法独立享有民事权利和承担民事义务的组织这一特点规定了法人的成立原则和条件、住所等条款，并对营利法人、非营利法人、特别法人三类法人分别做了具体规定。三是非法人组织。非法人组织是不具有法人资格，但能够依法以自己的名义从事民事活动的组织。《民法典》对非法人组织的设立、责任承担、解散、清算等做了具体规定。

民事权利。保护民事权利是民事立法的重要任务。《民法典》规定了民事权利制度，包括对各种人身权利和知识产权做了概括性规定。同时，对数据、网络虚拟财产的保护也做了原则性规定。

（2）民事法律行为和代理。民事法律行为是民事主体通过意思表示设立、变更、终止民事法律关系的行为，代理是民事主体通过代理人实施民事法律行为的制度。《民法典》设立专门条款规定了包括民事法律行为的定义、成立、形式和生效时间；对意思表示的生效、方式、撤回和解释；民事法律行为的效力制度内容；代理的适用范围，效力、类型；等等。

（3）民事责任、诉讼时效和期间计算。民事责任是民事主体违反民事义务的法律后果；诉讼时效是权利人在法定期间内不行使权利，权利不受保护的法律制度。一是规定了民事责任的承担方式，并对不可抗力、正当防卫、紧急避险、自愿实施紧急救助等特殊的民事责任承担问题做了规定；二是规定了诉讼时效的期间及其起算、法律效果，诉讼时效的

---

① 王晨：《关于〈中华人民共和国民法典（草案）〉的说明》，《人民日报》2020 年 5 月 23 日，第 6 版。

中止、中断等；三是规定了期间的计算单位、起算、结束和顺延等。

## 2. 第二编　物权

共5个分编、20章、258条。物权是民事主体依法享有的重要财产权。

物权法律制度调整因物的归属和利用而产生的民事关系，是最重要的民事基本制度之一。

（1）通则。规定了物权制度基础性规范，包括平等保护等物权基本原则，物权变动的具体规则，以及物权保护制度。将有关社会主义基本经济制度的规定修改为："国家坚持和完善公有制为主体、多种所有制经济共同发展，按劳分配为主体、多种分配方式并存，社会主义市场经济体制等社会主义基本经济制度。"①

（2）所有权。所有权是物权的基础。规定的所有权制度包括所有权人的权利，征收和征用规则，国家、集体和私人的所有权，相邻关系、共有等所有权基本制度。在现行物权法规定的基础上，进一步完善了业主的建筑物区分所有权制度：一是明确地方政府有关部门、居民委员会应当对设立业主大会和选举业主委员会给予指导和协助；二是适当降低业主共同决定事项，特别是使用建筑物及其附属设施维修资金的表决门槛，并增加紧急情况下使用维修资金的特别程序；三是结合疫情防控工作，在征用组织、个人的不动产或者动产的事由中增加疫情防控的应急处置措施和其他管理措施。

（3）用益物权。用益物权是权利人依法对他人的物享有占有、使用和收益的权利。本分编规定了用益物权制度，明确了用益物权人的基本权利和义务，以及建设用地使用权、宅基地使用权、地役权等用益物权。一是落实党中央关于完善产权保护制度依法保护产权的要求，明确住宅建设用地使用权期限届满的，自动续期；续期费用的缴纳或者减免，依

① 王晨：《关于〈中华人民共和国民法典（草案）〉的说明》，《人民日报》2020年5月23日，第6版。

照法律、行政法规的规定办理。二是完善农村集体产权相关制度，落实农村承包地“三权分置”改革的要求，对土地承包经营权的相关规定做了完善，以适应“三权分置”后土地经营权入市的需要。三是为贯彻党的十九大提出的加快建立多主体供给、多渠道保障住房制度的要求，增加规定“居住权”这一新型用益物权，明确居住权原则上无偿设立，居住权人有权按照合同约定或者遗嘱，经登记占有、使用他人的住宅，以满足其稳定的生活居住需要。

（4）担保物权。为了确保债务履行而设立的物权，包括抵押权、质权和留置权。明确了担保物权的含义、适用范围、担保范围等共同规则，以及抵押权、质权和留置权的具体规则。一是扩大担保合同的范围，明确融资租赁、保理、所有权保留等非典型担保合同的担保功能，增加规定担保合同包括抵押合同、质押合同和其他具有担保功能的合同；二是删除有关担保物权具体登记机构的规定，为建立统一的动产抵押和权利质押登记制度留下空间；三是简化抵押合同和质押合同的一般条款；四是明确实现担保物权的统一受偿规则。

（5）占有。对占有的调整范围、无权占有情形下的损害赔偿责任、原物及孳息的返还以及占有保护等做了规定。

### 3. 第三编　合同

共 3 个分编、29 章、526 条。合同制度是市场经济的基本法律制度，占《民法典》的“半壁江山”。

（1）通则。规定了合同的订立、效力、履行、保全、转让、终止、违约责任等一般性规则，完善了合同总则制度。一是通过规定非合同之债的法律适用规则、多数人之债的履行规则等完善了债法的一般性规则；二是完善了电子合同订立规则，增加了预约合同的具体规定，完善了格式条款制度等合同订立制度；三是结合新冠肺炎疫情防控工作，完善了国家指令性计划的订货合同制度；四是明确了当事人违反报批义务的法律后果，健全了合同效力制度；五是完善了合同履行制度，落实绿色原则，同时增加规定了情势变更制度；六是完善了代位权、撤销权等合同保全制度，进一步强化了对债权人的保护，细化了债权转让、债务移转制度，增加了债务清偿抵充规则，完善了合同解除等合同终止制度；七是吸收了现行担保法有关定金规则的规定，完善了违约责任制度。

（2）典型合同。为适应典型合同在市场经济活动和社会生活中的现实需要，在现行合同法规定的买卖合同、赠与合同、借款合同、租赁合同等15种典型合同的基础上，增加了4种新的典型合同。一是吸收了担保法中关于保证的内容，增加了保证合同；二是适应我国保理行业发展和优化营商环境的需要，增加了保理合同；三是针对物业服务领域的突出问题，增加规定物业服务合同；四是增加有关个人合伙的规定合伙合同。

（3）完善了其他典型合同。一是通过完善检验期限的规定和所有权保留规则等完善买卖合同；二是为维护正常的金融秩序，明确规定禁止高利放贷；三是落实党中央提出的建立租购同权住房制度的要求，增加规定房屋承租人的优先承租权；四是针对近年来客运合同领域出现的严重干扰运输秩序和危害运输安全问题，细化了客运合同当事人的权利义务；五是根据经济社会发展需要，修改完善了赠与合同、融资租赁合同、建设工程合同、技术合同等典型合同。

（4）准合同。分别对无因管理和不当得利的一般性规则做了规定。

### 4. 第四编　人格权

共6章、51条。规定一系列人格权保护制度，是中国民法典的一大制度亮点。

（1）一般规定。人格权是民事主体对其特定的人格利益享有的权利，关系到每个人的人格尊严，是民事主体最基本的权利。主体包括：明确人格权的定义；规定民事主体的人格权受法律保护，不得放弃、转让或者继承；规定了对死者人格利益的保护；同时明确规定了人格权受到侵害后的救济方式。

（2）生命权、身体权和健康权。一是为促进医疗卫生事业的发展，鼓励遗体捐献的善行义举，确立器官捐献的基本规则；二是为规范与人体基因、人体胚胎等有关的医学和科研活动，明确从事此类活动应遵守的基本制度规则；三是规定了性骚扰的认定标准，机关、企业、学校等单位防止和制止性骚扰的责任和义务。

（3）姓名权和名称权。一是对自然人选取姓氏的规则做出规定；二是对具有一定社会知名度，被他人使用足以造成公众混淆的笔名、艺名、网名等实施保护的规定。

（4）肖像权。这是身份权：一是禁止任何组织或者个人利用信息技术手段伪造等方式侵害他人的肖像权；二是规定肖像权的合理使用规则；三是对肖像许可使用合同的解释、解除等做出规定。

（5）名誉权和荣誉权。这是形象权：一是对行为人实施新闻报道、舆论监督等行为涉及的民事责任承担，尽到合理核实义务的认定；二是民事主体有证据证明报刊、网络等媒体报道的内容失实，侵害其名誉权的，有权请求更正或者删除。

（6）隐私权和个人信息保护权。这是一种绝对性私权：一是禁止侵害他人隐私权的具体行为；二是处理个人信息应遵循的原则和条件；三是明确处理个人信息不承担责任的特定情形，合理平衡保护个人信息与维护公共利益之间的关系；四是国家机关及其工作人员负有保护自然人的隐私和个人信息的义务。

### 5. 第五编　婚姻家庭制度

共 5 章、79 条。婚姻家庭制度是规范夫妻关系和家庭关系的基本准则。

（1）一般规定。重申了婚姻自由、一夫一妻、男女平等等婚姻家庭领域的基本原则和规则：一是弘扬家庭美德，家庭应当树立优良家风；二是为了更好地维护被收养的未成年人的合法权益，把儿童利益最大化的原则落实到收养工作中；三是界定了亲属、近亲属、家庭成员的范围领属。

（2）结婚。一是将受胁迫一方请求撤销婚姻的期间起算点由“自结婚登记之日起”修改为“自胁迫行为终止之日起”；二是不再将“患有医学上认为不应当结婚的疾病”作为禁止结婚的情形，一方隐瞒重大疾病的，另一方可以向人民法院请求撤销婚姻；三是婚姻无效或者被撤销的，无过错方有权请求损害赔偿。

（3）家庭关系。一是明确了夫妻共同债务的范围；二是规范亲子关系确认和否认之诉，亲子关系问题涉及家庭稳定和未成年人的保护，对此类诉讼应进行规范把握。

（4）离婚。在中国现行婚姻法的基础上对离婚制度做出规定：一是增加离婚冷静期制度，即提交离婚登记申请后三十日为离婚冷静期；二是针对离婚诉讼中出现的“久调不判”问题，增加规定，经人民法院判决不准离婚后，双方又分居满一年，一方再次提起离婚诉讼的，应当准予离婚；三是关于离婚后子女的抚养，“以随哺乳的母亲抚养为原则”修改为“不满两周岁的子女，以由母亲直接抚养为原则”；四是将夫妻采用法定共同财产制的，纳入适用离婚经济补偿的范围；五是将“有其他重大过错”增加规定为离婚损害赔偿的适用情形。

（5）收养。对收养关系的成立、收养的效力、收养关系的解除做了规定：一是扩大被收养人的范围，删除被收养的未成年人仅限于不满十四周岁的限制，修改为符合条件的未成年人均可被收养；二是与国家计划生育政策的调整相协调，将收养人须无子女的要求修改为收养人无子女或者只有一名子女；三是在收养人的条件中增加“无不利于被收养人健康成长的违法犯罪记录”，民政部门应当依法进行收养评估。

### 6. 第六编　继承制度

共 4 章、45 条，继承制度是规定关于自然人死亡后财富传承的基本制度。

（1）一般规定。规定了继承制度的基本规则：一是增加规定相互有继承关系的数人在同一事件中死亡，且难以确定死亡时间的继承规则；二是增加规定对继承人的宽恕制度，对继承权法定丧失制度予以完善。

（2）法定继承。规定了法定继承制度，明确了继承权男女平等原则，规定了法定继承人的顺序和范围，以及遗产分配的基本制度。在中国现行继承法的基础上，完善代位继承制度：凡被继承人的兄弟姐妹先于被继承人死亡的，由被继承人的兄弟姐妹的子女代位继承。

（3）遗嘱继承和遗赠。在现行继承法的基础上规定了遗嘱继承和遗赠制度：一是增加了打印、录像等新的遗嘱形式；二是修改了遗嘱效力规则，为切实尊重遗嘱人的真实意愿，删除了现行继承法中关于公证遗嘱效力优先的规定。

（4）遗产的处理。规定了在现行继承法的基础上遗产处理的程序和规则，进一步完善了遗产处理制度：一是增加遗产管理人制度；二是完善遗赠扶养协议制度；三是完善无人继承遗产的归属制度，明确归国家所有的无人继承遗产应当用于公益事业。

侵权责任是民事主体侵害他人权益应当承担的法律后果。

### 7. 第七编　侵权责任

共 10 章、95 条，侵权责任是民事主体侵害他人权益应当承担的法律后果。

（1）一般规定。在现行侵权责任法的基础上规定了侵权责任的归责原则、多数人侵权的责任承担、侵权责任的减轻或者免除原则：一是确立“自甘风险”规则；二是规定“自助行为”制度，明确合法权益受到侵害，情况紧迫且不能及时获得国家机关保护，不立即采取措施将使其合法权益受到难以弥补的损害的，受害人可以在保护自己合法权益的必要范围内采取扣留侵权人的财物等合理措施。

（2）损害赔偿。在现行侵权责任法的基础上做出规定：一是完善精神损害赔偿制度，规定因故意或者重大过失侵害自然人具有人身意义的特定物造成严重精神损害的，被侵权人有权请求精神损害赔偿；二是加强对知识产权的保护，提高侵权违法成本，故意侵害他人知识产权，情节严重的，被侵权人有权请求相应的惩罚性赔偿。

（3）责任主体的特殊规定。本编规定了无民事行为能力人、限制民事行为能力人及其监护人的侵权责任：一是增加规定委托监护的侵权责任；二是完善网络侵权责任制度，完善了权利人通知规则和网络服务提供者的转通知规则。

（4）各种具体侵权责任。在现行侵权责任法的基础上分别对产品生产销售、机动车交通事故、医疗、环境污染和生态破坏、高度危险、饲养动物、建筑物和物件等领域的侵权责任规则做了具体规定：一是完善了生产者、销售者召回缺陷产品的责任，增加规定，依照相关规定采取召回措施的，生产者、销售者应当负担被侵权人因此支出的必要费用；二是交通事故损害赔偿的顺序，即先由机动车强制保险理赔，不足部分由机动车商业保险理赔，仍不足的由侵权人赔偿；三是进一步保障患者的知情同意权，明确医务人员的相关说明义务，加强医疗机构及其医务人员对患者隐私和个人信息的保护；四是生态环境损害的惩罚性赔偿制度，明确规定了生态环境损害的修复和赔偿规则；五是加强生物安全管理，完善高度危险责任，明确占有或者使用高致病性危险物造成他人损害的，应当承担侵权责任；六是明确高空抛物坠物治理规则，禁止从建筑物中抛掷物品，同时针对此类事件处理的主要困难是行为人难以确定的问题，强调有关机关应当依法及时调查，查清责任人，并规定物业服务企业等建筑物管理人应当采取必要的安全保障措施。

### 8. 附则

明确了《民法典》与婚姻法、继承法、民法通则、收养法、担保法、合同法、物权法、侵权责任法、民法总则的关系。自 2021 年 1 月 1 日《民法典》施行起，同步废止上述民事单行法律，民法通则、婚姻法相关的法律解释，也同步废止。

2020 年 5 月 29 日，习近平总书记在十九届中央政治局第二十次集体学习时指出，要加强民法典重大意义的宣传教育，是衡量各级党和国家机关履行为人民服务宗旨的重要尺度。“民法典要实施好，就必须让民法典走到群众身边、走进群众心里。要广泛开展民法典普法工作，将其作为‘十四五’时期普法工作的重点来抓，引导群众认识到民法典既是保护自身权益的法典，也是全体社会成员都必须遵循的规范，养成自觉守法的意识，形成遇事找法的习惯，培养解决问题靠法的意识和能力。要把民法典纳入国民教育体系，加强对青少年民法典教育。”①

习近平总书记还强调，要加强对民事法律制度的理论研究，尽快构建体现我国社会主义性质，具有鲜明中国特色、实践特色、时代特色的民法理论体系和话语体系，为有效实施民法典、发展我国民事法律制度提供理论支撑。各级党和国家机关要带头宣传、推进、保障民法典实施，加强检查和监督，确保民法典得到全面有效执行。各级领导干部要做学习、遵守、维护民法典的表率，提高运用民法典维护人民权益、化解矛盾纠纷、促进社会和谐稳定能力和水平。2020 年 7 月，中宣部等八部门联合印发通知，部署开展《中华人民共和国民法典》学习宣传工作。

本书归纳了《中华人民共和国民法典》的制度体系，见表 1。

**表 1 《中华人民共和国民法典》制度体系**

| **第一编　总则** |
|---|
| 1. 基本规定：确立了平等、自愿、公平、诚信、守法和公序良俗等民法基本原则（第四条至第八条）；确立绿色原则为民法的基本原则（第九条） |
| 2. 自然人：自然人的民事权利能力和民事行为能力制度、监护制度、宣告失踪和宣告死亡制度（第二十六条至第五十三条） |

① 习近平：《充分认识颁布实施民法典重大意义　依法更好保障人民合法权益》，《求是》2020 年第 12 期。

续表 1

| |
|---|
| 3. 法人：营利法人、非营利法人、特别法人三类法人制度（第五十七条至第一百零一条） |
| 4. 非法人组织：非法人组织的设立、责任承担、解散、清算等制度（第一百零二条至第一百零八条） |
| 5. 民事权利：民事权利制度（第一百零九条至第一百三十二条） |
| 6. 民事法律行为：民事法律行为制度（第一百三十三条至第一百三十六条）；民事法律行为效力制度（第一百四十三条至第一百五十七条） |
| 7. 代理：代理的适用范围、效力、类型等代理制度（第一百六十一条至第一百七十五条） |
| 8. 民事责任：保障和维护民事权利重要制度（第一百七十六条至第一百八十七条） |
| 9. 诉讼时效：期间规定（第一百八十八条至第一百九十九条） |
| 10. 期间计算：诉讼时效和期间计算制度（第二百条至第二百零四条） |
| **第二编　物权** |
| 1. 物权法律制度调整因物的归属和利用而产生的民事关系，是最重要的民事基本制度（第二百零五条） |
| 2. 社会主义基本经济制度：国家坚持和完善公有制为主体、多种所有制经济共同发展，按劳分配为主体、多种分配方式并存，社会主义市场经济体制（第二百零六条）；物权制度基础性规范，包括平等保护物权基本原则，物权变动具体规则，物权保护制度（第二百零七条至第二百三十九条） |
| 3. 所有权制度，包括所有权人的权利，征收和征用规则，国家、集体和私人的所有权，相邻关系、共有等所有权基本制度（第二百四十条至第二百八十七条） |
| 4. 用益物权制度，产权保护制度，农村集体产权相关制度，农村集体建设用地和宅基地制度，多主体供给、多渠道保障住房制度（第三百二十三条至第三百八十五条） |
| 5. 明确担保物权的含义、适用范围、担保范围等共同规则，以及抵押权、质权和留置权的具体规则，统一的动产抵押和权利质押登记制度，担保物权的统一受偿规则（第三百八十六条至第四百五十七条） |
| **第三编　合同** |
| 1. 合同制度是市场经济的基本法律制度；合同的订立、效力、履行、保全、转让、终止、违约责任等一般性规则（第四百六十八条、第五百一十七条至第五百三十一条） |
| 2. 电子合同、格式条款制度等合同订立制度（第四百九十一条、第四百九十五条至第四百九十八条） |
| 3. 国家订货合同制度（第四百九十四条第一款） |
| 4. 合同效力制度（第五百零二条第二款） |
| 5. 合同履行制度、绿色原则（第五百零九条第三款） |
| 6. 情势变更制度（第五百三十三条） |

续表 2

| 7. 代位权、撤销权等合同保全制度（第五百三十五条至第五百四十二条） |
|---|
| 8. 债权转让、债务移转制度（第五百四十三条至第五百五十六条） |
| 9. 合同债务与合同终止制度（第五百六十条、第五百六十三条至第五百六十六条） |
| 10. 合同违约责任制度（第五百八十六条至第五百八十八条） |
| 11. 买卖合同（第五百九十五条至第六百四十七条） |
| 12. 供用电、水、气、热力合同（第六百四十八条至第六百五十六条） |
| 13. 赠与合同（第六百五十七条至第六百六十六条）；借款合同（第六百六十七条至第六百八十条） |
| 14. 保证合同（第六百八十一条至第七百零二条） |
| 15. 保理合同（第七百六十一条至第七百六十九条）；承揽合同（第七百七十条至第七百八十七条）；运输合同（第八百零九条至第八百四十二条）；保管合同（第八百八十八条至第九百零三条）；仓储合同（第九百零四条至第九百一十八条）；委托合同（第九百一十九条至第九百三十六条） |
| 16. 租购同权住房制度（第七百三十四条） |
| 17. 融资租赁合同、建设工程合同、技术合同等典型合同（第七百三十五条至第七百六十条、第七百八十八条至第八百零八条、第八百一十四条至第八百二十四条） |
| 18. 物业服务合同（第九百三十七条至第九百五十条） |
| 19. 行纪合同（第九百五十一条至第九百六十条）；中介合同（第九百六十一条至九百六十六条）；合伙合同（第九百六十七条至第九百七十八条） |
| 20. 无因管理和不当得利的一般性规定（第九百七十九条至第九百八十八条） |
| **第四编　人格权** |
| 1. 人格权的一般性规则（第九百八十九条至第一千零一条） |
| 2. 死者人格利益的保护制度（第九百九十四条） |
| 3. 人格权受到侵害后的救济制度（第九百九十五条至第一千条） |
| 4. 生命权、身体权和健康权制度（第一千零二条至第一千零一十一条） |
| 5. 姓名权和名称权制度（第一千零一十二条至第一千零一十七条） |
| 6. 肖像权保护制度（第一千零一十八条至第一千零二十三条） |
| 7. 名誉权和荣誉权保护制度（第一千零二十四条至第一千零三十一条） |
| 8. 隐私权和个人信息保护制度（第一千零三十二条至第一千零三十九条） |

续表 3

| **第五编　婚姻家庭** |
| --- |
| 1. 婚姻家庭制度：婚姻自由、一夫一妻、男女平等等婚姻家庭规则（第一千零四十条至第一千零四十五条） |
| 2. 结婚制度（第一千零四十六条至第一千零五十四条） |
| 3. 夫妻共同债务的认定规定（第一千零六十四条） |
| 4. 离婚制度（第一千零七十六条至第一千零九十二条）；离婚冷静期制度（第一千零七十七条）；离婚损害赔偿制度（第一千零九十一条第五款） |
| 5. 收养制度（第一千零九十三条至第一千一百一十八条） |
| **第六编　继承** |
| 1. 继承制度是关于自然人死亡后财富传承的基本制度（第一千一百一十九条至第一千一百二十五条） |
| 2. 法定继承（第一千一百二十六条至第一千一百三十二条）；代位继承制度，增加规定被继承人的兄弟姐妹先于被继承人死亡的，由被继承人的兄弟姐妹的子女代位继承（第一千一百二十八条第二款） |
| 3. 遗嘱继承和遗赠制度（第一千一百三十三条至第一千一百四十四条） |
| 4. 遗产管理人制度（第一千一百四十五条至第一千一百四十九条） |
| 5. 遗赠扶养协议制度（第一千一百五十八条） |
| 6. 无人继承遗产的归属制度：明确归国家所有的无人继承遗产应当用于公益事业（第一千一百六十条） |
| **第七编　侵权责任** |
| 1. 侵权责任的归责原则、多数人侵权的责任承担、侵权责任的减轻或者免除等一般规则（第一千一百六十四条至第一千一百七十八条）；“自甘风险”规则，规定自愿参加具有一定风险的文体活动，因其他参加者的行为受到损害的，受害人不得请求没有故意或者重大过失的其他参加者承担侵权责任（第一千一百七十六条第一款）；“自助行为”制度（第一千一百七十七条）；损害赔偿制度（第一千一百七十九条至第一千一百八十七条） |
| 2. 侵害人身权益和财产权益的赔偿规则、精神损害赔偿规则（第一千一百八十三条） |
| 3. 知识产权保护制度，提高侵权违法成本，情节严重的，被侵权人有权请求惩罚性赔偿（第一千一百八十五条） |
| 4. 网络侵权责任制度、权利人通知规则和网络服务提供者转通知规则（第一千一百九十五条、第一千一百九十六条） |
| 5. 产品生产销售、机动车交通事故、医疗、环境污染和生态破坏、高度危险、饲养动物、建筑物和物件等领域的侵权责任规则（第一千一百八十八条至第一千二百五十一条） |

续表 4

| 6. 生态环境损害的惩罚性赔偿制度（第一千二百三十二条、第一千二百三十四条、第一千二百三十五条） |
| --- |
| 7. 高空抛物坠物治理规则（第一千二百五十二条至第一千二百五十八条） |
| **附则** |
| 2021 年 1 月 1 日民法典施行,《中华人民共和国婚姻法》《中华人民共和国继承法》《中华人民共和国民法通则》《中华人民共和国收养法》《中华人民共和国担保法》《中华人民共和国合同法》《中华人民共和国物权法》《中华人民共和国侵权责任法》《中华人民共和国民法总则》同时废止（第一千二百六十条） |

# 第二章 中华法系民法典

民法典源于中华法系，这是历史的定论。

中华法系，历经5000多年岁月，源远流长、根深叶茂，对世界各国的法制建设都曾产生了重要影响。它起于制度，成于法律，包含着民、刑、经、商四系，构成了支撑庞大中华运行的基石。

民法典继往开来，植根中华文化，凝聚了中华法律文化的智慧，彰显了中华典章制度的精华，为全人类探索更好的社会制度、重塑法律文明提供了中国方案，贡献了中国智慧。

## 一、古代民事法律的智慧星光

我国古代社会发展的历史性，决定了社会关系的复杂性和多元性。生产力和生产关系发展到一定程度的国家，必然具有法律调节关系和调整方式的复杂多样性。作为调整财产、人身关系的民事法律，也必然要为适应各种社会形态做出相应的民事调整，提供一定的制度支撑。

我国的民事制度早在5000年前已经萌芽，到殷商时初显规模。如当时的"五行"、"三礼"、甲骨判例、青铜铭文已是重要的行政、民事法律制度。

西周时期，随着土地所有制私有化进程的加剧，首先出现了土地买卖、转让、租赁等一系列民事行为，并逐步将这些行为上升为调整一般意义上的民事规范。至秦王朝，已有诸如仓律、关市律、金布律、牛羊课、军功爵律等规定，直接涉及所有权的取得与丧失、侵权赔偿、不当得利、债权债务关系等民事法律关系，体现出当时的民事意念已由前期的观念意识转型为制度规范的进步。

在唐朝，民事法律观念以立法形式表现出来，出现了名例律、户婚律等。伴随着唐朝商业的发达，民事关系迅速发展，出现了买卖、租赁、借贷、雇佣、质押等各种形式的契约，唐律中也规定了若干调整债务关系的律文。在开元年间颁布的“开元礼”，涉及祭祀、礼仪、丧葬、婚姻、继承、契约等民事内容，是历经十代千年以来民事制度发展的一个巨大进步。

在宋朝，随着商业繁荣、对外贸易扩大，手工业发展促进制造业领先于世界各国，由此带动民事法律关系步入新的发展阶段，促成民事制度更为丰富。《宋刑统》《庆元条法事类》《宋史·食货志》中的户籍与身份、所有权、契约债务、婚姻继承等民法制度均有显著发展，其调整范围的扩大，均为前代所未有。如婚姻、继承等民法制度之细密，可见于一例：凡未出嫁者称为“在室女”，出嫁之后因故返回父母家者为“归宗女”。宋律对在室女、归宗女如何继承家产有详细规定。以法律形式认定妇女的财产继承权，这在世界立法史上也是难得的。宋代以后民事立法更是不断充实发展，如众多调整田宅细故的乡规民约、民间习惯等，都有很独特的影响力。

到明清两朝，也有多种形式的民事法律关系，既有制定法，又有习惯法，散见于《大明会典》《大清会典》《户部则例》等多部法律制度，以这些法律制度共同承担着调整民事关系的任务。如《户部则例》，类似于法律汇编，其中的民事内容很丰富。如债权中即规定有契约形式、借贷种类、租佃契约、典权赔偿等。如为限制高利贷即规定：“凡私放钱债，每月取利不得过三分，年月虽多，不过一本一利，违者笞四十。以余利计赃。重者坐赃论，罪止杖一百。”这些民事法律的表现形式相互协调、各展所长、共同为用。

我国古代社会的民事制度和民事立法，以及逐渐形成的独具特色的法律制度文化传统，明确提示我们，当今要不断发掘其有益成分，坚持择善而用。推进《民法典》更好实施并促进其更加完善，对于今天建设中国特色社会主义法治体系十分重要。

## 二、甲骨金文辉映的民事制度

### （一）甲骨文是中国历史上公认最古老且自成体系的文字

由甲骨文到商周金文，其中的嬗变轨迹清晰可见。甲骨文和金文均记载了夏商周时期，特别是商代晚期273年的民事活动，内容非常丰富，涉及祭祀、征伐、田猎、疾病、祸福、生育等社会生活各个方面的制度内涵，为我们了解当时的政治制度、社会结构、礼制风俗、农商贸易，以及相关的民事活动提供了原始资料。

甲骨文中有关科学技术的内容也十分丰富，当时所记录的天文历法已取得了长足的发展，具有世界上最早关于日食、月食和天文星象的文字记录。当时农业种植黍、麦、稻、粟等作物，甲骨文中还记录了有关播种、田间管理、收获、贮存等一整套民事管理的内容。另外，还有关于生态环境保护和自然资源利用的记载，如有组织地治理河流、预测气象、开采铜锡矿产，这些更是可以作为生态环境保护制度的先河。影响后世深远的针灸术，对内科外科、眼耳鼻喉、口腔泌尿和传染病等疾病诊治的早期规范，同样是甲骨文记载下的享誉世界的民事活动证据。

### （二）青铜器是中国先秦时期最具代表性的物质文化遗存

青铜器表面铸刻的文字被称为商周金文，是记录着早期中华民事活动的重要制度物证。

不仅夏代的甲骨初显出早期民事制度的异彩华章，而且商周的青铜金文因世而异、因地而异，渐次浓缩了各个时代、地区、族群礼仪生活与文化精神的异同，凝聚出早期中华法系的浮光掠影。

商代金文以自名类为主，其创意灵感或源于对自然的感悟，或源于描绘生产生活现实，或发端于刑法战争、礼仪交往，青铜礼器从装饰风格到器用制度都遵循着中华法系的原始形态。主要体现在以下五方面。

第一，以鸿功令德，承载政治、经济、礼仪的法制，是贵族社会生活中最重要的内容。如祭祀、宴享、朝聘等礼仪活动，承载着政治、等级、礼仪、信仰、审美等文化内涵，传之后世，逐步定格为制度规范。如利簋记武王伐纣、何尊记营建成周、虢季子白盘记征伐猃狁等，均反映了当时的政权体系、运行轨迹，以及与中华法系千丝万缕的联系。墙盘、逨盘详细记录了王族将个人功名、家族荣辱与王朝兴衰系于一身的逻辑体系，与后世“修身齐家治国平天下”的使命相契合，这就构成了早期“王法”的渊源：系国家存亡于一身的诸法合体的中华法系雏形。

第二，从西周中期开始出现了一些有关财物、田地交易的内容，卫鼎、卫盉等铭文记录的交易是在王朝官员的审定和主持之下完成的。土地田产买卖兼并之风愈演愈烈，标志着诸侯势力日益膨胀，王室权力衰落已成定局。土田流转以及交易、契约等商业模式的探索，给贵族们带来了便利，也对当时商贸乃至市井社会的扩张带来了积极影响。这些活动反映到周代金文中，便形成了一些与民事、刑事、诉讼有关的法律内容，其中存在着不少影响后世的生动翔实的案件。如琱生器群、曶鼎等铭文记载的诸多民事、诉讼程序方面的细节，就是中华法系形成的原始记录。

第三，家族婚姻开始步入探索自然与人文世界的多元规则。从万象滋生的自然天文到纷繁芜杂的社会人文，上古先民思索着天人之际的许多问题，并试探建立天道与人道之间的特殊纽带。这里恰恰闪现着古人探索自然与人文世界的智慧光芒。

相应问世的既有信、义、象、假、类等诸多规则，又有“不以国，不以官，不以山川，不以隐疾，不以畜牲，不以器币”等许多忌讳。正如《诗经·小雅·頍弁》所曰：“岂伊异人，兄弟甥舅。”表达了周代社会对于宗族、姻亲关系的普遍认同，这对于凝聚宗族姻亲、维持家族形态有着非常显著的规则意义。

第四，在宗法、分封双轨并行格局下，产生了国家政权与家族形态密切相关的民事关系。《左传》记载："天子建国，诸侯立家，卿置侧室，大夫有贰宗，士有隶子弟，庶人、工、商，各有分亲，皆有等衰。"这种广泛而长久的宗族、姻亲联合体，为维持家国形态的稳定、和谐奠定了良好的社会基础。

第五，青铜金文记载着法律的起源。习近平总书记评价《中华人民共和国民法典》"汲取了中华民族5000多年优秀法律文化"。《民法典》是扎根中国大地、立足中国国情、彰显中国精神、深具中国特色的法典，与法律密切相关的100多件青铜器铭文就是其确证。如"卫盉"，首次揭开中华法律起源的神秘面纱；又如"清华简"的《四告》中，明确记录了周公希望皋陶护佑成王，选贤任能，维护"周邦刑法典律"，完善构建出两周法律体系的结构内涵；再如传统的民事、吏政、食货、礼制规范，从"多维视角"揭示了中华法系的来源。

### 1. 刑事方面

中国古代法律经常被描述为"诸法合体、以刑为主"。中国上古时期最广为熟知的刑罚莫过于"墨、劓、剕、宫、大辟"五刑，而见于两周青铜器铭文所记录的除了五刑中的墨刑之外，散氏盘、鸟形盉铭文中还记录有鞭刑、流放刑和赎刑等，此外还有赦免或减刑。如被判鞭打千次，最后经常会被豁免或减刑。

### 2. 民事层面

中国古代民事法律与当今民法典功能相当，皆用来调整人身关系和财产关系，具体内容包括田宅、钱债、婚姻、继承等。两周金文中并不缺乏此类题材。

中国传统法律在民事方面向来赋予基层社会极大的自治空间，所以民事法律体系仅有少数制定法，却有大量习惯法，如乡规民约、家法族规等，此可溯源至西周时期的“琱生器群”。依照传统社会“习惯”，凡是涉及同一宗族内部仆庸土田权利归属的民事纠纷，国家经常将民事审理权完全下放给宗族长，这是非常经典的宗族内部民事审理案例。

西周中期以后有多篇青铜器铭文被归类为早期“契约”，记录着契约缔结双方的权利与义务。金文“契约”的缔结主体包括诸侯王、贵族与官员，如“裘卫诸器”的矩伯、邦君厉和裘卫（官员，类似《周礼》的“司裘”）。这表示贵族阶级的权利主体地位已获得法律承认，所以可以缔结“契约”。金文“契约”的主要内容记录了贵族阶级间不动产（如土地）与动产（如马牛）的交换、交易或赔偿。

### 3. 相关商贸税赋

在两周金文中，周王、诸侯经常使用“册命金文”，涉及行政、刑事、民事、军事、经济等方面。

管理赋役和贸易：如“兮甲盘”记载周宣王向兮甲发布单行法令，命令兮甲负责征收从“成周”至“南淮夷”的赋税和力役，商贾必须到法定市场交易。

统一度量衡：战国秦的“商鞅量”记录了两条单行经济法规。第一条是秦孝公十八年由商鞅制定的度量衡标准；第二条是秦始皇二十六年下达的统一度量衡诏书规定。这是最早期的度量衡标准，也是市场贸易的见证。

免税凭证：战国楚的“鄂君启节”有舟节和车节，是楚王颁发给鄂君的免税凭证。规定了免税的水陆通行路线、车船数目与有效期限，并有纳税条款。鄂君若运载马、牛、羊出入关卡，则需要由“大府”征税，并规定不得运载金属、皮革、箭竹等军用物资出关。这类型的“诸法合体”，是3000年前中华法系的“简易民法典”。

# 第三章

# 制度创新民法典

足以体现我国民法典的中国特色、实践特色和时代特色的，除却其幽深的法系根脉、鲜明的运行优势、宏伟的体系架构外，更为可贵的是其贯穿始终的制度创新，这也是民法典最具有里程碑意义的标志性成果。

为充分了解民法典制度创新的成功价值，全国人大法工委、民法室的专家于2020年7月，首次向人大代表宣讲了“民法典的主要制度与创新”，影响很大。正如民法典的编纂工程一样，这样的理论解读本身就是极好的学术制度创新。因此，在本书写作中充分采用了这些理论成果，以示敬意和感谢。

## 一、民法典的主要制度与创新

《中华人民共和国民法典》（以下简称《民法典》）规定的主要制度，包括民事活动必须遵循的基本原则、民事主体制度、监护制度、民事权利制度、民事法律行为和代理制度、民事责任制度、诉讼时效制度、物权制度、合同制度、担保制度、人格权保护制度、婚姻家庭制度、收养制度、继承制度、侵权责任制度等。这些民事法律制度的基础性规范，为调整各种民事关系、解决民事纠纷、化解社会矛盾、促进社会和谐和经济社会发展奠定了坚实的法治基础。

总则编与《中华人民共和国民法通则》（以下简称《民法通则》）相比，主要做出五方面的修改。

一是贯彻习近平生态文明思想，将绿色原则确立为民法的基本原则，在各分编的相关制度中体现了绿色原则。

二是完善监护制度。扩大被监护人的范围，强化政府的监护职能，增加了临时监护制度和临时生活照料制度。

三是确立特别法人制度。按照法人设立目的和功能特点，分为营利法人、非营利法人和特别法人。

四是完善民事权利制度。对知识产权做出概括性规定，以统领各知识产权单行法律，法律对数据、网络虚拟财产的保护有规定的，依照其规定。

五是完善民事责任制度，增加“好人条款”和“英烈保护条款”等规定。

《民法典》在总结实践经验、坚持问题导向、体现时代特点的基础上，进行了多元化的制度创新，主要体现在以下十方面。

## （一）民事主体制度创新

《民法典》中关于民事主体的制度创新是民事法律制度的基石。在民事主体分类上，《民法典》包含两方面的重大创新。

一是主体分类。《民法典》首次分为自然人、法人和非法人组织的三元结构，将非法人组织，包括个人独资企业、合伙企业、不具有法人资格的专业服务机构等作为第三类民事主体。这是对《民法通则》的公民、法人二元结构的突破，是民事立法、民事司法和民法理论研究的重要成果。

二是法人分类。《民法典》将一般法人分为营利法人和非营利法人，同时建立特别法人制度，以涵盖机关法人、农村集体经济组织法人、基层群众性自治组织法人、城镇农村的合作经济组织法人等。这些具有中国特色的法人类型，进一步完善了民法通则的企业法人、机关法人、事业单位法人、社会团体法人四种类型结构，适应我国经济社会发展而产生的法人类型多样化特征，构成新时代法人制度的重大发展要素。

## （二）民事权利制度创新

民事权利是民事主体享有的各种人身权利和财产权利[①]。民法典对民

① 人身权利包括人格权和身份权。财产权利包括物权、债权（合同之债、侵权之债、无因管理和不当得利之债）、知识产权、继承权、股权等投资性权利，以及法律规定明确实现担保物权的统一受偿规则等的其他民事权利和利益。

事权利制度做了进一步丰富和发展。

一是突出对人格权的保护。人格权是民事主体对其特定的人格利益享有的权利。《民法典》着眼增强人民的获得感、幸福感、安全感，对生命权、身体权、健康权、姓名权和名称权、肖像权、名誉权和荣誉权，以及隐私权和个人信息保护等做出较为全面的规定。

二是增加规定新的权利类型，如隐私权、个人信息保护的权益，股权和其他投资性权利，数据、网络虚拟财产权益，以及居住权等。

三是完善知识产权制度，明确规定权利人就作品，发明、实用新型、外观设计，商标，地理标志，商业秘密，集成电路布图设计，植物新品种和法律规定的专有权利。同时，考虑到知识产权具有民事属性和行政管理属性，《民法典》在总则编只做出基本规定，分别由著作权法、专利法、商标法、反不正当竞争法和有关行政法规对知识产权制度做出具体规定。

《民法典》规定人格权制度，加强人格权保护，既体现制度创新，也是《民法典》的一大亮点。

《民法典》将各类民事权利进行系统梳理、整合集成，真正构成一部实体的权利法典。

## （三）业主的建筑物所有权制度创新

在当代中国共存的居民小区成立业主大会、业主委员会、业主决议表决、公共维修资金使用的“四难”管理，直接关系到国家的独特所有权制度行使。《民法典》明确规定，地方人民政府有关部门、居民委员会对设立业主大会、选举业主委员会的指导和协助职责，降低业主决定共同事项的表决比例要求，以及在紧急情况下使用公共维修资金的特别程序，并对小区内发生的私搭乱建等违法行为依法查处。在实施中，对小区的治理要体现业主共治与政府管理相结合的理念，有关部门和居民委员会也要依法积极介入小区管理，维护安居乐业的良好环境。

### （四）用益物权制度创新

《民法典》规定了居住权，是对《中华人民共和国物权法》（以下简称物权法[①]）规定的建设用地使用权、土地承包经营权、宅基地使用权、地役权四种用益物权的增新。居住权人有权按照合同约定或者遗嘱，对他人的住宅享有占有、使用的权利，旨在建立多主体供给、多渠道保障、租购并举的住房制度，认可和保护民事主体对住房保障的灵活安排，为老年人以房养老提供制度保障。

### （五）担保物权制度创新

《民法典》为优化营商环境提供法治保障。主体是明确所有权保留、融资租赁、保理等非典型担保合同的担保功能，删除有关动产抵押和权利质押具体登记机构的内容，扩大担保合同范围，为建立统一的动产抵押和权利质押登记制度留下制度空间，为便利企业融资、优化营商环境进行制度创新。

### （六）电子合同规则制度创新

电子合同的标的为提供服务。《民法典》规定，当事人一方通过互联网等信息网络发布的商品或者服务信息符合要约条件，对方选择该商品或者服务并提交订单而履行的合同，包括采用快递物流方式，收货人的签收时间为交付时间生成的电子凭证或者实物凭证，都认定为电子合同

① 本书中的物权法是指 2007 年第十届全国人大常委会第五次会议通过的《中华人民共和国物权法》。

的成功履行。这是中国民法典的一种时代创新契约,既是科技时代的产品,又是制度创新的与时俱进。

## （七）格式条款合同制度创新

格式条款合同的制度创新是加大对弱势一方的保护。在合同中，历来提供格式条款的一方通常以商品或者服务的提供者居于强势一方，而另一方消费者，则习惯属于弱势方。为避免格式条款合同中的“陷阱”，《民法典》规定，提供格式条款的一方应当遵循公平原则确定当事人之间的权利和义务，并采取合理的方式提示或予以说明，让对方注意免除或者减轻其责任等有重大利害关系的条款，即让对方明白可以主张该条款不成为合同的内容。

## （八）典型合同制度创新

市场经济活动和社会生活中较为常见的各种合同,即合同法[①]规定的买卖、租赁、借款、运输等 15 种典型合同,《民法典》在此基础上又增加保证合同、保理合同、物业服务合同、合伙合同 4 种合同，使典型合同增量到 19 种。这一增加的意义既满足了现行市场运行的需求，又保证了人民群众生活的便利，真实构成制度创新的条件。

## （九）婚姻家庭和继承制度创新

《民法典》以保障人民群众婚姻家庭权利和财产继承权利，维护婚姻家庭和谐稳定为目标，对婚姻家庭和继承制度做了进一步完善，主要有

① 本书中的合同法是指 1999 年第九届全国人大常委会第二次会议通过的《中华人民共和国合同法》。

五方面。

一是修改禁止结婚条件。把婚姻法中关于患有认为不应当结婚的疾病者禁止结婚的规定修改为：一方患有严重疾病的，应当在结婚登记前如实告知对方；不如实告知的，对方可以请求撤销该婚姻。

二是增加离婚冷静期制度。《民法典》规定离婚冷静期 30 天，在此期间任何一方可以向登记机关撤回离婚申请。

三是增加夫妻共同债务认定的规则。

四是完善收养制度。《民法典》取消被收养人 14 周岁以下的限制，增加收养评估制度，增加收养人无不利于被收养人健康成长的违法犯罪记录的条件。

五是增加遗产管理人制度。删除公证遗嘱效力优先规定，以尊重被继承人的真实意愿为遗嘱效力规则。

## （十）侵权责任制度创新

《民法典》加强对民事主体的权利救济，进一步完善侵权责任的归责原则。

一是确立“自甘风险”规则，明确自愿参加具有一定风险的文体活动，因其他参加者的行为受到损害的，受害人不得请求其他参加者承担侵权责任，但是其他参加者对损害的发生有故意或者重大过失的除外。

二是规定“自助行为”制度。明确合法权益受到侵害，情况紧迫且不能及时获得国家机关保护，若不立即采取措施将使其合法权益受到难以弥补损害的，受害人可以在保护自己合法权益的必要范围内采取扣留侵权人的财物等合理措施，但是应当立即请求有关国家机关处理。

三是完善高空抛物坠物治理规则，保护人民群众的“头顶安全”。明确规定，禁止从建筑物中抛掷物品；从建筑物中抛掷物品或者从建筑物上坠落的物品造成他人损害的，由侵权人依法承担侵权责任；发生此类事件的，公安等机关应当依法及时调查，查清责任人；经调查难以确定具体侵权人的，除能够证明自己不是侵权人的外，由可能加害的建筑物使用人给予补偿。可能加害的建筑物使用人补偿后，有权向侵权人追偿。物业服务企业等建筑物管理人应当采取必要的安全保障措施防止此类事件发生，否则应当承担未履行安全保障义务的侵权责任。

## 二、物权编的制度创新

物权是民事主体享有的重要财产权，调整因物的归属和利用而产生的民事关系，是最重要的民事基本制度。《民法典》物权编是在原物权法的基础上，按照新时代完善产权保护制度，健全现代产权制度的要求，进一步完善了物权法律制度。

### （一）物权编的五方面制度创新

一是完善农村集体产权制度。包括征地补偿制度、土地承包“三权分置”制度，以及对集体建设用地和宅基地制度改革做出衔接性规定。

二是完善建筑物区分所有权制度。强化业主对共有部分共同管理的权利，完善公共维修资金使用的表决规则，进一步明确共有部分产生的收益属业主共有。

三是增加规定居住权。满足特定人群的居住需求，在用益物权部分增加居住权。

四是改善营商环境。进一步明确实现担保物权的统一受偿规则和清偿顺序；删除具体登记机构的规定，为建立统一的动产抵押和权利质押登记制度留下空间。

五是住宅建设用地使用权续期。先做出原则性规定，待国家正式修改有关法律议案后，再做好衔接。

## （二）所有权的制度创新

### 1. 完善业主建筑物区分所有权制度

一是强化业主对区划内建筑物及共有部分管理的权利。物业服务企业等存在未征求业主意见，擅自改变建筑物及其区划内共有部分的用途，或随意张贴广告等营利活动。对此，物权编在第二百七十八条中规定，改变共有部分的用途或者利用共有部分从事经营活动应当由业主共同决定；在第二百八十二条明确，建设单位、物业服务企业或者其他管理人等利用业主的共有部分产生的收入，在扣除合理成本之后，属于业主共有。

二是适当降低业主共同决定事项的表决门槛。小区业主在处理需要共同决定的事项时，往往受制于物权法规定的表决门槛较高，难以做出决议，物权编对此做出适当调整。如第二百七十八条第二款规定：业主共同决定事项，应当由专有部分面积占比三分之二以上的业主且人数占比三分之二以上的业主参与表决；决定特别重大事项，应当经参与表决专有部分面积四分之三以上的业主且参与表决人数四分之三以上的业主同意；决定特别重大事项以外的其他事项，应当经参与表决专有部分面积过半数的业主且参与表决人数过半数的业主同意。同时，明确这一条规定的“参与表决”，也可以通过网络、电话、传真等通信手段，采取简易方式进行。

三是降低了对使用建筑物和设施维修资金的表决门槛。针对物权法筹集和使用建筑物及其附属设施的维修资金作为特别重大事项处理，适用较高的表决门槛。物权编第二百七十八条，将“筹集”和“使用”分为两项：“筹集建筑物及其附属设施的维修资金”仍然属于特别重大事项，适用较高的表决门槛；而“使用建筑物及其附属设施的维修资金”为一般重大事项，适用较低的表决门槛。

四是明确“住改商”须经有利害关系的业主一致同意。针对广大业主对建筑区划内“住改商”的强烈反应，物权编第二百七十九条明确规定，业主不得违反法律、法规以及管理规约，将住宅改变为经营性用房。业主将住宅改变为经营性用房的，除遵守法律、法规以及管理规约外，要经有利害关系的业主一致同意。

#### 2. 增加疫情防控工作的制度规定

一是在征用组织、个人的不动产或者动产的事由中增加“疫情防控”。物权编第二百四十五条规定：因抢险救灾、疫情防控等紧急需要，依照法律规定的权限和程序可以征用组织、个人的不动产或者动产。被征用的不动产或者动产使用后，应当返还被征用人。组织、个人的不动产或者动产被征用或者征用后毁损、灭失的，应当给予补偿。

二是第二百八十五条、第二百八十六条明确规定：物业服务企业或者其他管理人应当执行政府依法实施的应急处置措施和其他管理措施，积极配合开展相关工作，业主应当依法予以配合。

### （三）用益物权的制度创新

#### 1. 完善农村承包地“三权分置”制度

2013 年，党的十八届三中全会通过的《中共中央关于全面深化改革若干重大问题的决定》提出：“赋予农民对承包地占有、使用、收益、流转及承包经营权抵押、担保权能，允许农民以承包经营权入股发展农业产业化经营。”延续至 2018 年，第十三届全国人大常委会第七次会议又通过关于修改农村土地承包法的决定：将“三权分置”落实为民事法律制度。《民法典》把“三权分置”法律制度中有关物权制度规定到物权编中，是针对农村集体经济组织内部的家庭承包进行的制度设计。

农村土地属于农民集体所有，这是所有权，对此土地管理法、物权法都有规定；农村集体经济组织成员有权依法承包农村土地，承包后就享有了土地承包经营权，对此农村土地承包法、物权法也有规定。需要在土地承包经营权的基础上，再设计一个新增加的土地经营权，也就是“三权分置”中的第三个权利。这三个权利，在法律性质上都属于财产权。

物权编第三百三十九条是关于土地经营权流转方式的规定，第三百四十条是关于土地经营权内容的规定，第三百四十一条是关于土地经营权物权效力的规定，即流转期限为五年以上的土地经营权制度规定。

### 2. 住宅建设用地等土地使用权的续期制度

物权编第三百五十九条第一款规定：住宅建设用地使用权期限届满的，自动续期。续期费用的缴纳或者减免，依照法律、行政法规的规定办理。“住宅建设用地使用权期限届满的自动续期”“续期费用的缴纳或者减免依照法律、行政法规的规定办理”是这次编纂《民法典》新增加的规定。

### 3. 增加“居住权”的规定

规定居住权的目的是为关系亲密，特别需要照顾的人提供生活居住保障。物权法草案四次审议稿曾专章规定了居住权，但在五次审议稿中删去了这一章，理由是各方面认为这一制度的适用范围不大。随着我国经济社会的快速发展，住房保障问题成为社会广泛关注的制度内容。因此，物权编第十四章规定了“居住权”这一新增的用益物权制度。

设立居住权的目的是占有、使用他人住宅，以满足生活居住的稳定需要。物权编同时规定，居住权可以通过合同或者遗嘱的方式，自登记时设立；也可根据人民法院的判决设立。因此，居住权原则上应当无偿设立，居住权不得转让，不得继承，也不得出租。

## 三、合同编的制度创新

合同是市场交易的主要形式。合同编在《民法典》中具有十分重要的地位,也针对《中华人民共和国合同法》(以下简称合同法[①])做出了制度创新。

这首要体现为四个“最”：条文数量最多,《民法典》共1260条，合同编就有526条，是《民法典》的“半壁江山”；复杂程度最高，涉及极为复杂的理论和实践问题；裁判运用最多，在司法和仲裁实践中，合同案件远多于其他民事案件；规则变动幅度最大，与现行合同法相比，删除了37条，增加了136条。

在社会经济生活中的作用也举足轻重，对促进社会市场经济健康有序发展、推进国家治理体系和治理能力现代化都发挥着杠杆作用。

### （一）合同编的七方面制度创新

一是增加4种典型合同。为适应经济社会发展需要,增加了保证合同、保理合同、物业服务合同、合伙合同4种典型合同。

二是完善债法一般规则。明确非合同之债的法律适用,完善无因管理、不当得利的具体规则。

三是完善订货合同制度。规定国家根据抢险救灾、疫情防控或者其他需要下达国家订货任务、指令性计划的，有关民事主体之间应当依规订立合同。

---

①本书中的合同法是指1999年第九届全国人大常委会第二次会议通过的《中华人民共和国合同法》。

四是完善电子合同制度。适应电子商务和数字经济快速发展，规范电子交易活动，特别规定了电子合同的订立、履行制度规则。

五是完善格式条款制度。明确提供格式条款的一方未尽到合理提示义务的，对方可以主张这些条款不成为合同的内容。

六是明确禁止高利放贷。为维护正常金融秩序、防范金融风险，明确规定禁止高利放贷，借款利率不得违反国家有关规定。

七是细化客运合同规定。明确旅客应当按照有效客票记载的时间、班次和座位号乘坐，承运人应当严格执行安全运输义务制度。

## （二）“15+4”的典型合同类型

在合同法的 15 类合同基础上增加了保证合同、合伙合同、保理合同和物业服务合同成为“15+4”类型。因这些合同都具有典型性和特殊性，故名为典型类合同。其中有两类影响面较大。

### 1. 物业服务合同

随着我国城镇化进程的加快和人们居住方式的变化，与物业服务合同相关的纠纷日益增加。物业服务合同成为一种具有普遍性、典型性、规则特殊性的合同，牵连着广大业主的权益。

为更好规范物业秩序，合同编明确了物业服务合同中的业主和物业服务公司双方当事人的权利义务，特别是对物业服务合同中的业主单方解除权、前期物业合同、物业交接等突出问题都做出了有针对性的规定。如业主拒交物业费导致的纠纷问题，物业服务人停止其水、热、电等必需供应严重威胁了业主的基本生存权。

《民法典》第九百四十四条第三款明确规定，物业服务人不得采取停止供电、供水、供热、供燃气等方式催交物业费，为该类纠纷的解决提供了新的法律依据。

### 2. 保理合同

保理合同是应收账款的债权人将应收账款转让给保理人，保理人提供资金支持以及应收账款管理、催收、付款担保等服务的合同。在权利设置、对外效力等方面具有典型性。随着保理业务迅猛发展、体量增大，保理合同纠纷急需立法加以规范。

合同编设专章规定了保理合同，对保理合同的概念、内容和形式、虚构应收账款的保理、保理人发出转让通知、有追索权保理、无追索权保理和多重保理等内容做出了制度规定。

## （三）坚持合同自愿原则为主线

合同自愿是合同制度的核心原则。合同自由是现代市场经济最基本的要求，没有合同自由就没有市场经济。合同自愿原则作为一条主线贯穿合同编的始终。

在合同订立阶段，通过对要约承诺规则的详细规定，强调当事人有权自主决定是否签订合同、什么时候签订合同、与谁签订合同、怎么签订合同以及签订什么内容的合同。在合同履行阶段，强调当事人可以协议补充、变更有关内容；在情势变更时，当事人可以协商对原合同进行调整。在合同终止阶段，当事人可以协议解除合同。在发生合同争议时，当事人可以进行协商自愿决定争议解决方式。

因合同编的绝大多数规定都不是强制性规定，当事人可以选择适用，也可以约定不适用。对此，合同编特别确立了“约定优先”原则。

## （四）兼顾公平、诚信、生态保护价值

伴随现代社会追求的合同价值越来越多元化，合同编在坚持合同自

愿原则的同时，重点强化了公平、诚信、生态保护等价值作用，在具体制度层面主要体现为以下三方面。

### 1. 加强对弱势群体保护原则

一是增加强制缔约制度。为了有效保护弱势群体利益，合同编用了对合同自由的适当限制。其目的是反对合同订立中的社会排斥和歧视，实现合同的实质正义。

首先，涉及公共服务企业的强制缔约义务。合同编的电、水、气、热力合同规定，向社会公众供电的供电人，不得拒绝用电人合理的订立合同要求。如运输合同规定，从事公共运输的承运人不得拒绝旅客、托运人合理的运输要求。

其次，完成国家订货任务的强制缔约义务。合同编规定，国家根据抢险救灾、疫情防控等需要下达国家订货任务、指令性任务的，有关民事主体应当依照有关法律、行政法规规定的权利义务订立合同。如国家为保证防疫物资的紧急供应、保护社会公众的生命健康，国家下达的强制订货任务，企业不得拒绝订立合同。

二是完善格式条款制度。格式条款是一方当事人为了重复使用未与对方当事人协商而单方提供的合同条款。格式条款的运用是为了满足现代企业大规模生产、高效率经营活动、降低成本的需求，而大量运用的格式条款，对合同自由原则也产生了较大的冲击，对弱势合同当事人会产生不公平的现象。合同编为防范霸王条款，对格式条款制度做出了进一步规范。

首先，强化对格式条款相对方的保护，既扩大格式条款提示和说明义务的适用范围，又要求提供格式条款的一方对有重大利害关系的条款应做出履行提示和说明义务。

其次，明确一方对特定格式条款未履行提示和说明义务的法律后果，即对于提供格式条款的一方未履行提示和说明义务的，相对方有权主张该格式条款不成为合同的一部分。

三是赋予承租人优先承租权制度。近年来，社会的住房租赁需求日益增多。为加快建立多主体供给、多渠道保障、租购并举的住房制度，更好保护承租人的利益，合同编赋予承租人享有在租赁合同到期后优先续租的权利。

#### 2. 强调诚信原则

市场经济是法治经济。合同制度是维护市场经济的基本法律制度，必须遵循诚信原则。但现实生活中“重诺守信”的契约社会尚未形成，为了体现对契约精神的尊重，构建诚信社会，合同编突出强调诚信原则。第四百六十五条明确规定，依法成立的合同，受法律保护，对当事人具有法律约束力。以此确立“合同就是当事人之间的法律”理念。

#### 3. 落实“绿色原则”

生态环境保护是中国乃至世界所面临的严峻挑战，自然《民法典》也不能回避。《民法典》根据时代发展需要做出回应，明确提出“绿色原则”，要求“当事人在履行合同过程中，应当避免浪费资源、污染环境和破坏生态”。同时严格规定，债权债务终止后，当事人应当遵循诚信原则，履行旧物回收义务。在买卖合同中也明确，依照法律、行政法规的规定或者按照当事人的约定，标的物在有效使用年限届满后应予回收的，出卖人负有自行或者委托第三人对标的物予以回收的义务。《民法典》共有 18 处规定了“绿色条款”，明确“绿色义务”，建立“绿色责任制度”，设置“惩罚性赔偿”，为生态文明建设提供了民法制度保障。

### （五）坚持体现合同的时代特征

合同编高度关注时代展现的新科技、新契约、新交易等制度实践规则，针对人民群众临界的痛点难点问题做出规定。

### 1. 开创电子商务合同制度

信息技术和网络技术的飞速发展，使电子商务交易改变了传统合同的订立和履行方式，对传统合同制度提出挑战，合同编针对电子合同的特殊性做出了规定。

一是电子合同的订立。与常规合同相比，电子合同的订立具有一定特殊性。它很少有线下交易合同的反复磋商过程，对判断电子合同何时成立较为困难。对此，合同编明确规定：当事人一方通过互联网等信息网络发布的商品或者服务信息符合要约条件的，对方选择该商品或者服务并提交订单成功时合同成立，但当事人另有约定除外。

二是电子合同的履行。订立的电子合同标的是交付商品并采用快速方式交付，收货人的签收时间为交付时间。电子合同的标的是提供服务，生成的电子凭证或者实物凭证中载明的时间为提供服务的时间，或以实际提供服务的时间为准。电子合同的标的是采用在线传输方式交付的，合同标的进入对方当事人指定的特定系统并且能够检索识别的时间为交付时间。当事人对交付方式、交付时间另有约定的，按照其约定履行。

### 2. 增设预约合同制度

当下，预约合同是实践中广泛采用的一种合同订立方式，如认购书、订购书、商品房预订协议书等。

由于合同法对该问题尚未做出明确界定，不利于对当事人权益的保护。合同编根据这种预约合同的性质，首次做出认定：当事人约定在将来一定期限内订立合同的认购书、订购书、预订书等，构成预约合同。当事人一方不履行预约合同约定的义务，对方可以请求其承担预约合同的违约责任。

### 3. 完善客运合同制度

合同编针对客运合同领域不时发生的不良行为，如乘客霸座、强抢方向盘、不配合承运人采取运输措施等严重干扰运输秩序和危害运输安全，以及损害乘客人身、财产权益等情形，为维护正常运输秩序，合同编运输合同部分做出了有针对性的规定。

一是明确旅客应当按照有效客票记载的时间、班次和座位号乘坐。

二是明确实名制客运合同的旅客丢失客票的，可以要求承运人挂失补办，不得再次收取票款和不合理费用。

三是明确承运人应当严格履行安全运输义务，及时告知旅客安全运输应当注意的事项。旅客对承运人为安全运输所做的合理安排应当积极协助和配合。这些规定为应有的文明乘车秩序做出了法律引导。

### 4. 禁止高利放贷规定

为了防范金融风险，维护正常金融秩序，特别是针对造成极大不良影响的校园贷、套路贷、过桥贷等行为，合同编明确规定：禁止高利放贷，借款的利率不得违反国家有关规定。根据该规定，只要借款利率违反国家有关规定，即为高利放贷，法律不予支持。

### 5. 限制合同无效或者不生效规定

鼓励合同交易是提高经济效率、促进市场经济健康发展的重要手段。合同编将保护交易安全、促进合同交易作为立法的主要目标，突出体现在以下三方面。

一是明确了未履行批准手续的合同效力。合同编增加规定：法律、行政法规规定应当办理批准等手续生效的，依照其规定。未办理批准等手续的，该合同不生效，但是不影响合同中履行报批等义务条款以及相关条款的效力。应当办理申请批准等手续的当事人未履行该义务的，对方可以请求其承担违反义务责任。

二是删除了关于无权处分合同的规定。合同法第五十一条规定：无处分权的人处分他人财产，经权利人追认或者经订立合同后取得处分权的，该合同为有效。对此规定，理论界和实务界产生了较大争议。合同编最终采纳了删去该规定意见。这样既确保了物权人对标的物的所有权，也保护了买受人的权益，彰显了合同对当事人的约束力。

三是明确超越经营范围签订的合同原则有效。当事人超越经营范围签订合同的现象时有发生，但超越经营范围签订的合同是否有效一直是困扰司法实践的问题。合同编第三章明确规定：当事人超越经营范围订立的合同的效力，应当依照总则编第六章第三节和本编的规定确定，不得仅以超越经营范围确认合同无效。

### 6. 完善防范违约、保障债权规定

针对实践中一些合同当事人严重失信等突出问题，为防范因违约导致的债务风险，保障债权顺利实现，合同编对有关制度做了重大修改。

首先，完善了代位权制度。代位权是因债务人怠于行使其债权或者与该债权相关的从权利，影响债权人的债权实现，债权人可以向人民法院请求以自己的名义代位行使债务人对相对人的权利。相对于合同法对该制度的原则性规定，合同编做出明确修改：一是扩大代位权的客体范围，将债权人可以代位行使的客体范围扩大到债务人的债权及其从权利；二是明确行使代位权后的法律后果，明确规定人民法院认定代位权成立的，由债务人的相对人向债权人履行义务，债权人接受履行后，债权人与债务人、债务人与相对人之间相应的权利义务终止。

其次，扩大了撤销权的适用范围。对撤销权的适用范围，合同法规定了放弃到期债权、无偿转让财产和明显不合理的低价转让财产三种情形。合同编在此基础上增加了放弃债权担保、恶意延长到期债权的履行期限、以明显不合理的高价受让他人财产以及为他人的债务提供担保等情形。

# 四、人格权编的制度创新

人格权是民事主体对其生命、健康、名誉、肖像等特定的人格利益享有的权利，这些精神性权利在民法上集中体现为人格权。

新中国成立 70 多年来，人们随着物质生活水平的极大提高，对于精神权利的追求日益明显，已经成为对美好生活向往的主体内容。党的十九大报告明确指出："中国特色社会主义进入新时代，我国社会主要矛盾已经转化为人民日益增长的美好生活需要和不平衡不充分的发展之间的矛盾。"并强调："社会生产能力在很多方面进入世界前列，更加突出的问题是发展不平衡不充分，这已经成为满足人民日益增长的美好生活需要的主要制约因素。"因此，应"加快社会治安防控体系建设，依法打击和惩治黄赌毒黑拐骗等违法犯罪活动，保护人民人身权、财产权、人格权"。正是在这一思想指引下，《民法典》将人格权制度独立设编，这既是中国民法典的一大亮点，又是一个重大的制度创新，也为世界各国有效应对人格权保护提供了中国智慧和中国方案。

## （一）人格权编的六方面制度创新

规定了人格权的一般规则，并对生命权、身体权和健康权，姓名权和名称权，肖像权，名誉权和荣誉权，隐私权和个人信息保护做了明确规定。

人格权编的重大发展和创新主要体现在六方面。

一是确立器官捐献的基本规则。自然人生前未表示不同意捐献的，死亡后其配偶、成年子女、父母可以采用书面形式共同决定捐献。

二是规范与人体基因、人体胚胎等有关的医学和科研活动。明确基因研究的道德底线，不得侵犯生命权、身体权和健康权。

三是增加禁止性骚扰的规定。并规定机关、企业、学校等单位有防止和制止性骚扰的义务。

四是明确禁止利用信息技术手段侵害他人的肖像权。禁止利用信息技术手段“深度伪造”他人的肖像、声音，侵害他人的人格权益。

五是强化隐私权和个人信息保护。明确做出对侵害他人隐私权的常见行为的列举性规定，处理个人信息遵循的原则和条件。

六是确认请求权。人格权人的停止侵害、排除妨碍、消除危险、消除影响、恢复名誉、赔礼道歉请求权不受诉讼时效限制。

## （二）构建人格权规则与制度体系

### 1. 构建人格权的完整规则体系

《民法典》第九百八十九条规定：“本编调整因人格权的享有和保护产生的民事关系。”人格权的享有和保护所产生的民事关系，为人格权提供了完整的保护手段，调整因人格权行使和限制而产生的关系。

人格权独立成编采取总分结构方式，总则确立了人格权一般性、共通性的规则，分则细化了一般规定，通过总分结构的设计安排，构建了人格权制度的完整体系。

### 2. 形成规则制度体系的逻辑自洽

《民法典》第一百一十条和第九百九十条详细列举了自然人、法人以及非法人组织享有的人格权类型，人格权编第二章至第六章对各类人格权做出了具体规定，第九百九十条形成对人格保护的兜底条款，体现出人格权益保护的开放性。

同时，在具体人格权的规定中，又进一步扩张了人格权的保护范围，对姓名权和名称权，肖像权，名誉权和荣誉权，隐私权和个人信息保护做出明确规定，使人格权自成体系，形成制度规则体系上的逻辑自洽。

## （三）秉持人格尊严的价值理念

保护人格尊严是人格权立法的根本目的，贯穿于全部规定的基本理念，构成整个人格权法的价值基础。

为更好适应各类新型人格利益保护的需要，《民法典》采取了有利于我国人格权法发展的扩展性原则：明确规定生命权的内涵不仅包括生命安全，也包括生命尊严；明确维护人格尊严是处理人格权与财产权冲突的重要依据；明确禁止性骚扰规则，维护人格尊严；对人格尊严的保护同时扩展到对行动自由的保护；并且，强调物质性人格权保护不得违背公序良俗。

随着经济社会数据网络的发展，自然人的姓名、肖像、个人信息等精神性人格权益越来越具有经济价值。《民法典》通过对人格利益价值利用的规定，有效扩张人格权的积极利用功能，这就是：既确立人格权许可使用的一般规则，又对肖像和其他人格利益的许可利用做出严格规定；既对个人信息的利用规则进行细化，又进一步明确物质性人格利益的利用规则，实质性体现人格利益价值依规开放的制度规范。

## （四）提升人格权优先保护的特殊方式

### 1. 突出生命权、身体权、健康权的优先保护

人格权编的许多规则设计都体现着生命、身体、健康是最重要的人格利益观念，在整个民事权利体系中具有最高地位。鉴于生命权、身体权、健康权对个人的重要意义，人格权突出对这些人格权益的保护：一是在体系设计中凸显生命权、身体权、健康权在人格权体系中的优越地位；二是将物质性人格权的内涵进行有序扩张；三是物质性人格权不得

克减；四是明确个人对物质性人格利益的依法自主决定权；五是通过保护代际利益强化对物质性人格权的保护。

### 2. 强化人格权的特殊保护方法

人格权编规定的人格权特殊保护方法，是对侵权责任编的有益补充和共建。

首先,明确人格权保护方式的独特性。一是确认了人格权请求权制度；二是规定了违约精神损害赔偿规则；三是建立了侵害人格权的禁令制度；四是细化了赔礼道歉适用规则；五是规定了更正权与删除权。

其次，强调人格权保护方式的多样性。一是有效地协调了人格权编与侵权责任编的关系，实现对人格权的全面保护；二是运用引致条款，将侵害人格权的法律适用引致到侵权责任编，如果受害人遭受了精神损害或者财产损失，受害人也可使用侵权责任编的规定主张损害赔偿；三是平衡各种价值之间的冲突，注重协调人格权保护与其他价值之间的冲突。

## （五）注重预防和救济有机结合

在人格权的保护方面，高度注重预防和救济的有机结合。

### 1. 规定了侵害人格权的禁令制度

《民法典》第九百九十七条规定的禁令制度，在于及时制止行为人的侵害行为，即人格权在遭受侵害或者有受侵害之虞时，通过颁发禁令及时制止侵害行为。

### 2. 规定了有关主体的救助义务

《民法典》第一千零五条规定，在自然人的生命权、身体权、健康权遭受现实的危险时，负有法定救助义务的主体应当及时施救。该条规定的目的既是为了预防损害的发生，也是为了防止损害的进一步扩大。

### 3. 明确了有关主体防止、制止性骚扰的义务

《民法典》第一千零一十条规定，要从根本上预防和减少性骚扰行为的发生，要实现对侵害人格权行为的事先预防。

### 4. 规定了权利人查询自己的信用评价、个人信息的权利

《民法典》第一千零二十九条规定，权利人有权查询其信用评价，并可以请求及时更正和删除；第一千零三十七条也规定了个人信息的查阅权，并规定有提出异议和请求及时更正、删除等权利。

## （六）平衡人格权保护与其他价值关系

人格权的行使与保护常常与其他权益和价值发生一定的冲突。人格权编的许多规则设计都体现了人格权保护与其他价值有效平衡的理念。

### 1. 协调人格权保护与新闻报道、舆论监督的关系

《民法典》第九百九十九条规定，在新闻报道和舆论监督等行为中合理使用他人人格利益的，如果是出于为公共利益实施新闻报道、舆论监督等需要，可以在一定范围内合理使用他人的姓名、名称等人格利益。第一千零二十五条、一千零二十六条也同样明确了名誉保护与新闻报道、舆论监督之间的相互关系。

### 2. 确定肖像权保护和合理利用的平衡关系

《民法典》第一千零二十条确立的肖像合理使用规则，既符合肖像权保护的特点，可以为当事人行为提供明确的指引，也可为法官裁判提供具体依据。第一千零一十九条第二款也做出有效协调平衡肖像权和著作权关

系的意思。

#### 3. 协调保护名誉权与鼓励创作自由的关系

《民法典》第一千零二十七条第二款规定，人格权编既要保护权利人的人格权，也要保护作者的创作自由，非因该创作损害了他人合法权益或有损于公共利益的，不应当对作者的创作内容进行干涉。

#### 4. 平衡个人信息的保护与合理使用的关系

《民法典》第一百一十一条要求不得非法收集、使用个人信息；第一千零三十五条进一步明确规定“处理个人信息的，应当遵循合法、正当、必要原则，不得过度处理”，应遵循本着更好平衡个人信息保护与个人信息合理使用的关系处理。

#### 5. 解决个人隐私保护与维护公共利益的冲突

人格权编明确规定了隐私和隐私权的内涵、侵害隐私权的各种行为类型，既为隐私权的保护提供了具体的规则，也为相关主体的行为提供了一定的指引，更有利于实现隐私权保护与维护公共利益之间的平衡关系。

### （七）强化保护隐私和个人信息

人格权编强化对隐私和个人信息的保护，是《民法典》的一个制度创新成果。

强化对隐私权的保护，主要体现在：一是扩张隐私的保护范围；二是对各种侵害隐私权的行为进行兜底、列举；三是在私密信息和个人信息出现交叉时，个人信息中的私密信息，适用有关隐私权的规定。

强化对个人信息的保护，主要体现在：一是扩张个人信息的内涵，构建权利人与信息处理者之间的权利义务关系；二是明确有关个人信息共享的规则，进一步强化信息收集者、处理者的保密义务，包括国家机关、行政职能机构及其工作人员都负有对隐私和个人信息保密的责任。

## 五、婚姻家庭编的制度创新

我国第一部婚姻法于1950年制定，1980年又重新制定了婚姻法，于2001年做过一次修改。1991年制定了收养法，于1998年做过修改。《民法典》婚姻家庭编以《中华人民共和国婚姻法》（以下简称婚姻法）、《中华人民共和国收养法》（以下简称收养法）[1]为基础，结合经济社会发展需要修改了部分规定，增加了一些新规定。

婚姻家庭编与中国婚姻法、收养法相比，主要做出六方面制度创新。

一是明确规定树立优良家风。为了贯彻落实党中央加强家庭文明建设的决定，体现社会主义核心价值观，家庭应当树立优良家风。

二是修改禁止结婚的条件。规定患有重大疾病的一方，在结婚登记前要如实告知对方，不如实告知的，对方可以请求撤销该婚姻。

三是依据新司法解释的规定，明确了夫妻共同债务的范围。

四是规范亲子关系确认或者否认之诉。对亲子关系有异议且有正当理由的，父或者母可以向人民法院提起诉讼，请求确认或者否认亲子关系；成年子女可以向人民法院提起诉讼，请求确认亲子关系。

五是确立离婚冷静期制度。在三十天的离婚冷静期内，任何一方可以向登记机关撤回离婚申请。

六是完善收养制度。删除现行收养法关于被收养的未成年人应为十四周岁以下的限制，明确规定了最有利于被收养人的原则，完善了收

---

① 本书中的婚姻法、收养法分别指2001年第九届全国人大常委会第二十一次会议通过的《中华人民共和国婚姻法》和1998年第九届全国人大常委会第五次会议通过的《中华人民共和国收养法》。

养人的条件要求。

婚姻家庭编的制度创新包括五个系列，达三十多项。

## （一）原则规定的守成与创新

### 1. 婚姻家庭编的调整对象

《民法典》第一千零四十条规定“本编调整因婚姻家庭产生的民事关系”，同婚姻法的“本法是婚姻家庭关系的基本准则”，都是有关婚姻家庭法调整什么关系的说明。亲属法有特殊性。民法调整平等主体之间的关系，亲属法调整的也是平等主体之间的关系。父母对子女有监护权，负有养育、教育子女的职责，子女对父母有赡养义务，显然父母子女关系是平等关系，不是人身依附关系。虽然婚姻家庭关系中也有财产关系，但这个财产关系是附属于婚姻家庭关系的。

### 2. 保护婚姻家庭的新规

《民法典》第一千零四十一条增加一款规定：“婚姻家庭受国家保护。”这是在立法技术上为与其他编的规定相协调，如继承编中的“国家保护自然人的继承权”规定。

在特殊保护上强化了对残疾人的保护。在《民法典》第一千零四十一条规定：“保护妇女、未成年人、老年人、残疾人的合法权益。”规定在保护妇女、未成年人、老年人的基础上，增加规定特殊保护残疾人。

### 3. 增强家庭文明建设规定

为贯彻落实国家加强家庭文明建设的决定，更好地弘扬社会主义核心价值观，《民法典》第一千零四十三条增加第一款规定：“家庭应当树立优良家风，弘扬家庭美德，重视家庭文明建设。”

### 4. 完善收养制度，体现儿童利益最大化原则

为了更好地维护未成年人的合法权益，《民法典》第一千零四十四条第一款规定："收养应当遵循最有利于被收养人的原则，保障被收养人和收养人的合法权益。"同时，在父母离婚子女抚养问题上，《民法典》第一千零八十四条第三款规定，人民法院应当"按照最有利于未成年子女的原则判决"。

### 5. 确立亲属制度原则

《民法典》第一千零四十五条对亲属制度做了原则规定，界定了亲属、近亲属、家庭成员范围。夫妻互为配偶；有血缘关系的亲属为血亲，也包括拟制血亲，如因收养形成的父母子女关系；因婚姻产生的亲属为姻亲。进一步明确：亲属关系是婚姻家庭法的重要构成，不仅表示亲属间的亲密程度，还在于亲属之间存在或者在一定条件下存在民事权利义务关系。

## （二）婚姻法的延续与创新

### 1. 婚龄的延续

婚姻法规定的法定婚龄为男二十二周岁、女二十周岁。《民法典》第一千零四十七条维持了这个规定。

### 2. 尊重婚姻自主权

1950 年版婚姻法将花柳病、麻风病作为禁婚疾病，1980 年版婚姻法将"患有医学上认为不应当结婚的疾病"作为禁婚条件。但究竟哪些疾病是医学上认为不应当结婚的，对此一直没有明确规定。为尊重当事人的婚姻自主权，《民法典》婚姻家庭编不再将"患有医学上认为不应当结婚的疾病"作为禁止结婚的理由，但增加了可撤销婚姻的规定：第一千

零五十三条规定，一方患有重大疾病的，应当在结婚登记前如实告知另一方；不如实告知的，另一方可以向人民法院请求撤销婚姻。同时，完善了受胁迫可撤销婚姻的规定。

#### 3. 增加保护无效或者可撤销婚姻中的无过错方规定

《民法典》第一千零五十四条第二款规定："婚姻无效或者被撤销的，无过错方有权请求损害赔偿。"

### （三）家庭关系的调整新规

#### 1. 家事代理权

《民法典》第一千零六十条规定："夫妻一方因家庭日常生活需要而实施的民事法律行为，对夫妻双方发生效力，但是夫妻一方与相对人另有约定的除外。"规定的家事代理权，夫妻之间互为代理，相互享有代理权，夫妻一方在特定范围内实施的法律行为对夫妻双方有效。本条将这个特定范围限定为"家庭日常生活需要"。因此，夫妻一方为家庭日常生活需要产生的负债，视为夫妻双方的共同负债。

#### 2. 夫妻共同债务的偿还

婚姻法没有对夫妻共同债务的范围做出规定。2018 年 1 月，最高人民法院出台新的司法解释做出关于夫妻共同债务的认定。婚姻家庭编吸收司法解释新规定，在第一千零六十四条明确了夫妻共同债务的范围：夫妻共同合意的负债、夫妻一方为家庭日常生活需要的负债，要共同偿还。夫妻一方的其他负债，不属于夫妻共同债务，但如果用于共同生活、共同经营的，视为夫妻共同债务，要共同偿还。夫妻共同债务的确定和偿还非常复杂，婚姻家庭编的这一新规定，尚需在实践中检验，进一步完善相关制度。

### 3. 家庭共同财产分割

夫妻关系存续期间，夫妻共同共有财产通常是不允许分割的。但现实中也存在一些特殊情形，如夫妻另一方有隐藏、转移、变卖、毁损、挥霍夫妻共同财产等严重损害夫妻共同财产利益的行为，或者一方需要救治有法定抚养义务的人而另一方不同意。针对这些情形，《民法典》第一千零六十六条做出规定：如果有上述特定情形的，夫妻一方可以向人民法院请求分割夫妻共同财产。

### 4. 亲子关系的确认与否认

亲子关系涉及家庭稳定和未成年人的保护。《民法典》第一千零七十三条规定："对亲子关系有异议且有正当理由的，父或者母可以向人民法院提起诉讼，请求确认或者否认亲子关系。对亲子关系有异议且有正当理由的，成年子女可以向人民法院提起诉讼，请求确认亲子关系。"确认亲生的父或母获得了对亲生的父或母的继承权，但对原父或母的继承权和对亲生父或母的赡养义务如何处理，尚无具体规定，需要在实践中进一步探索立规。

## （四）离婚新规出台

### 1. 设置冷静期制度

冲动轻率离婚，不利于婚姻家庭的稳定。为此，《民法典》第一千零七十七条增加规定：当事人提交离婚登记申请后三十日的离婚冷静期间，任何一方都可以向登记机关撤回离婚申请。此期间届满后三十日内，双方没有亲自到婚姻登记机关申请发给离婚证的，视为撤回离婚登记申请。

### 2. 解决离婚诉讼中的“久调不判”

《民法典》第一千零七十九条增加规定:“经人民法院判决不准离婚后，双方又分居满一年，一方再次提起离婚诉讼的，应当准予离婚。”

### 3. 保护离婚中的儿童

对离婚后子女的抚养，第一千零八十四条第三款将婚姻法规定的“哺乳期内的子女，以随哺乳的母亲抚养为原则”修改为“不满两周岁的子女，以由母亲直接抚养为原则”。同时增加规定，子女已满八周岁的，应当尊重其真实意愿。

### 4. 离婚分割共同财产照顾无过错方

婚姻法规定离婚时分割夫妻共同财产要照顾子女和女方，存在无过错方权益不能得到充分保障的问题，因此《民法典》第一千零八十七条增加照顾无过错方权益的规定。

### 5. 完善离婚损害赔偿制度

中国婚姻法规定，因存在重婚，与他人同居，实施家庭暴力，虐待、遗弃家庭成员导致离婚的，无过错方有权请求损害赔偿，但缺少兜底条款。因此，《民法典》第一千零九十一条增加了兜底条款，将“有其他重大过错”规定为离婚损害赔偿的适用情形。

## （五）收养制度的扩充完善

### 1. 扩大被收养人范围

收养法规定被收养人限于不满十四周岁的未成年人。婚姻家庭编将其扩大为“下列未成年人，可以被收养”，不再限于十四周岁以下。

同时与计划生育政策协调。由收养法规定无子女的人可以收养一名子女，婚姻家庭编规定为：无子女的人可以收养两名子女，有一名子女的人可以收养一名子女。

### 2. 严格限制收养人条件

为进一步加强对被收养人利益的保护，《民法典》第一千零九十八条在收养人的条件中增加一项规定：“无不利于被收养人健康成长的违法犯罪记录。”

为体现对被收养男性和女性的同等保护，改变收养法的规定，《民法典》第一千一百零二条明确规定：“无配偶者收养异性子女的，收养人与被收养人的年龄应当相差四十周岁以上。”

规范政府部门的收养工作。《民法典》第一千一百零五条增加规定：“县级以上人民政府民政部门应当依法进行收养评估。”

### 3. 外国人收养规定

目前仍然按中国收养法执行。因我国正在考虑加入《海牙关于取消外国公文书认证的公约》，民法典的规定要留出制度空间。所以，对外国人收养证明材料的认证，《民法典》第一千一百零九条增加了例外性规定：“但是国家另有规定的除外。”

## 六、继承编的制度创新

继承制度是关乎自然人死后财富传承的基本制度。根据我国社会家庭结构、继承观念等方面的发展变化，继承编在《中华人民共和国继承法》（以下简称继承法[①]）的基础上，适当扩大法定继承人的范围，修改完善继承制度。

## （一）继承编的四方面制度创新

一是增加遗嘱继承制度形式。增加打印、录音录像等新的遗嘱形式，修改了遗嘱效力规则，增加规定了遗嘱信托。

二是增加遗产管理人制度。为确保遗产得到妥善管理、顺利分割，新增遗产管理人制度，明确遗产管理人的产生方式、职责和权利等规定。

三是确立遗赠扶养协议制度。适当扩大社会组织作为扶养人的范围，以满足养老形式多样化的需求。

四是完善无人继承遗产归属制度。明确规定此类财产收归国有用于公益事业。

## （二）继承制度的完善、扩展、创新

### 1. 对丧失继承权补充规定宽宥制度，填补了立法空白

第一千一百二十五条规定：以欺诈、胁迫手段迫使或者妨碍被继承人设立、变更或者撤回遗嘱，情节严重。继承人确有悔改表现，被继承人表示宽恕或者事后在遗嘱中将其列为继承人的，该继承人不丧失继承权。这明确体现了继承人支配自己身后遗产的自主意愿。

### 2. 确立代位继承制度

继承法规定，被继承人的子女先于被继承人死亡的，由被继承人

① 本书中的继承法是指 1985 年第六届全国人大常委会第三次会议通过的《中华人民共和国继承法》。

的子女的晚辈直系血亲代位继承。在这一规定基础上,《民法典》第一千一百二十八条增加规定：被继承人的子女先于被继承人死亡的，由被继承人的子女的直系晚辈血亲代位继承。被继承人的兄弟姐妹先于被继承人死亡的，由被继承人的兄弟姐妹的子女代位继承。

国家多年实行计划生育政策，导致遗产无人继承的情况时有发生。曾有建议将叔伯姑舅姨、堂表兄弟姐妹、侄子侄女外甥外甥女等三代旁系血亲纳入法定继承人范围。继承编在吸收这一意见的同时，为避免引发过多纠纷，坚持顺应财产向下流传的传统习惯。最终增加兄弟姐妹的子女代位继承规定，将法定继承人的范围适当扩大到三代旁系血亲。

### 3. 增加遗嘱继承制度形式

《民法典》第一千一百三十七条、一千一百三十八条规定：以录音录像形式立的遗嘱,应当有两个以上见证人在场见证。遗嘱人在危急情况下，可以立口头遗嘱。口头遗嘱应当有两个以上见证人在场见证。危急情况消除后，遗嘱人能够以书面或者录音录像形式立遗嘱的，所立的口头遗嘱无效。

确认打印遗嘱和录像遗嘱为有效的遗嘱形式以及两种遗嘱形式的有效要件，使遗嘱形式的立法与当今社会生活的现实状况和科技发展的实际水平相适应，具有创新性和先进性。

### 4. 取消公证遗嘱的优先效力

继承法第二十条规定，立有数份遗嘱，内容相抵触的，以最后的遗嘱为准。自书、代书、录音、口头遗嘱，不得撤销、变更公证遗嘱。不少意见提出，规定公证遗嘱在各种遗嘱方式中具有优先效力不妥。其后果是，一旦遗嘱人在设立公证遗嘱之后，想变更遗嘱或者撤回遗嘱，都必须通过公证遗嘱的方式才能实现。要准确实现遗嘱人的真实意思，继承编吸收这一意见,《民法典》第一千一百四十二条做出规定：遗嘱人可以撤回、变更自己所立的遗嘱。立有数份遗嘱，内容相抵触的，以最后的遗嘱为准。删去了继承法“公证遗嘱效力优先”原则。

### 5. 完善遗产处理制度

《民法典》在完善遗产处理方面主要创新有三项。

一是增加遗产管理人制度。第一千一百四十五条规定：继承开始后，遗嘱执行人为遗产管理人；没有遗嘱执行人的，继承人应当及时推选遗产管理人；继承人未推选的，由继承人共同担任遗产管理人；没有继承人或者继承人均放弃继承的，由被继承人生前住所地的民政部门或者村民委员会担任遗产管理人，明确了遗产管理人的产生方式、职责和权利等内容。

二是完善遗赠扶养协议制度。第一千一百五十八条规定：自然人可以与继承人以外的组织或者个人签订遗赠扶养协议。按照协议，该组织或者个人承担该自然人生养死葬的义务，享有受遗赠的权利。

三是完善无人继承遗产的归属制度。第一千一百六十条规定：无人继承又无人受遗赠的遗产，归国家所有，用于公益事业。

继承编的这些新规定，填补了现行立法的制度欠缺，增强了继承法律制度的可操作性和人民群众的信任感。

## 七、侵权责任编的制度创新

侵权责任是民事的基本法律制度民事主体侵害他人权益应当承担的法律后果。侵权责任编以《中华人民共和国侵权责任法》（以下简称侵权责任法[①]）为基础，吸收司法解释有关规定，对侵权责任制度做出新的补充、完善和创新。

① 本书中的侵权责任法是指2009年第十一届全国人大常委会第十二次会议通过的《中华人民共和国侵权责任法》。

## （一）侵权责任编的七方面制度创新

一是确立“自甘风险”制度。规定自愿参加具有一定风险的文体活动，因其他参加者的行为受到损害的，受害人不得请求其他参加者承担侵权责任。

二是规定“自助行为”制度。自然人在自己的合法权益受到侵害，来不及请求国家机关保护的情况下，可以采取合理措施保护权益。

三是完善精神损害赔偿制度。因故意或者重大过失侵害自然人具有人身意义的特定物造成严重精神损害的，被侵权人有权请求精神损害赔偿。

四是重塑侵犯知识产权惩罚性赔偿规则。为切实加强知识产权保护，通过显著提高侵犯知识产权的违法成本发挥法律威慑作用。

五是明确机动车交通事故责任规则。为鼓励助人为乐，规定无偿搭乘人在交通事故中受到损害的，应当减轻机动车一方的赔偿责任，但是机动车使用人有故意或者重大过失的除外。

六是开创生态环境赔偿制度。增加规定生态环境损害的惩罚性赔偿，明确了生态环境损害的修复和赔偿规定。

七是完善高空抛物坠物处理规则。“头顶上的安全”引发社会关注，《民法典》对高空抛物坠物规则做了进一步的完善。从建筑物中抛掷物品或者从建筑物上坠落的物品造成他人损害的，由侵权人依法承担侵权责任。公安等机关应当依法及时调查，查清责任人；经调查难以确定具体侵权人的，才适用由可能加害的建筑物使用人给予补偿的规定。

## （二）明确行为规范和裁判规则，促进公平正义

为了促进社会公平正义，侵权责任编进一步补充完善了相关制度。

### 1. 确立“自甘风险”规则

《民法典》第一千一百六十五条规定：行为人因过错侵害他人民事权益造成损害的，应当承担侵权责任。依照法律规定推定行为人有过错，其不能证明自己没有过错的，应当承担侵权责任。关于行为人的责任认定，第一千一百七十六条明确为：自愿参加具有一定风险的文体活动，因其他参加者的行为受到损害的，受害人不得请求其他参加者承担侵权责任；但是，其他参加者对损害的发生有故意或者重大过失的除外。第一千一百七十六条将自甘冒险的适用范围限制在“具有一定风险的文体活动”，而不是扩充为所有具有风险的活动。

参加对抗性较强的体育活动容易发生受伤等情况，由谁承担责任方面经常产生纠纷。参加者自愿参与这些活动，由此产生的正常风险原则上应当由参加者自己承担，发生有故意或者重大过失的除外。但同时明确活动组织者应当就未尽到安全保障义务承担侵权责任。

自甘冒险是《民法典》新增的免责事由。《民法典》之前的法律没有规定自甘冒险，虽然法律上没有规定自甘冒险的规则，司法实践中也只能多依据自甘冒险的理论来解决此类案件。

### 2. 规范和开创“自助行为”制度

近年来，自然人在自己的合法权益受到侵害，来不及请求国家机关保护时，自己采取措施保护权益反被他人起诉侵权的案例时有发生。依法赋予自然人在一定条件下的自我保护权利十分必要。《民法典》第一千一百七十七条做出规定：合法权益受到侵害，情况紧迫且不能及时获得国家机关保护，受害人可以在保护自己合法权益的必要范围内采取扣留侵权人的财物等合理措施，但是应当立即请求有关国家机关处理。并明确：受害人采取的措施不当造成他人损害的，应当承担侵权责任。

为防止公平责任规则被滥用，也对这种行为进行了规范：受害人和行为人对损害的发生都没有过错的，依照法律的规定由双方分担损失。

现代社会是风险社会，各种危险和侵害时常会发生，任何国家的公权力都不可能在权利被侵害或有被侵害危险的场合下，及时给予保护。因此，规定“自助行为”具有重要的现实意义。

首先，并非在任何时候、任何情形下，民事主体的合法权益受到侵害都能及时获得有关机关的保护。此时，如果不允许权利人自行维护权利，不仅无法充分保护合法权益，也无异于放任加害人实施侵害行为。既然我国法律上规定了正当防卫，更允许紧急避险，为何不允许“自助行为”呢？

其次，该条款的开创性就体现在：为消除侵权责任法的制度短板，明确绝对权请求权与侵权赔偿请求权的不同，避免对作为损害赔偿的归责原则的过错责任与无过错责任产生误解，更加明确了《民法典》第一千一百六十五条和第一千一百六十六条是对侵权赔偿责任的规定，属于侵权赔偿责任的归责原则，而第一千一百六十七条是对作为绝对权请求权的侵权责任承担方式的规定。

## （三）完善赔偿制度，保障人民权利

进一步完善损害赔偿制度规则，实现扩大和强化对民事权利和合法利益保护的立法意愿。

### 1. 拓展精神赔偿的适用范围

《民法典》第一千一百八十三条规定，侵害自然人人身权益造成严重精神损害的，被侵权人有权请求精神损害赔偿。同时强调，因故意或者重大过失侵害自然人具有人身意义的特定物造成严重精神损害的，被侵权人有权请求精神损害赔偿。

### 2. 扩大惩罚性赔偿的相关领域

为了进一步加大对恶性侵权人的惩罚力度，遏制严重侵权行为，侵权责任编增加规定侵害知识产权的惩罚性赔偿。《民法典》第一千一百八十四条规定：侵害他人财产的，财产损失按照损失发生时的市场价格或者其他合理方式计算。第一千一百八十五条规定：故意侵害他人知识产权，情节严重的，被侵权人有权请求相应的惩罚性赔偿。

### 3. 强化生态环境污染破坏责任赔偿

生态环境保护，是国家重大发展战略，用最严格的制度、最严厉的法治保护环境，必然是《民法典》侵权责任编的要义。第一千二百二十九条规定：因污染环境、破坏生态造成他人损害的，侵权人应当承担侵权责任。第一千二百三十一条更为明确了责任标准：两个以上侵权人污染环境、破坏生态的，承担责任的大小，根据污染物的种类、浓度、排放量，破坏生态的方式、范围、程度，以及行为对损害后果所起的作用等因素确定。

侵权责任编增加规定生态环境损害的惩罚性赔偿制度、明确生态环境损害的修复和赔偿制度，这是对生态环境损害责任制度的法典化确认，将对推进我国生态文明制度建设产生不可限量的价值意义。

## （四）紧跟时代步伐，规范网络侵权责任

随着中国经济社会的高速发展，一些新的侵权形态需要法律及时做出回应。网络侵权行为是现代社会中最常见的侵权行为，也是各国侵权法规范的重点。侵权责任编与时俱进，就网络侵权行为、网络侵权责任做出具体规定。《民法典》第一千一百九十四条明确：网络用户、网络服务提供者利用网络侵害他人民事权益的，应当承担侵权责任。第一千一百九十五条指出，网络服务提供者接到通知后，应当及时将该通知转送相关网络用户，并根据构成侵权的初步证据和服务类型采取必要

措施；未及时采取必要措施的，对损害的扩大部分与该网络用户承担连带责任。

创新了权利人通知、网络服务提供者转通知的具体规则，明确因错误通知给网络用户或者网络服务提供者造成损害应当承担侵权责任等规定。

## （五）直面百姓关切，填充交通制度缺失

侵权责任编直面当代的一些重点难点问题并做出回应，如无偿搭乘引发的损害赔偿问题即是其中争议较大的一例。《民法典》第一千二百一十七条规定：为鼓励助人为乐，无偿搭乘人在交通事故中受到损害的，侵权责任编明确规定，属于该机动车一方责任的，应当减轻其赔偿责任，但是机动车使用人有故意或者重大过失的除外。

关于诊疗活动中受到损害无过错免责的规定，《民法典》第一千二百二十四条明确，有下列情形之一的，医疗机构不承担赔偿责任：第一，患者或者其近亲属不配合医疗机构进行符合诊疗规范的诊疗；第二，医务人员在抢救生命垂危的患者等紧急情况下已经尽到合理诊疗义务；第三，限于当时的医疗水平难以诊疗。

《民法典》第一千二百二十八条规定：医疗机构及其医务人员的合法权益受法律保护。如干扰医疗秩序，妨碍医务人员工作、生活，侵害医务人员合法权益的，应当依法承担法律责任。

## （六）全方位治理“头顶上的安全”难题

近年“高空抛物坠物”造成他人损害的事件频发，“头顶上的安全”引发社会广泛关注。《民法典》从多角度、全方位对“高空抛物坠物”问题做出更科学合理的规范。

首先，侵权责任编第一千二百五十四条第一款明确禁止从建筑物中

抛掷物品。从建筑物中抛掷物品属于严重危害他人人身财产安全和公共安全的行为，为法律所严厉禁止。其次，明确规定从建筑物中抛掷物品或者从建筑物上坠落的物品造成他人损害的，由侵权人依法承担侵权责任。最后，公安机关等权力部门对于此种因抛掷物或坠落物造成他人损害的违法行为，应当履行职责，及时调查，查清责任人，追究加害人的行政法律责任或者刑事责任。

本编对高空抛物坠物规则做出了完善和创新：一是增加绝对规定，禁止从建筑物中抛掷任何物品；二是增加责任规定，从建筑物中抛掷物品或者从建筑物上坠落的物品造成他人损害的，由侵权人依法承担侵权责任；三是增加追责规定，发生此类行为的“公安等机关应当依法及时调查，查清责任人”，并明确“经调查难以确定具体侵权人”的，适用由可能加害的建筑物使用人给予补偿的规定；四是增加明责规定，可能加害的建筑物使用人已经补偿后又发现了侵权人，有权向侵权人追偿；五是增加预防后置规定，物业服务企业等建筑物管理人应当采取必要的安全保障措施防止此类行为的发生，未采取必要的安全保障措施的，应当依法承担未履行安全保障义务的侵权责任。

## （七）侵权责任编的要义点评

我国民法典的编纂，不是另起炉灶、推倒重来，制定完全不同的新民事法律，而是根据现行分别规定的民事法律规范，进行科学整理，去冲突、削繁复，就社会经济生活中的新情况、新问题做出有针对性的制度创新。

《民法典》的各编都是在现有法律法规与司法解释、丰富的理论与实践经验的基础上提升而成，侵权责任编也不例外。它是在2010年7月1日起施行的《中华人民共和国侵权责任法》和《最高人民法院关于审理人身损害赔偿案件适用法律若干问题的解释》《最高人民法院关于确定民事侵权精神损害赔偿责任若干问题的解释》《最高人民法院关于审理利用信息网络侵害人身权益民事纠纷案件适用法律若干问题的规定》《最高人民法院关于审理道路交通事故损害赔偿案件适用法律若干问题的解释》等众多司法解释的基础上，进行增删修改而成，既有传承，又有创新。

所谓传承，是对原来的《中华人民共和国侵权责任法》等法律和司法解释中科学合理的、符合实际需要的体系结构与规则制度加以保留，予以完善；所谓创新，则是通过澄清理论上的缺失、误点，突破既有规则体系的局限，以勇敢的姿态确立新的规则与制度，为侵权法律开创崭新的发展空间，为更好更准确适用《民法典》确立新规则与新制度。

# 第四章

# 民法典外民法系

编纂民法典是一项系统工程，实施民法典也是一项长期工程。习近平总书记指出："实施好民法典是提高我们党治国理政水平的必然要求。""民法典颁布实施，并不意味着一劳永逸解决了民事法治建设的所有问题，仍然有许多问题需要在实践中检验、探索，还需要不断配套、补充、细化。有关国家机关要适应改革开放和社会主义现代化建设要求，加强同民法典相关联、相配套的法律法规制度建设，不断总结实践经验，修改完善相关法律法规和司法解释。对同民法典规定和原则不一致的国家有关规定，要抓紧清理，该修改的修改，该废止的废止。要发挥法律解释的作用，及时明确法律规定含义和适用法律依据，保持民法典稳定性和适应性相统一。"①这是要求以民法典规定的制度和规则为基准，对与民法典有密切联系的法律规范进行梳理，进行民法理论的统筹研究，努力构建中国特色的民法理论体系和话语体系。

《中华人民共和国民法典》(以下简称《民法典》)颁布前，我国现行有效的民商事法律共32部。其中，婚姻法、继承法、民法通则、收养法、担保法、合同法、物权法、侵权责任法、民法总则9部法律已纳入《民法典》中，将随着《民法典》的施行而同步废止。还有其他23部法律保留，作为民事特别法与《民法典》并行实施。

## 一、民法典与特别法的关系

法典化立法的最大特点是统一性高、运筹性强，构成一个体例科学、结构严谨、内容完整并协调一致的整体。

有了《民法典》，如何清理民法现有的庞大规范，这关乎《民法典》之外的民法体系和《民法典》关系的定位。首先就是实施《民法典》的

① 习近平：《充分认识颁布实施民法典重大意义　依法更好保障人民合法权益》，《求是》2020年第12期。

关键因素。这涉及以下三方面。

## （一）认识民法典外民法体系的重要价值

毫无疑问，《民法典》的伟大意义和现实作用只有在实践中才能充分显示出来。伴随着社会的不断发展，民法也要不断发展，看待这些《民法典》之外的民法体系，必须先充分认识清楚《民法典》之外的民法规范和制度以及它们形成的体系，了解其重要性以及法律运作机制。

民法规范的社会关系庞大而且复杂，同历史发展密切相关。为了节约立法成本，方便学习和适用法律，在18世纪就兴起了世界性的民法法典化运动。民法典编纂，是为了满足依据体系化的统一的民法规范来治理国家的需要。它其实只是庞大的民法规范和制度体系中的基本法或者一般法。但我们应当看到，民法典之外还有很多民法规范和制度，它们将组成我国民法的特别法。而《民法典》与这些规范制度之间，就是一般法和特别法的关系。要保证《民法典》更好地实施，在司法实践中就必须强调：特别法优先适用；特别法没有规定或者规定不清晰的时候，适用民法典。

## （二）适用“头等舱”和“经济舱”理论

现代民法三个典型的特别法领域是商法、知识产权和社会权利立法；非典型的民法特别法领域有律师法等特殊主体的立法，农村土地承包法等特殊权利的立法，担保法、消费者权益保护法等特殊民事行为的立法，产品责任法等特殊法律责任的立法。另外，还有很多行政管理性质的法律中规定了的民事权利法律，如土地管理法、矿产资源法、森林法和道路交通安全法等。

《民法典》和这些特别法的关系定位，适用“头等舱”和“经济舱”理论。不论是商事权利、知识产权，还是社会权利，它们都是民事权利，涉及这些权利的活动都是民事活动。在实践中，尤其要重视特别法的优先适用；在特别法没有规定或者规定不清楚时才适用民法典。

“头等舱”理论比较形象地说明了民法典和民法典外的规范体系之间的关系，它们本质上虽然属于一个整体不能分离，但实施的定位如同坐在飞机、高铁的“头等舱”和“经济舱”。这是因为民法典拥有的丰富法律资源，可以为特别法提供强大的制度支持和理论支持，从而满足市场经济发展和人民权利保障的需要。在司法适用中遵守特别法优先原则，正是民法典实施的助力，在特别法没有规定或者规定不清时适用民法典更是民法典“海纳百川”的见证。

## （三）民法体系的协调与统一发展

商法、知识产权法和社会权利立法三个典型民事特别法，在今后的民法典时代会有更大的发展前景，必须遵循与民法典协调统一的规则。

一是要重视商法的发展。在我国建立市场经济体制后，商法发展很快，公司法、票据法等都已经是很成熟的法律。商法同样属于私法而不是公法，所以商法不能脱离民法。我国编纂《民法典》从一开始就确立了民商合一的立法体例：商事法律中的主体制度，在《民法典》总则编第三章规定的法人制度中经营法人就是商事法；总则编第五章规定的民事权利中也包括了投资性权利；第六章民事法律行为中也有商事行为的规则。还有物权编、合同编对商事权利和商事行为的规定，也有多款。所以，商事立法的一般规则已经在民法典中基本确立。根据市场经济发展需要，将来还要制定商事法律的一般规则，这也是民法典学关注的未来学术课题之一。

二是要重视知识产权制度的发展。《民法典》没有将知识产权独立成编，并不影响今后该如何处理知识产权与《民法典》的关系。知识产权当然是典型的民事权利。此次《民法典》总则编虽规定了知识产权法的一般规则，但将知识产权法律规范和制定放置在了《民法典》之外，这样的处置推动知识产权制度成为《民法典》外一个独立的特别法系统，是为知识产权立法的发展考虑，这一领域的新规则不断涌现，需要为不断地考虑修改法律甚至制定新法留出更大的空间。

三是要重视社会权利法的发展。社会立法涉及特殊社会群体的民事权利保障问题，但是这种保障的方式并不仅仅是民法上的问题。《民法总则》第一百二十八条明确了这些法律所涉及的民事权利，涉及未成年人、老年人、残疾人、妇女、消费者的民事权利保障问题。事实上，社会保障立法还包括劳动者保护的立法，我国已经对城乡居民开始建立系统的社会保障制度。这种保障的基础还是合同。当事人要和保障机构订立合同，而且合同的履行方式和民法一般的保险合同本质上是一样的。只是这种保险合同的法律关系中，加上了国家主持或支持的条件，所以这种合同关系具有一定的特殊性，把这些法律作为民法特别法的要素对待，是为了实现法律上的实质正义。

四是要重视行政管理法规关于民事权利制度的定制。我国立法，包括全国人大制定的法律和国务院制定的行政法规在内，涉及民事权利的立法总共有 200 多部。土地管理法等就是这样的法律。它们对于民事权利的规范意义和保护意义也很明显，我们同样要注意这些立法和民法的内在联系。

五是要关注国家民事安全制度体系的发展。2020 年的抗疫斗争是对国家治理体系和治理能力的一次集中检验。为保障人民生命安全和身体健康夯实制度保障，党中央特别做出决定，要抓紧补短板、堵漏洞、强弱项，加快完善各方面体制机制，着力提高应对重大突发公共安全事件的能力和水平。

我们要加快补齐治理体系的短板弱项，完善城市安全治理体系和城乡基层安全治理体系，树立全周期的城市健康管理理念，增强社会治理总体效能。要重视预防安全风险，提升国家安全防御能力，这也将是民事特别立法亟须填补的一个空白、亟须担当的一项使命。

## 二、民法典与商法

我国民事基本法立法秉持“民商合一”的传统，在中国特色社会主义法律体系中，民法、商法同属一个部门法。我国现有的32部民法商法，包括婚姻法、民法通则、继承法、担保法、合同法、物权法、侵权责任法、民法总则、海商法、公司法、消费者权益保护法、涉外民事关系法律适用法、著作权法、专利法、保险法、票据法，等等。这些法律规范，哪些需要纳入民法典中？哪些作为民事特别法存在？判定中秉持的一个基本原则就是，民事基本法不同于一般的民事单行法，民法典是民事基本法的立法定位。一是内容具有基础性，是民事法律制度的基本规则；二是内容具有普遍性，是社会生活普遍适用的通用规则；三是内容具有稳定性，是经过实践证明切实有效，可以长期适用的惯常规则；四是内容具有平等自愿性，是民事主体在民事活动中依法可采用、可约定的规则。符合上述“四性”规范，可以纳入民法典中；不符合的，可以继续留在民事特别法中。

### （一）商法调整对象是商事关系

商法是指调整商事交易主体在其商业行为中所形成的法律关系，即商事关系的法律规范的总称。商法的调整对象是商事关系，是与民法并列并互为补充的部门法。商法既具有调整行为的营利性特征，又具有商主体严格法定等原则。主要包括公司法、保险法、合伙企业法、海商法、破产法、票据法等法律规范。

商事关系是通过市场经营活动而形成的社会关系，主要包括商事组织关系和商事交易关系。商事关系的主要标志是商人和商行为。凡商人，是以实施商行为并以此为常业的人，在我国主要包括五种类型：一是个体工商户和个人独资企业；二是合伙企业，由两个或两个以上的自然人通过订立合伙协议组织形式构成的企业；三是公司和其他形式的企业法人；四是联营企业，两个及两个以上相同或不同所有制性质的企业法人或事业单位法人，共同投资组成的经济体；五是外商投资企业，依照中华人民共和国法律规定，在中国境内设立的，由中国投资者和外国投资者共同投资或者仅由外国投资者投资的企业。

## （二）形式的商法和实质的商法

我国没有形式的商法，只有实质的商法，主要以公司法、证券法、票据法、保险法等商事单行法为主。

商法与民法既紧密联系，也有一定区别：民法是一般法，商法是特别法，民法对商法具有领导指导意义，而商法对民法具有补充、变更、限制的作用。

商法与经济法也有一定的区别：商法秉持以当事人意思自治为主导性原则，经济法则强调国家意志和政府职能，并以国家政策为主导原则。

作为特别法，商法的一般原则是市场经济在法律上的反映，主要包括三个基本原则。

一是通过建立现代企业制度提高企业素质。要求运用企业融资和确保企业财产基础的法律机制，即公司法规定的有限责任、资本三原则；实现企业优胜劣汰和实现资产优化组合的法律机制，如破产、重整、兼并制度，完善优化内部的治理结构。

二是降低交易成本，提高经营收益。商法的这一原则主要通过保护产权、维护信用、促使交易畅通实现：保护产权是建立企业制度的核心，主要体现在科学界定、明晰产权和维护其权威性，在产权受侵害时，给予及时、充分的救济。信用是企业经济体的核心，意味着可以低成本地进行交易，从而大幅提高经济效率。交易畅通是企业经济体的发展保证，通过制度支持。如现代网络物流信息等，可以降低成本、提速增效，达到杠杆效益。

三是维护交易公平，维护市场的运行秩序。讲求平等原则、遵守诚信制度、禁止内幕交易、体现了公正原则。商法提供的公示原则、外观法则、侵权责任等制度规则，都与民法典的总则精神高度一致。

## （三）现行商法种类

### 1.《中华人民共和国公司法》

1993 年 12 月 29 日，第八届全国人民代表大会常务委员会第五次会议通过。1999 年 12 月 25 日，第九届全国人民代表大会常务委员会第十三次会议审议通过《关于修改〈中华人民共和国公司法〉的决定》进行第 1 次修正。2004 年 8 月 28 日，第十届全国人民代表大会常务委员会第十一次会议审议通过《关于修改〈中华人民共和国公司法〉的决定》进行第 2 次修正。2005 年 10 月 27 日，第十届全国人民代表大会常务委员会第十八次会议进行第 3 次修订。2013 年 12 月 28 日，第十二届全国人民代表大会常务委员会第六次会议审议通过《关于修改〈中华人民共和国海洋环境保护法〉等七部法律的决定》进行第 4 次修正。2018 年 10 月 26 日，第十三届全国人民代表大会常务委员会第六次会议审议通过《关于修改〈中华人民共和国公司法〉的决定》进行第 5 次修正，并沿用至今。

### 2.《中华人民共和国公司登记管理条例》

为确认公司的企业法人资格，规范公司的登记行为，依据《中华人民共和国公司法》制定的条例。

1994 年 6 月 24 日，由国务院首次发布。2005 年 12 月 18 日，第 1 次修订。2014 年 2 月 19 日，第 2 次修订。2016 年 2 月 6 日，第 3 次修订，并沿用至今。

### 3.《中华人民共和国合伙企业法》

1997 年 2 月 23 日，第八届全国人民代表大会常务委员会第二十四次会议通过。2006 年 8 月 27 日，第十届全国人民代表大会常务委员会第二十三次会议修订。

### 4.《中华人民共和国个人独资企业法》

1999 年 8 月 30 日，第九届全国人民代表大会常务委员会第十一次会议通过，自 2000 年 1 月 1 日起施行。

### 5.《中华人民共和国中外合资经营企业法》

1979 年 7 月 1 日，第五届全国人民代表大会第二次会议通过。1990 年 4 月 4 日，第七届全国人民代表大会第三次会议审议通过《关于修改〈中华人民共和国中外合资经营企业法〉的决定》进行修正。2001 年 3 月 15 日，第九届全国人民代表大会第四次会议审议通过《关于修改〈中华人民共和国中外合资经营企业法〉的决定》进行第 2 次修正。2016 年 9 月 3 日，第十二届全国人民代表大会常务委员会第二十二次会议审议通过《关于修改〈中华人民共和国外资企业法〉等四部法律的决定》进行第三 3 次修正。

自 2020 年 1 月 1 日起，《中华人民共和国外商投资法》施行，《中华人民共和国中外合资经营企业法》同时废止。

### 6.《中华人民共和国中外合作经营企业法》

1988 年 4 月 13 日，第七届全国人民代表大会第一次会议通过。2000 年 10 月 31 日，第九届全国人民代表大会常务委员会第十八次会议审议通过《关于修改〈中华人民共和国中外合作经营企业法〉的决定》进行修正。2016 年 9 月 3 日，第十二届全国人民代表大会常务委员会第二十二次会议审议通过《关于修改〈中华人民共和国外资企业法〉等四部法律的决定》进行第 2 次修正。2016 年 11 月 7 日，第十二届全国人民代表大会常务委员会第二十四次会议审议通过《关于修改〈中华人民共和国对外贸易法〉等十二部法律的决定》进行第 3 次修正。2017 年 11 月 4 日，第十二届全国人民代表大会常务委员会第三十次会议审议通过《关于修改〈中华人民共和国会计法〉等十一部法律的决定》进行第 4 次修正。

2019 年 3 月 15 日，第十三届全国人民代表大会第二次会议审议通过《中华人民共和国外商投资法》，自 2020 年 1 月 1 日起施行，《中华人民共和国中外合作经营企业法》同时废止。

### 7.《中华人民共和国外资企业法》

1986 年 4 月 12 日，第六届全国人民代表大会第四次会议通过。2000 年 10 月 31 日，第九届全国人民代表大会常务委员会第十八次会议审议通过《关于修改〈中华人民共和国外资企业法〉的决定》进行修正。2016 年 9 月 3 日，第十二届全国人民代表大会常务委员会第二十二次会议审议通过《关于修改〈中华人民共和国外资企业法〉等四部法律的决定》进行第 2 次修正。

2019 年 3 月 15 日，第十三届全国人民代表大会第二次会议通过《中华人民共和国外商投资法》，自 2020 年 1 月 1 日起施行，《中华人民共和国外资企业法》同时废止。

## 8.《中华人民共和国企业破产法》

2006 年 8 月 27 日，第十届全国人民代表大会常务委员会第二十三次会议通过，自 2007 年 6 月 1 日起施行。

## 9.《中华人民共和国票据法》

1995 年 5 月 10 日，第八届全国人民代表大会常务委员会第十三次审议通过。2004 年 8 月 28 日，第十届全国人民代表大会常务委员会第十一次会议审议通过《关于修改〈中华人民共和国票据法〉的决定》进行修正。

## 10.《中华人民共和国保险法》

1995 年 6 月 30 日，第八届全国人民代表大会常务委员会第十四次会议通过。2002 年 10 月 28 日，第九届全国人民代表大会常务委员会第三十次会议审议通过《关于修改〈中华人民共和国保险法〉的决定》进行修正。2009 年 2 月 28 日，第十一届全国人民代表大会常务委员会第七次会议进行修订。2014 年 8 月 31 日，第十二届全国人民代表大会常务委员会第十次会议审议通过《关于修改〈中华人民共和国保险法〉等五部法律的决定》进行修正。2015 年 4 月 24 日，第十二届全国人民代表大会常务委员会第十四次会议审议通过《关于修订〈中华人民共和国计量法〉等五部法律的决定》进行修正，并沿用至今。

## 11.《中华人民共和国海商法》

1992 年 11 月 7 日，第七届全国人民代表大会常务委员会第二十八次会议通过，自 1993 年 7 月 1 日起施行。

## （四）商法对信用危机的治理功能

一段时间以来，消费者屡屡投诉虚假广告、假冒商品、计量不足、欺诈骗销等厂商失信行为。假冒伪劣产品平均年产值在1300亿元以上，国家每年损失大量税款，我国经济生活曾经历着一场空前严重的信用危机，治理失信、惩治违法成为党和国家的政治使命。

首先，运用商法，建立健全利益调节机制，是防治信用危机的根本途径。现代市场经济是法治经济，强调市场对资源的决定性配置，要发挥好“两只手”的作用，提供强有力的制度供给，对信用危机实行标本兼治。

其次，运用商法，建立完善信用机制，是防治信用危机的重要途径。完善的信用机制要有信用意识、信用供给、信用评价、信用治理、信用激励和约束等意识要素。同时，要建设社会主义市场经济必然要求形成一套处理风险和信息的制度：建立和完善商法的指引、评价、教育、预测和惩戒功能，努力培育商主体和商使用人的信用意识；建立和完善信用赊贷、资信调查、信用担保、信用保险等服务制度供给体系；建立和完善信用评价制度架构；建立和完善信用管理和治理制度；建立和完善信用激励和约束制度，以事实为依据，以法律为准绳，全方面解决商主体和商使用人的信用效益。

最后，加强商法建设，确立对商主体和商行为的规制，是防治信用危机的直接途径。信用价值要靠商主体自行遵守和维护，需要法律的强制执行。遏制和打击商主体的失信行为，加强商事法治建设，完善市场准入准出制度和商事侵权责任制度，同时对商事单行法和商法规范确立“立、改、废”机制，实现对各种失信行为的惩处真实做到“有法可依、有法必行、执法必严”，进一步改善政府信用和行业“潜规则”状况，从根本上使严重失信行为、失范现象得到有效治理。

## 三、民法典与知识产权法

知识产权法和商法、社会权利立法都是典型的民事特别法。

《民法典》编纂过程中，如何处理知识产权法，曾经引起不小的争议。最终,《民法典》没有将知识产权独立成编。今后如何处理知识产权与《民法典》的关系，是全面实施《民法典》过程中值得关注的一个法理范畴。

知识产权是典型的民事权利。《民法典》总则编只规定了知识产权法的一般规则，而将大量的知识产权法律规范和制定运行内容放置在《民法典》之外。这样，知识产权立法就成了《民法典》之外一个独立的特别法系统。显然,这对于知识产权立法的发展有利：随着经济社会的发展，会不断涌现出许多新规则，这就为不断地考虑修改法律甚至制定新法提供了实践的巨大空间。

另一个案例是商法。在我国建立市场经济体制后，这方面的法律发展得很快，公司、票据、外贸等都已发展成为很成熟的体系性制度法律。在《民法典》体系中写入商法规范当然是必要的，商法同样属于私法而不是公法。我国编纂《民法典》从一开始就确立了民商合一的立法体例。商事法的主体制度，在《民法典》总则编的法人制度，即经营法人也就是商事法人，民事权利中包括的投资性权利、民事法律行为中规定的商事行为规则，以及物权编、合同编关于商事权利和商事行为的规定，等等，说明商事立法的一般规则已经在《民法典》中基本确立，也能够满足当期法律实践的需要。同样，鉴于整个经济发展的预测，也留足了将来制定商事法律制度一般规则的空间，就是说，由于知识产权的国际性、商业国际规则治理的发展宣示，将其作为《民法典》外特别法对待，正是中国民法典编纂中放眼于人类命运共同体的一大远识。

## （一）充分发挥知识产权保护制度的创新功能

创造性是人类活动的本质特征，在以解决人与自然之间矛盾为目的的物质生产实践过程中，人的创造性得以充分发挥并形成了以信息、技术为主要形式的智力成果。一方面，这些智力成果既能作用于人们的精神生活从而产生社会效益，又能投入生产领域产生经济效益，但它们的取得却需要社会以至个人的大量投入和探索性、创造性、连续性劳动，且具有长期性、复杂性和高成本的特征。正是由于智力成果所具有的有用性和稀缺性特征，随着商品经济和科学技术的发展，智力成果逐渐演变为知识产品。另一方面，知识产品具有显著的公共产品属性，知识产品所有者的个人使用并不影响他人的使用，无数个人可以共享以某种有形载体形式公开的知识产品。

人类进入阶级社会以后，知识产品的创造者与使用者之间的矛盾冲突不断增加，由此产生了界定知识产品产权并对其建立相应的无形财产保护制度的客观需要，以便调整知识产品生产的成本与收益关系，防止知识产品的无偿使用或消费情形的发生。于是，以协调和平衡知识产品创造者和使用者之间利益关系的知识产权制度由此出现。这一制度通过授予发明创造者以产权，为权利人提供了最经济、有效和持久的创新激励，保证了创新活动在新的高度上不断向前发展，从而促进了创新成果所蕴藏的先进生产力的快速增长。同时，由于知识产品外部价值的存在，知识产权制度还起到调节知识产权人的垄断利益与社会公共利益之间关系的作用，担负着实现知识资源有效配置、促进知识财富不断增加的使命。对于发展中国家来说，技术模仿和技术引进都是非常重要的创新手段，较低的知识产权保护虽然便于本国的技术发展，但却可能抑制创新国家的技术输出意愿，而较高的知识产权保护却又会增加本国的模仿成本，延缓知识水平提升和技术追赶步伐。因此，一个国家的知识产权保护制度需要考虑具体的国情和科技发展阶段。

我国努力推动中国制造向中国创造、中国速度向中国质量、中国产品向中国品牌转变的过程中，只有充分发挥知识产权制度对创新原动力的基本保障作用，才能支撑国家的创新发展。党的十九大报告提出加快建设创新型国家，“倡导创新文化，强化知识产权创造、保护、运用”。2018 年 4 月 10 日，国家主席习近平出席博鳌亚洲论坛 2018 年年会开幕式并发表主旨演讲时强调，加强知识产权保护是完善产权保护制度最重要的内容,也是提高中国经济竞争力最大的激励。面对越来越多的围绕“知识产权”产生的贸易争端,我们在积极通过合理途径保障自身利益的同时，更应将知识产权强国战略置于全球体系中，转变观念、深化改革，推动我国更好地融入世界，实现持续创新发展。从人类文明发展历史角度来看，如果说能否抓住科技革命机遇决定着一个国家的未来发展，那么创新活动就是这一行为的关键驱动因素，而对知识产权的保护又是创新活动的重要支撑。以知识产权法为主要内容的知识产权保护制度，以基于创新所产生的社会关系为主要调整对象,体现了尊重创新、保护智力成果、规制知识经济市场秩序的主旨，既是经济学意义上的规制创新活动的制度供给，又从法律层面上对知识产品进行产权界定并提供有效激励机制。当然，还应当看到，知识产权不仅仅是国际贸易的重要组成部分，也成为某些国家用于平衡国际贸易和对外关系的公共政策工具，这一点已经在近几年的中美经贸摩擦中有所体现。在高新技术的引入和输出双重受阻的情况下，重视自主研发、实施更为严格的知识产权保护对我国尤为重要。

未来我国面对国际国内新的形势，应当进一步强化知识产权强国战略。

首先，强化知识产权保护意识与民族智慧。知识产权是激励创新的基本制度。一个国家只有构建好、运用好知识产权制度，才能释放出更强的创新活力，矗立在引领未来发展的创新之巅。在参与国际经贸活动的过程中，应当强化知识产权保护意识、充分发挥知识产权的保障作用。

知识产权保护意识的广泛形成，不仅是对发明创造的显著激励，更是在市场经济条件下促进科技发展的内在动力。随着我国经济的迅速发展和科技水平的快速提升，一些西方国家不愿再以发展中国家标准看待中国，转而以所谓的“对等”原则要求中国。面对这一挑战，我国更应立足加强知识产权保护意识，进一步提升经济发展质量、优化市场环境，为推进国际合作构筑牢固基础。

其次，完善知识产权法治体系与制度创新。改革开放以来，我国先后颁布实施了《中华人民共和国商标法》《中华人民共和国专利法》和《中华人民共和国著作权法》并陆续进行修订。随着社会主义市场经济体制发展和世界经济变化不断对相关法律加以完善，于2019年修订《中华人民共和国反不正当竞争法》，基本实现了知识产权领域的有法可依。随着经济、社会的不断发展，知识产权法律体系须向广度和深度发展，在强调知识产权创造和保护的同时，应更加注重知识产权的运用和管理。在商业秘密已经与创新行为密不可分的背景下，加大商业秘密保护力度已经成为国际趋势，并越来越受到政府和企业的高度重视。因此，应当进一步完善商业秘密制度，借鉴发达国家经验探讨独立制定商业秘密法的可能性，进一步改善国内营商环境。

最后，全面建设知识产权管理体制的现代化形态。近几年，我国一直根据国内创新发展和国际经贸开展的需要，不断对知识产权管理机制进行调整。未来应当继续推进知识产权行政管理机制改革，力争建立涵盖专利、商标、版权的统一的行政管理机构，强化知识产权行政管理、市场监管和法律监督工作的协调性，统筹实施国家知识产权战略、创新驱动发展战略，促进知识产权整体的创造、管理、保护、运用和服务。最终目的是把我国建设成为知识产权创造和保护强国，能够在与知识产权相关的国际秩序构建中拥有更大的话语权。

## （二）知识产权与知识产权法

现代社会中，知识产权作为一种私权在各国普遍获得确认和保护，知识产权制度作为划分知识产品公共属性与私人属性的界限，以及调整知识创造、利用和传播中所形成的社会关系的工具，在各国普遍确立，并随着科学技术和商品经济的发展而不断地拓展、丰富和完善。特别是在经济全球化背景下，知识产权制度发展迅速，不断变革和创新。当前世界经济已经处于知识经济时代，技术创新已是社会进步与经济发展的最主要动力，与之相对应，知识产权越来越成为提升市场核心竞争力和进行市场垄断的手段，知识产权制度因此成为基础性制度和社会政策的重要组成部分。从 20 世纪末开始，许多国家已经从国家战略的高度来考虑、制定和实施知识产权战略，并将知识产权战略与经贸政策相结合，知识产权战略构成了国家发展总体战略的组成部分，对实现国家总体目标具有重大意义。

知识产权法是指因调整知识产权的归属、行使、管理和保护等活动中产生的社会关系的法律规范的总称。知识产权法的综合性和技术性特征十分明显。在知识产权法中，既有私法规范，也有公法规范；既有实体法规范，也有程序法规范。但从法律部门的归属上讲，知识产权法仍属于民法，是民法的特别法。民法的基本原则、制度和法律规范大多适用于知识产权，并且知识产权法中的公法规范和程序法规范都是为确认和保护知识产权这一私权服务的，不占主导地位。

2005 年，我国成立了国家知识产权战略制定工作领导小组，正式启动了国家知识产权战略制定工作。同时，我国政府也不断加大知识产权保护力度。从我国目前的立法现状看，知识产权法仅是一个学科概念，并不是一部具体的制定法。知识产权法律制度主要由著作权法、专利法、商标法、反不正当竞争法等若干法律行政法规或规章、司法解释、相关国际条约等共同构成。随着知识产权领域的制度创新、法律修订以及理论研究越发引人注目，知识产权保护的新问题、新案件不断出现，这极大地丰富了知识产权法学的研究内容，使知识产权法学获得了长足的发展和厚实的积淀。

## （三）知识产权制度的法律特征

第一，无形财产权。

第二，确认或授予必须经过国家专门立法直接规定。

第三，双重性：既有某种人身权（如签名权）的性质，又包含财产权的内容。但商标权是一个例外，它只保护财产权，不保护人身权。

第四，专有性：知识产权为权利主体所专有。权利人以外的任何人，未经权利人的同意或者法律的特别规定，都不能享有或者使用这种权利。

第五，地域性：某一国法律所确认和保护的知识产权，只在该国领域内发生法律效力。

第六，时间性：法律对知识产权的保护规定了一定的保护期限，知识产权在法定期限内有效。

## （四）知识产权的归责原则

知识产权侵权是一种特殊的民事侵权行为，我国《民法通则》第一百零六条规定了承担民事责任的过错原则和无过错而依法应承担民事责任的无过错原则。这部 1986 年颁布、2009 年修正的《民法通则》，虽然首次正式使用“知识产权”这一“国家知识产权战略”讲座学称谓，也对著作权、商标权和专利权等受到剽窃、篡改、假冒等侵害行为做出了有权要求停止侵害、消除影响、赔偿损失等规定，但从这些规定及 1990 年 9 月颁布并于 2001 年 10 月修正的《中华人民共和国著作权法》和其他已颁行的有关知识产权的法律来看，基本上都对知识产权侵权的归责原则规定为过错责任原则，即“债权之诉”原则。本人认为，知识产权侵权只适用过错归责原则的规定，这使法律规定和审判实践产生了冲突，主要表现为三个方面：一是同为民事侵权，无法普遍适用民事侵权归责原则；二是法律原则与审判实践相矛盾，使知识产权的法律保护受到制约；三是割裂了物上请求权与债权请求权的关系，使法官在个案的裁判中陷入困境。

侵犯知识产权的行为，与一般的民事侵权行为有基本相同的法律性质，当然也有基本相似的法律后果。但由于知识产权的性质和侵犯知识产权行为的基本特征有别于一般的民事权利和侵权行为，故侵犯知识产权行为的表现形式也有别于一般的民事侵权行为。知识产权的权利客体的非物质性是其区别于财产所有权的本质特征，其客体是一种非物质性无形体的精神财富，不具有物质形态、不占有空间、其被占有也非实在而具体的占据。而且，知识产权的存在与其他财产权（特别是所有权）相比，有其独有的专有排他性、地域效力性和时间限制性特征。由于知识产权的这些性质和特征，侵犯知识产权的行为基本上都具有双重性，这就是既侵犯了知识产权人的物权，也同时侵犯了知识产权人的债权；既有对独立物权的侵犯（著作人身权），也有对单一债权的侵犯（商业秘密权）；既有故意侵犯的有过错侵权行为，也有善意无过错侵权行为（邻接权）；既有行为发生即侵权，也有行为结果为侵权。这种知识产权侵权行为的双重性，决定了该侵权归责原则的双重性。

### （五）知识产权的现实状况

正义和效益的本质是和谐，因而知识产权法的各项制度和规范中也包含着和谐的理念。在知识产权的权利生成环节，商标法把具备“显著性”并“不与他人在先取得的合法权利相冲突”的标识作为注册商标的条件，同时还明确规定“带有民族歧视性的”“夸大宣传并带有欺骗性的”“有害于社会主义道德风尚或者有其他不良影响的”标识，不能注册并禁止使用。专利法首先确立了“对违反国家法律、社会公德或者妨害公共利益的发明创造，不授予专利权”的原则，并规定授予专利权的发明创造必须具备新颖性、创造性和实用性，授予专利权的外观设计“不得与他人在先取得的合法权利相冲突”，同时还把科学发现、智力活动的规则和方法、疾病的诊断和治疗方法、动物和植物品种、用原子核变换方法获得的物质，作为授予专利权的除外情况。这些规定不仅确保了商标权和专利权的授权质量，也保证了私人利益与公共利益间的和谐。在知识产权权利归属问题上，专利法明确界定了共同完成的发明创造、委托完成的发明创造、职务发明创造与非职务发明创造的权利归属，著作权法也对共同创作作品、委托创作作品、职务作品与非职务作品的著作权归属做了专门的规定，这些规定暗含着个人利益之间的和谐共处。在知识产权权利行使环节，知识产权专有权决定着知识产权的行使必然与市场自由竞争、信息资源共享、公共健康权等社会公共利益之间存在着天然的矛盾和利益冲突。对此，知识产权法在保护知识产权专有权的同时，对这种专有权的行使和范围做出了一定的限制，这就是知识产权的公共秩序限制、时间限制、地域限制、权能限制和行使范围限制。尽管这些限制在知识产权的不同制度中的表现和程度不尽相同，但它们的功能和目标却是相同的，即在知识产权行使与市场自由竞争、信息资源共享、公共健康等社会公共利益的维护之间达成了和谐。在知识产权保护环节，知识产权法不仅对知识产权的保护范围和保护措施做了明确的规定，还对侵犯知识产权的行为进行了具体的列举和界定，从权利和责任的角度使权利人和使用人的利益得以协调。

但是，知识产权法并没有将和谐作为价值目标，更没有作为终极价值目标，其对和谐的追求仅仅局限在正义和效益价值目标的范围内。也就是说，和谐作为知识产权法的价值目标在中国是缺位的。例如，著作权法的立法目标是“保护文学、艺术和科学作品作者的著作权，以及与著作权有关的权益，鼓励有益于社会主义精神文明、物质文明建设的作品的创作和传播，促进社会主义文化和科学事业的发展与繁荣”；专利法的立法目标是“保护发明创造专利权，鼓励发明创造，有利于发明创造的推广应用，促进科学技术进步和创新”；商标法的立法目标是“加强商标管理，保护商标专用权，促使生产、经营者保证商品和服务质量，维护商标信誉，以保障消费者和生产、促进社会主义市场经济的发展”。这三部法律对正义和效益价值目标都做了明确的表述，却无一将和谐作为价值目标或终极价值目标。在当今知识产权领域的矛盾和冲突日益加剧的情况下，中国知识产权法和谐价值的缺位，已经不能适应现实的迫切需要。

## （六）知识产权法的实现价值

一般来说，法的价值的实现是法的价值评价和价值选择的过程和结果，也是法的价值冲突被解决的过程和结果。因此，和谐作为知识产权法的终极价值，它的实现依赖于其内涵的各个价值冲突的解决。

我国的知识产权制度确立于我国市场经济的初级阶段，在世界各发达国家科学技术迅猛发展、知识产权制度较为成熟，并在全球范围内不断扩展的背景下，作为一项崭新的制度，难免存在这样或那样的问题，突出表现为知识产权利益相关者的利益矛盾和冲突。在知识产权的权利生成和归属环节，各种商标抢注行为愈演愈烈，甚至出现专门以抢注商标然后再高价出售为职业的群体，商标恶意异议也很猖獗，著作权、商标权和专利权的归属纠纷亦频繁发生。在知识产权的权利行使环节，知识产权滥用和知识产权垄断问题日益严重，知识产权权利冲突成为焦点。在知识产权保护环节，侵权纠纷日益增多。在知识产权法的实施环节，我国仍然缺乏一个宏观层面上的知识产权战略。同时，对于已经形成共识的知识产权政策，由于机构叠床架屋、职能划分不清等原因，也难以实施。执法水平、司法水平和守法意识都有待提高，如对驰名商标的保护，商标法虽规定了跨类保护的特殊措施，但在实施过程中却存在着全类保护的倾向，甚至有绝对化保护的倾向。有学者认为，这些矛盾和冲突的存在既有法律规定不完善的原因，也有知识产权自身无形性特征决定的权利边界模糊的原因，还有中国知识产权意识不强等原因。但本人认为，这些矛盾和冲突的深层次原因在于知识产权各项法律制度间的价值分工与合作厘定不清，知识产权法的价值不能成功地由静态转换成动态所致。

知识产权法的价值冲突发生在知识产权法的价值实现的各个环节。既有正义与效益的冲突，也有各相关利益主体价值观念的冲突，如同一主体基于不同因素的考虑或不同主体各自切身利益对同一法律价值产生不同的认识和价值期求。在知识产权法的形成制定阶段，它集中反映为对知识产权法价值认识不同的立法者的不同立法主张。这些主张有两方面的内容：某一法律应否制定，及某一具体法律规范如何进行规定。例如，面对中国名胜古迹名称和旅游景点名称被大量抢注为商标的情况，是由商标法规范，或是由反不正当竞争法规范，抑或留给道德规范？如果由商标法规范，则有允许注册和不予注册并禁止作为商标使用两种选择。选择前者，则选择了效益价值，但如何规范名胜古迹名称和旅游景点名称的商标使用行为，则关系到商标法的和谐价值实现问题；选择后者，则能有效地避免抢注行为，维护了和谐局面，但实质上不仅有违正义价值，也与效益价值不一致，因为这样规范也同时剥夺了名胜古迹和旅游景点经营者利用注册商标对名胜古迹和旅游景点进行维护和产业开发的权利，这种和谐也不是我们所倡导的知识产权法的和谐价值。如果由反不正当竞争法规范，则针对性不强，而留给道德规范，则是维持现状。在知识产权法的实施过程中，价值冲突大概表现为执法者和司法者对相同案件选择不同的处理方式，以及守法者对同一法律的不同理解两种情况。前者如“上岛咖啡”案的一审与二审的不同判决，后者如人们对商标显著性要求的不同理解、对著作人身权性质的不同理解等。

可见，要解决知识产权法的价值冲突，保证知识产权法和谐价值的实现，就必须把和谐价值的理念贯穿于知识产权法的制定和实施的全过程中。因此，中国目前应采取的措施是在立法上把“和谐”确立为知识产权法的终极价值。为此，必须加强对法的和谐价值的理论研究。理论是观念的升华，也是制度的基础。古往今来，“和谐”思想源远流长，但将“和谐”上升为法的价值并形成法律制度，在中国社会主义法治建设的过程中，还是一个崭新的重大课题。只有在理论上进行深入的研究，才能为和谐法律制度的建立奠定坚实的基础。

## （七）知识产权法的国内立法

我国知识产权立法起步较晚，但发展迅速，现已建立起符合国际先进标准的法律体系。知识产权法的渊源是指知识产权法律规范的表现形式，可分为国内立法渊源和国际公约两部分。国内立法渊源可概括为五方面。

第一，知识产权法律，如著作权法、专利法、商标法。

第二，知识产权行政法规。主要有著作权法实施条例、计算机软件保护条例、专利法实施细则、商标法实施条例、知识产权海关保护条例、植物新品种保护条例、集成电路布图设计保护条例等。

第三，知识产权地方性法规、自治条例和单行条例，如《深圳经济特区企业技术秘密保护条例》。

第四，知识产权行政规章，如《国家工商行政管理局关于禁止侵犯商业秘密行为的若干规定》。

第五，知识产权司法解释，如《最高人民法院关于审理专利纠纷案件适用法律问题的若干规定》《最高人民法院关于诉前停止侵犯注册商标专用权行为和保全证据适用法律问题的解释》。

## （八）知识产权法具体分类

### 1. 按照权利的内容

从权利的内容上看，知识产权包括人身权利和财产权利。知识产权中的人身权是与智力活动成果创造人的人身不可分离的专属权，比如署名权、发表权、修改权等；知识产权中的财产权则是指享有知识产权的人基于这种智力活动成果而享有的获得报酬或其他物质利益的权利。

### 2. 按照智力活动成果

按照智力活动成果的不同，知识产权可以分为著作权、商标权、专利权、发明权、发现权等。对于上述知识产权，《中华人民共和国民法通则》第五章第三节做了明确规定。

## （九）加强知识产权保护 向知识产权大国迈进

2020 年 11 月 30 日，中共中央政治局就加强我国知识产权保护工作举行第二十五次集体学习。习近平总书记在主持学习时强调，知识产权保护工作关系国家治理体系和治理能力现代化，关系高质量发展，关系人民生活幸福，关系国家对外开放大局，关系国家安全。全面建设社会主义现代化国家，必须从国家战略高度和进入新发展阶段要求出发，全面加强知识产权保护工作，促进建设现代化经济体系，激发全社会创新活力，推动构建新发展格局。

创新是引领发展的第一动力，保护知识产权就是保护创新。我国正在从知识产权引进大国向知识产权创造大国转变，知识产权工作正在从追求数量向提高质量转变。党的十八大以来，党中央把知识产权保护工作摆在更加突出的位置，部署推动了一系列改革，出台了一系列重大政策、行动、规划，实行严格的知识产权保护制度，坚决依法惩处侵犯知识产权行为，推动我国知识产权事业不断发展，知识产权保护取得了历史性成就。根据国家知识产权局发展研究中心 2020 年 9 月 14 日发布的《2019 年中国知识产权发展状况评价报告》，2010—2019 年，我国知识产权综合发展指数由 100 提升至 279.2。世界知识产权组织有关报告及数据显示，我国在 2019 年全球创新指数中的排名提升至第 14 位，我国通过《专利合作条约》（PCT）途径提交专利申请 5.9 万件，跃居世界第一。

我国在制定国内知识产权法律法规的同时，加强了与世界各国在知识产权领域的交往与合作，加入了 10 多项知识产权保护的国际公约。主要有：与贸易有关的知识产权协定（TRIPS 协定）、保护工业产权巴黎公约、保护文学和艺术作品伯尔尼公约、世界版权公约、商标国际注册马德里协定、专利合作条约等。其中，世界贸易组织中的 TRIPS 协定被认为是当前世界范围内知识产权保护领域中涉及面广、保护水平高、保护力度大、制约力强的国际公约，对中国有关知识产权法律的修改起了重要作用。

《民法典》的实施，进一步为我国实现专利、商标、地理标志等知识产权的全方位、立体化保护提供了保障，建立起符合国际通行规则、门类较为齐全的知识产权法律制度，着力营造尊重知识价值的营商环境，加大执法力度，保护国内外知识产权人合法权益，势必将为全球经济的复苏、繁荣注入新动力。

美国对我国的持续打压让国内各界深刻认识到，关键核心技术是要不来、买不来的，必须靠自主创新，在开放的条件下形成核心技术知识产权。

习近平总书记还强调，要加强知识产权保护工作顶层设计。要研究制定“十四五”时期国家知识产权保护和运用规划，明确目标、任务、举措和实施蓝图。要坚持以我为主、人民利益至上、公正合理保护，既严格保护知识产权，又确保公共利益和激励创新兼得。

习近平总书记还强调，要提高知识产权保护工作法治化水平。要在严格执行《民法典》相关规定的同时，加快完善相关法律法规，统筹推进专利法、商标法、著作权法、反垄断法、科学技术进步法等修订工作，增强法律之间的一致性。要完善行政执法和司法衔接机制，加大行政执法力度，对群众反映强烈、社会舆论关注、侵权假冒多发的重点领域和区域，要重拳出击、整治到底、震慑到位。

首先，要强化知识产权全链条保护。综合运用法律、行政、经济、技术、社会治理等多种手段，从审查授权、行政执法、司法保护、仲裁调解、行业自律、公民诚信等环节完善保护体系，加强协同配合，构建大保护工作格局。要打通知识产权创造、运用、保护、管理、服务全链条，健全知识产权综合管理体制，增强系统保护能力。要统筹做好知识产权保护、反垄断、公平竞争审查等工作，促进创新要素自主有序流动、高效配置。

其次，要加强知识产权信息化、智能化基础设施建设，推动知识产权保护线上线下融合发展。要鼓励建立知识产权保护自律机制，推动诚信体系建设。

在深化知识产权保护工作体制机制改革方面，党中央要求，完善知识产权审查制度；健全大数据、人工智能、基因技术等新领域新业态知识产权保护制度；深化知识产权审判领域改革创新，健全知识产权诉讼制度；抓紧落实知识产权惩罚性赔偿制度；健全知识产权评估体系，改进知识产权归属制度；研究制定防止知识产权滥用相关制度。

在坚持人类命运共同体理念指引下，深度参与世界知识产权组织框架下的全球知识产权治理，推动完善知识产权及相关国际贸易、国际投资等国际规则和标准，推动全球知识产权治理体制向着更加公正合理方向发展，并且要形成高效的国际知识产权风险预警和应急机制，建设知识产权涉外风险防控体系。

党中央要求各级党委和政府强化知识产权工作相关协调机制，重视知识产权人才队伍建设，坚决克服地方保护主义。各级领导干部要增强知识产权意识，加强学习，熟悉业务，增强新形势下做好知识产权保护工作的本领。全社会加强知识产权保护宣传教育，增强尊重和保护知识产权的意识，把我国建设成为知识产权创造、运用、保护和管理水平较高的国家，向着知识产权创造大国迈进。

## 四、民法典与特别法

理论源于实践，又用来指导实践。改革开放以来，我国及时总结新的生动实践，不断推进理论创新，在发展理念、所有制、分配体制、政府职能、市场机制、宏观调控、产业结构、企业治理结构、民生保障、社会治理等重大问题上提出了许多重要论断。比如，关于社会主义本质的理论，关于社会主义初级阶段基本经济制度的理论，关于创新、协调、绿色、开放、共享发展的理论，关于发展社会主义市场经济、使市场在资源配置中起决定性作用和更好发挥政府作用的理论，关于我国经济发展进入新常态、深化供给侧结构性改革、推动经济高质量发展的理论，关于推动新型工业化、信息化、城镇化、农业现代化同步发展和区域协调发展的理论，关于农民承包的土地具有所有权、承包权、经营权属性的理论，关于用好国际国内两个市场、两种资源的理论，关于加快形成以国内大循环为主体、国内国际双循环相互促进的新发展格局的理论，关于促进社会公平正义、逐步实现全体人民共同富裕的理论，关于统筹发展和安全的理论，等等。这些社会性法理论成果，有力指导了我国经济社会的发展实践。

要重视社会权利法的发展。社会立法涉及特殊社会群体的民事权利保障问题，但是这种保障的方式并不仅仅是民法上的问题。《民法典》总则第一百二十八条明确了这些法律所涉及的民事权利，涉及未成年人、老年人、残疾人、妇女、消费者的民事权利保护问题。社会保障立法还包括劳动者保护的立法，我国已经对城乡居民开始建立系统的社会保障制度，其基础是合同。当事人要和保护机构订立合同，而且合同的履行方式和民法一般的保险合同本质是一样的。只是这种保险合同的法律关系加上了国家主持或支持的条件，所以这种合同关系具有一定的特殊性，把这些法律作为民法特别法的要素对待，是为了实现法律上的实质正义。

## （一）面对公权私权：社会立法与重大风险防控

特别法的社会法治制度规范，是人民群众安居乐业的保障。

《民法典》是广大人民群众的权利保护法。编纂《民法典》就是为增进人民福祉、维护最广大人民根本利益的必然要求。其设立的权利能力制度关系到每个人一生的权利，监护制度关系到未成年人的健康成长，婚姻家庭制度关系到每个人家庭幸福，等等。相比较，《民法典》紧跟互联网、大数据、人工智能等现代科技领域、经济社会各方面的发展步伐，积极做出回应，就社会普遍关心的问题如隐私权、个人信息保护等都做出了全面规定。正因为坚持问题导向、目标导向、法效导向，《民法典》又被誉为“社会生活的百科全书”。

无疑，保护人民群众的人身安全是《民法典》的根本使命。各国民法典对私权的保护共识基本一致，但中国民法典对于直接关乎每个人生命的事项，制定了有关的保护制度规范，如对整个世界面临的抗击新冠肺炎疫情的法律保护规定或者救治规范，便是积极应对。习近平总书记指出，国家安全工作要适应新时代新要求，一手抓当前、一手谋长远，切实做好维护政治安全、健全国家安全制度体系、防控重大风险、加强法治保障、增强国家安全意识等方面工作。

公共安全无处不在，事关群众身体健康和生命安全。习近平总书记强调，维护公共安全，必须从建立健全长效机制入手，推进思路理念、方法手段、体制机制创新，加快健全公共安全体系。要贯彻食品安全法，完善食品安全体系，加强食品安全监管。要牢固树立安全发展理念，加强和改进安全监管工作，坚决遏制重特大事故频发势头。必须从制度、机制、政策、工作上积极推动社会矛盾预防化解工作，完善和落实维护群众合法权益的体制机制，完善和落实社会稳定风险评估机制，预防和减少利益冲突。

我国是灾害多发、频发的国家，事关人民生命财产安全，事关社会和谐稳定，是衡量执政党领导力、检验政府执行力、体现法治水平影响力的检验标准。习近平总书记做出指示：加强应急管理体系和能力建设，既是一项紧迫任务，又是一项长期任务。要发挥我国应急管理体系的特色和优势，借鉴国外应急管理有益做法，积极推进我国应急管理体系和能力现代化。要健全风险防范化解机制，加强风险评估和监测预警，健全应急预案体系。要坚持依法管理，运用法治思维和法治方式提高应急管理的法治化、规范化水平。

## （二）面对自然人类：绿色原则与卫生健康保障

为贯彻习近平生态文明思想，将绿色原则确立为民法的基本原则，规定民事主体从事民事活动，应当有利于节约资源、保护生态环境。

《民法典》创新的绿色原则，确立了中国社会走向绿色化的制度典范。这是对自然界的卓越贡献，而于人类社会的卫生健康事业，则是民族昌盛和国家富强的重要标志，也是广大人民群众的共同追求。党中央印发的《“健康中国2030”规划纲要》，确立了新时代卫生与健康的工作方针，明确了建设健康中国的大政方针和行动纲领。2020年应对新冠肺炎疫情，中国医药卫生体系经受住了考验，为打赢疫情防控阻击战发挥了重要作用，为维护人民生命安全和身体健康、恢复经济社会发展做出了重要贡献。

习近平总书记指出，人类正在经历第二次世界大战结束以来最严重的全球公共卫生突发事件，新冠肺炎疫情在全球蔓延，我国面临着多重疾病负担并存、多重健康影响因素交织的复杂状况。同时，人民群众多层次多样化健康需求持续快速增长，健康越来越成为人民群众关心的重大民生福祉问题。加快提高卫生健康供给质量和服务水平，要把人民健康放在优先发展战略地位，努力全方位全周期保障人民健康，加快建立完善制度体系，保障公共卫生安全，加快形成有利于健康的生活方式、生产方式、经济社会发展模式和治理模式，实现健康和经济社会良性协调发展。我国应建立稳定的公共卫生事业投入机制，加快理顺体制机制、完善基础设施、提升专业能力，加大疾病预防控制体系改革力度，增强早期监测预警能力、快速检测能力、应急处置能力、综合救治能力。要在做好常态化疫情防控的同时，聚焦影响人民健康的重大疾病和主要问题，完善国民健康促进政策，创新社会动员机制，健全健康教育制度，强化重点人群和重大疾病综合防控，从源头上预防和控制重大疾病，实现从以治病为中心转向以健康为中心。

卫生健康的法治化，要通过深化医疗卫生体制改革实现。2020 年 9 月 22 日，习近平总书记主持召开教育文化卫生体育领域专家代表座谈会再次强调，加快健全分级诊疗制度、现代医院管理制度、全民医保制度、药品供应保障制度、综合监管制度，合理制定并落实公立医疗卫生机构人员编制标准并建立动态核增机制。同时，要大力弘扬伟大抗疫精神，在全社会营造尊医重卫的良好风尚，认真总结疫情防控的经验和模式，用制度形式予以固化。要加强国际交流合作，完善我国参与国际重特大突发公共卫生事件应对工作机制，推动构建人类卫生健康共同体。这些伟大的人类健康指导规范，将是中国民法典与时俱进的国际化原则。

## （三）面对法治德治：核心价值与社会依法治理

“弘扬社会主义核心价值观”作为《民法典》的立法目的和依据，体现了坚持依法治国与以德治国相结合的鲜明中国特色。同时，规定了民事权利及其他合法权益受法律保护，确立了平等、自愿、公平、诚信、守法和公序良俗等民法基本原则。

在“十四五”时期如何适应社会结构、社会关系、社会行为方式、社会心理等深刻变化，健全全覆盖、可持续的社会保障体系、公共卫生安全疾控体系，促进人口长期均衡发展，都需要围绕《民法典》确立的价值观加强社会治理，维护社会稳定，开创以共建共治共享拓展社会发展新局面，完善共建共治共享的社会治理制度体系。

首先，城市治理重在法治精细。要树立“全周期管理”意识，把城市作为一个有机体、生命体，用细心、耐心、巧心推动城市精细治理。让精细体现在制度公平公正上，让精细体现在便利的生活圈、快捷的经济圈、都市的发展圈上，让精细体现在线上线下相融合的市民服务设施、万物互联的信息网络上，让精细体现在环环相扣、无缝对接的每一个细节上。让一切创造的活力充分涌流，让所有人都能切实生存在法典化的保护环境中。

其次，农村治理重在战略精美。农村治理要围绕农村农业农民现代化总目标，以乡村振兴战略为总抓手，体现在生态美环境美自然美，体现在农业越来越绿色丰产，体现在农村越来越清亮、干净、整洁、有序，体现在劳动环境美、农业产品美、家庭生活美。给农民创造更多的生产机会、劳动空间和增收渠道，教育引导农民依靠勤劳的双手摆脱贫困、改变命运，实现个人梦想、创造美好生活。体现在人文风气美家风和谐美精神家园美，让幅员辽阔的中国全体农村成员彻底摆脱贫困，努力奋进在制度化、法治化的新时代天地中。

最后，加强制度应对，增强治理效能。面对风险挑战，在相关制度的规范和引领下，坚定信心临危不乱，方向明确凝聚共识，各司其职形成合力，打好应对变局、开拓新局主动战。

制度建设是一个动态演进、发展完善的过程，必须毫不动摇地坚持和巩固、与时俱进地完善和发展、不折不扣地遵守和执行。衡量一个国家的制度是否成功、是否优越，一个重要方面就是看其在重大风险挑战面前，能不能号令四面、组织八方。

在惊心动魄的抗击新冠肺炎疫情斗争中，党政军民学闻令而动，东西南北中各就各位，形成统一指挥、全面部署、立体防控的战略布局，夺取了抗疫斗争的重大战略成果。

国之兴衰系于制，民之安乐皆由治。习近平总书记在《关于〈中共中央关于坚持和完善中国特色社会主义制度　推进国家治理体系和治理能力现代化若干重大问题的决定〉的说明》中强调，我们要打赢防范化解重大风险攻坚战，必须坚持和完善中国特色社会主义制度、推进国家治理体系和治理能力现代化，运用制度威力应对风险挑战的冲击。新中国成立 70 多年来，我们之所以能成功应对一系列重大风险挑战、克服无数艰难险阻，关键就在于有一套行得通、真管用、有效率的中国特色社会主义制度体系。历史实践启示我们，从“预见风险”到“遇见风险”，只有加强制度应对、筑牢制度防线，才能经受住一次次重大考验，不断化危为机、浴火重生。

特别法形成的一套成熟有效的带有全局性、稳定性的制度结构，面对风险挑战，在相关制度的规范和引领下，坚定信心就能临危不乱，方向明确就能凝聚共识，各司其职就能形成合力，既能打好防范和抵御风险的有准备之战，也能打好化险为夷、转危为机的战略主动战。

释放制度威力，重在将制度优势转化为应对风险挑战的治理效能。如何运用制度及时纠正偏离制度的“苗头性、倾向性”问题，如何消除制度执行中的利益掣肘，唯有切实把严格执行制度作为一个原则来坚持、作为一项责任来履行，才能促进制度建设和治理效能更好地转化融合。

也要看到，制度建设是一个动态演进、与时俱进的过程。这次疫情应对也暴露出一些短板和不足。国家应急管理体系还需进一步健全，国家储备体系效能有待优化，城市公共环境治理仍存在一些死角。对此，我们既要补短板、堵漏洞、强弱项，该坚持的坚持，该完善的完善，该建立的建立，该落实的落实，又要加快建立健全国家治理急需的制度、满足人民日益增长的美好生活需要必备的制度，推动中国特色社会主义制度更加成熟更加定型。我们只要善用制度优势、发挥制度威力，就有信心有能力应对一切风险挑战，在改革创新中走向未来。

社会是不断发展的，只有调节社会关系和社会活动的体制机制随之不断完善，才能不断适应解放和发展社会生产力的要求。

随着我国迈入新发展阶段，改革也面临新的任务，必须拿出更大的勇气、更多的举措破除深层次体制机制障碍，坚持和完善中国特色社会主义制度，推进国家治理体系和治理能力现代化。我们要守正创新、开拓创新，大胆探索未来发展之路。要坚持和完善社会主义基本经济制度，使市场在资源配置中起决定性作用，更好发挥政府作用，营造长期稳定可预期的制度环境。要加强产权和知识产权保护，建设高标准市场体系，完善公平竞争制度，激发市场主体发展活力，使一切有利于社会生产力发展的力量源泉充分涌流。

中国应以高水平对外开放打造国际合作和竞争新优势。当前，国际社会对经济全球化前景有不少担忧。我们认为，国际经济联通和交往仍是世界经济发展的客观要求。我国经济持续快速发展的一个重要动力就是对外开放。对外开放是基本国策，我们要全面提高对外开放水平，建设更高水平开放型经济新体制，形成国际合作和竞争新优势。要积极参与全球经济治理体系改革，推动完善更加公平合理的国际经济治理体系。

# 第五章 民法典外民法典

# 一、中国民法典的脱颖而出

## （一）中国民法典彰显制度文明新高度

中国民法典的诞生，标志着中华法治文明达到了一个新高度，标志了全力打造体例科学、结构严谨、结构完整、规范协调的法典化时代的启幕。

中外历史证明，编纂法典是一个国家、一个民族走向繁荣强盛的象征。中国民法典又是几代法律工作者为之奋斗的智慧结晶，高度凝练了中国民商事领域内的基本规则，将中国民商事立法、司法与研究推向了更高的阶段，意味着人们的生活交往模式以及市场经济运行规则进入了平稳的发展状态，这是国家迈向成熟的阶段性重要标志，也将有利于中国法律与制度文化的国际传播。

《民法典》的问世，在形式上是新颖的，在内容上是自改革开放以来探索与形成的民商法领域法秩序的集大成者。

从技术层面看，《民法典》既高度凝练，又保持规则的稳定性和延续性，处处体现出立法技术、水平的先进性。与国际上的民法典比较，既非法国模式，其体例不同于查士丁尼民法大全《法学阶梯》式的教材蓝本；也非德国模式，不同于民法大全的《学说汇编》。我国民法典是面向21世纪的民法典，既重视吸纳国外先进的法治成果，又依据自己的立法、司法经验与学术积累，体现出中国智慧，集聚制度创新成就，展现中国特色、中国气派。

从制度与文化传播层面看，《民法典》是一座“桥梁”，作为市场经济现代社会的生活百科全书，为各个领域提供一个易于比较、便于阅读的对话文本，非常利于国际友人用熟悉的概念体系了解中国的民事法律制度模式，易于推进国际间的友好交往和经济合作。

## （二）中国民法典气质上的异同体量

法学界普遍关注和争论的理论要点，即异军突起的中国民法典与世界各国的民法典对比，有哪些显著的“个性”？这实际上是说民法典的价值理论和历史地位。这个本来不成问题的问题，却恰恰体现出人们对“制度自信”的需要。而中国民法典的诞生，正好回应了这份对于制度自信的需要。

一是民法典出台的背景共性。“伟大的时代都有伟大的法典。”法国、德国等具有世界性影响的民法典，都是在民族复兴、社会转型、国家崛起的关键时期制定并实施的。我国的《民法典》则是在决胜全面建成小康社会之年、抗击新冠肺炎疫情取得战略性成果之年颁布的，与 200 多年前的《法国民法典》、100 多年前的《德国民法典》，或其他民法典的代表作相较，注定了中国民法典是雄踞 21 世纪的一部伟大法典。

二是 21 世纪民法典的新时代性。如果说 1804 年的《法国民法典》是 19 世纪风车水磨时代的代表，1900 年的《德国民法典》是工业化社会民法典的代表，那么，中国民法典就是 21 世纪互联网、高科技时代的新时代代表。

中国民法典作为社会生活的“宣言书”，必须全方位凝聚社会共识，充分反映新时代特征。进入 21 世纪后，网络技术、人工智能、生物技术的发展，全球化生态环境的保护，人类社会面临的都是前所未遇的问题。民法典作为社会生活的“百科全书”，无法回避这些新技术新理念问题。中国民法典勇敢回应了信息化时代、高科技时代科技爆炸和科技进步带来的重大问题，回应了生态环境保护的时代紧迫问题，充分体现了与时俱进的品格，这是超越《法国民法典》《德国民法典》等其他民法典的优越之处。

三是法典体系设计的科学性。我国《民法典》突破了传统大陆法系法典体系的安排，增设了人格权编和侵权责任编，这是体系上的重要制度创新。人格权独立成编是我国《民法典》最重要的创新和最大亮点之一，也是对世界民事立法的重要贡献。

人格权编不仅弥补了传统大陆法系“重物轻人”的体系短板，为人格权法的发展提供了更为广阔的空间，更重要的是，从制度上满足了人民群众日益增长的美好生活的需要，强化了法治对人格尊严的维护，解决了在网络信息时代所面临的多种挑战。

在现代高科技迅速发展的变革前提下，各种民事权益受到的侵害远超以往，人格权侵害首当其冲。因此，侵权责任编应运而生，集中展现法典时代惩前毖后的功能力度，以推动高科技发展时代的立法价值。

当然，不可忽视，中国民法典很重视吸纳外来法治的经验，借鉴了大陆法系和英美法系的先进立法成果，确保了法典立法的共识意义，又彰显了法典的制度稳定性。

## 二、各国民法典的法系渊源

自古至今世界法系庞杂，粗略统计可分为 5 大法系：古代的巴比伦印度、希腊罗马法系，中世纪的日耳曼、教会、伊斯兰法系，近现代的英美法系，法德日的大陆法系，独具 5000 多年历史的中华法系。

### （一）《汉谟拉比法典》与《摩奴法典》

各国的法典结构繁博、特色各异，较有代表性的如古巴比伦王国以楔形文字法存续的《汉谟拉比法典》。其实施地域广、时间长，对基本制度的归纳已初具法律制度样本，如君主专制制度、社会阶层的法律地位、土地所有权，再如买卖、租赁、借贷、保管、合伙、雇佣等契约的履行，婚姻、家庭与继承法的大量条文规定，还有法院组织与诉讼活动等带有原始社会“自力救济”的痕迹。在其证据制度中，起誓和神明裁判占重要地位，大多是习惯和司法判例的汇编，但总体来说，楔形文字法不是“神定法”，而是“人定法”，是世俗民事制度构成的法典主体。

古代东方的《摩奴法典》①，汇聚了古印度法的基本制度，包括种姓等级制度、土地所有制形式，即生命生存权界定、私人财产所有权受法律保护的奴隶制社会产物；还包括债法的确立，如对买卖、寄存、借贷、劳务等高等种姓的债权给予特别保护。在当时的印度由于婚姻被认为是神意的结合，因此《摩奴法典》中，婚姻家庭法具有如下特征：一是确立婚姻是神意维护种姓内婚制；二是为了维护种姓的纯洁，高等种姓盛行一夫多妻制，婆罗门男子可以依种姓顺序娶四个妻子，刹帝利可在同种姓和吠舍、首陀罗中娶三个妻子，吠舍可娶同种姓和首陀罗两个妻子，而低等种姓首陀罗男子只能娶一个首陀罗女子为妻。同时，古代印度的继承法除实行长子优先继承原则，应继份额完全与种姓制挂钩：如果一个婆罗门依正序娶了四个妻子并各有一子时所生之子得四份，刹帝利之子得三份，吠舍之子得二份，首陀罗之子只得一份；即使这个婆罗门没有其他儿子，首陀罗妻子所生之子也不能得到超过十分之一的财产。

## （二）英美法系不设民法典

英美法系又称普通法系，包括英国、美国、加拿大、印度等国。

英国民事方面的规范都在普通法和衡平法中规定。普通法形成的民事规范主要是契约法、侵权行为法、家事法等。衡平法主要包括不动产法、信托法、公司法、破产法等。19 世纪末 20 世纪初，英国又制定了货物买卖法、票据法、保险法、公司法等，但未设商法典。

直到 20 世纪 50 年代，美国首次制定了《统一商法典》。

---

① 蒋忠新先生将《摩奴法典》定义为《摩奴法论》。本人曾征询过蒋先生的意见，他告知：古代梵文说“论”与当代法系说“典”应是同义。

### 1. 普通法的形成

普通法是 12 世纪前后由普通法院创造并发展起来的国家普遍适用的法律。

不列颠实现政治统一后，王国具有了强大的中央集权和完善的皇家司法机构，相应地在法律建制上，也逐渐形成了普通法、衡平法和制定法三大法律渊源。

亨利二世（1154—1189 年）统治时期进行了一场重大的司法改革：将 1179 年温莎诏令定位的巡回审判变成一种永久性制度；建立由陪审团参与审理和由皇家法官进行调查的刑事司法制度；引入一种新的审判方法解决有关土地所有权的争端，由当地骑士组成的陪审团确定哪一方对争讼土地享有所有权，从而确认拥有合法所有权。这样，巡回法官们在各地既了解了案件，又熟悉了地方的习惯法。由于他们在一起讨论案件的难点，交换法律意见，承认彼此判决的有效，并约定在巡回审判中加以适用，由此逐渐形成了通行于全国的普通法。

### 2. 衡平法的兴起

衡平法是 14 世纪前后由大法官的审判实践发展起来的法律规则，宣称“公平”“正义”为其基础，因而得名。

衡平法的产生既是适时调整经济关系发展的需要，又是对普通法的完善和发展。

12—13 世纪，英国伴随着商业贸易的兴旺，经济多元化发展，新的财产关系和人身非财产关系不断涌现，这就要求法律做出相应的调整。而此时的普通法自身存在许多缺陷。一是保护范围有限：保护范围是由法官的令状确定的，而那些固有诉讼形式反映的都是旧的自然经济关系，因此在普通法院中对于新的商品经济关系所形成的权益保护，缺少合适的诉讼形式。二是内容僵化导致救济方法有限。普通法的救济方法以损害赔偿为主，而且只能对现实的损害进行赔偿，对于无法以金钱衡量的损失则难以处置，对于不要求赔偿，只要求制止侵权行为的受害人，也无法提供有效保护，因为普通法院不能对加害人颁发禁令。

因此，社会经济的发展需要法律做出新的调整，衡平法应运而生。

习惯认为，国王是“公平”“正义”的源泉，行使着最高审判权，凡依普通法得不到保护的当事人，便直接向国王请求裁决。国王则将此重任转交大法官。大法官审理案件，不受普通法诉讼形式的限制，不引用普通法判例,根据“公平”“正义”原则,对案件做出判决。直到 15 世纪，有了衡平法院，越来越多的衡平补救措施和规则被创制出来，成为一个独立于普通法的衡平法律体系。

### 3. 制定法的发展

制定法是享有立法权的国家机关或个人以明文制定并颁布实施的法律规范，即成文法。它的地位是随着国会立法权的加强而逐渐提高的。

国王是英国封建时代享有立法权的主体。13 世纪后作为等级代表机关的国会分享了部分立法权。整个封建时代，国王和国会争夺立法权的斗争日益激烈。1215 年，由于国王约翰王失利，被迫签订了《自由大宪章》，在一定程度上确认了封建贵族和僧侣的特权 ，如规定任何自由民非经合法程序不得被逮捕、监禁、放逐、没收财产。1265 年，根据《自由大宪章》召开了由僧俗贵族参加的“大会议”，并首次允许骑士和市民代表出席会议,这便是国会的雏形。14 世纪,国会获得了颁布法律的权力,规定“贵族院”为上议院，由僧俗贵族组成;“平民院”为下议院，由地方骑士和市民代表组成。国会立法权大大加强，制定法的数量逐渐增多，地位逐渐上升，成为继普通法和衡平法后的第三序列立法。

18 世纪前期逐渐形成了责任内阁制，内阁逐渐成为国家最高行政机关，首相是最高行政首脑，并被赋予资产阶级的含义。这个时代的资本主义更需要新的法律原则和法律实践载体。

第一次世界大战后的“日不落帝国”成为历史，许多殖民地纷纷宣告独立。英国国内生产和资本进一步集中和垄断，民主思潮广泛传播。国际国内形势的变化促使英国法进一步发展，立法程序简化、委托立法大增，选举制度在借鉴中国的文官制度后进一步完善，社会立法和科技立法活动加强。环境保护法、自然资源保护法、航空法、太空法等相继成为英国国家重要法律结构。

1972 年，英国正式加入欧洲共同体，欧盟法成为英国法的重要渊源。为确保与欧共体法律的一致性，国家立法和判例法在英国自动生成。同时，欧洲法院有权就涉及共同体法的案件对英国公民进行判决，任何英国法院都必须承认其法律效力，这使得欧洲的一体化进程逐渐扩大到政治、经济、司法等各个领域，英国的法律体系也必须做出更大的调整。自然这就为英国后来的脱欧埋下了伏笔。①

### 4. 美国《统一商法典》横空出世

美国不存在像大陆法系的民商法部门，民商法领域的立法以财产法、契约法、侵权行为法、继承法、婚姻家庭法、公司法、买卖法、票据法、保险法、破产法等形式独立存在。

美国长期没有统一的商法，其概念和范围也不清晰。19 世纪末，美国以统一法律为目的，兴起统一州法运动。在商法方面，借鉴英国制定的一系列成文法，如 1882 年的《英国票据法》、1893 年的《货物买卖法案》等，美国全国统一各州立法委员会起草公布了一系列单行商法草案，如 1896 年制定《统一流通票据法》、1906 年的《统一买卖法》和《统一货栈收据法》、1909 年的《统一提单法》和《统一股票转让法》、1918 年的《统一附条件买卖法》、1933 年的《统一信托收据法》等，但因内容较为陈旧，各州并未普遍采用。

为了满足现代商事发展的需要，亟须统一商事法律。1940 年，统一

① 何勤华主编：《外国法制史》，法律出版社 2016 年版，第 161—200 页。

各州立法委员会将过去的商事法规统一整理，于 1952 年制定了《统一商法典》，1957 至 1978 年的 20 多年间并不断推出修订文本。

《统一商法典》分为 10 篇，包括总则、买卖、商业票据、银行存款和收款、信用证、大宗转让、仓单、提单和其他所有权凭证、投资证券、担保交易、账债和动产契据的买卖、生效日期和废除效力等内容。《统一商法典》不是对美国商事法律的全面编纂，涉及的主要是商品买卖和与之相关的担保、票据等。

《统一商法典》总则的宗旨是使调整商业交易的法律更加简洁、明确并适应现代的要求；使商业行为能够通过习惯、惯例和当事方协议不断获得发展；使各州调整商业交易的法律归于统一。

《统一商法典》确认了 5 项基本原则：第一，商法应当合理并应承认商业习惯和惯例；第二，奉行诚实信用原则；第三，寻求简化商业交易方面的法律规则；第四，当事人在合理且不损害州利益的前提下可自由修正《统一商法典》的规定；第五，补救应被解释为使信守契约的受损害方能够恢复到原来状态。

《统一商法典》与传统的商法不同，强调保护消费者的权益，如第 2 至第 318 条规定：卖方的明示担保或默示担保延及买方家庭中的任何自然人或买方家中的客人，只要可以合理设想上述任何人将使用或消费此种货物或受其影响，并且上述任何人因卖方违反担保而受到人身伤害。卖方不得排除或限制本条的适用。

《统一商法典》禁止订立违反公共政策或一方控制、压制另一方的不合理契约；规定对显失公平的契约，法院可以拒绝强制执行；在涉及洲际和国际交易的问题方面，《统一商法典》规定当事人可以选择适当的准据法。[①]

《统一商法典》灵活实用，突破了普通法的许多传统原则，有力促进了美国的商品流通，是美国统一州法运动迄今取得的最高成就。《统一商

① 潘琪译：《美国统一商法典》，中国对外经济贸易出版社 1990 年版，第 34 页。

法典》所确立的某些商事行为原则业已为国际社会公认。

## （三）大陆法系设立民法典

大陆法系又称民法法系、罗马—日耳曼法系或成文法系（在西方法学著作中多称民法法系，中国称其为大陆法系），包括法国、比利时、意大利、西班牙、葡萄牙、德国、奥地利、瑞士、日本、泰国等国。从19世纪初以罗马法为基础建立起来的大陆法系，包括欧洲大陆大部分国家，大陆法系的民法典以1804年《法国民法典》、1896年《德国民法典》、1898年《日本民法典》为主线，逐步摆脱了罗马法中实体法和程序法不分、刑法和民法合体的模式，把调整简单商品生产关系规范改为调整资本主义商品生产关系的规范，在民法的内容划分和体系结构上都有着划时代的进步，可谓"风车水磨"跃上"风驰电掣"。

1804年的《法国民法典》，是最早最完备的社会成文法律，仿效罗马法的《法学阶梯》体系编纂而成。《法国民法典》共分3编：第1编是人法；第2编是物法，对财产和所有权限制；第3编是取得财产的规范。采用这种体系的，先后有荷兰、比利时、意大利、西班牙、葡萄牙等国。

1896年的《德国民法典》，仿效罗马法的《学说汇纂》体系、吸收德国普通法的内容编纂而成。《德国民法典》分总则、债务关系、物权、亲属、继承5编，形成"德国体系"，于1900年实行。对瑞士、奥地利、泰国、日本等国的民事立法都产生过直接影响，如《瑞士民法典》的体系，原来分人格、亲属、继承及物权4编，1911年将债法增加为第5编，这次修订被普遍认为是德国体系带来的影响。

1890年的《日本民法典》，颁布总则、物权、债权3编，1898年修订后公布亲属、继承2编和《民法施行法》。《日本民法典》属于大陆法系，注重结果而忽视判例法和程序法，在很大程度上继承了罗马法，借鉴移植《法国民法典》和《德国民法典》的法源痕迹也极为明显。同时，《日本民法典》对新中国成立前的民事法律也有一定的影响。

上述一些国家的民法编纂,存在"民商分立""民商合一"的情况。法国、德国、日本、荷兰、比利时、葡萄牙等国实行"民商合一",即在民法典外又制定"商法典",用以调整行纪、仓储、公司、海商、保险、票据等经济商事;瑞士、泰国则把调整商事行为的规定放入民法典中,或者订立公司法、海商法、保险法、票据法等单行法规,构成"民事特别法"。

1922 年的《俄罗斯联邦民法典》,是在列宁指导下,苏维埃政权制定的第一部以社会主义公有制为基础的民法典。它抛弃了资产阶级民法的"私法"原则,其内容和体系根据社会关系的性质分类,把土地关系、劳动关系、婚姻家庭关系等私有制国家民法传统的内容排除在民法典以外,另订土地法、劳动法和婚姻家庭及监护法等民事法律。《俄罗斯联邦民法典》包括总则、物权、债、继承 4 编,其中主要是财产关系,也含有一些与财产关系有联系的人身关系。1975 年修改的新《俄罗斯联邦民法典》,增加了著作权、发明权、发现权和涉外条款各编。1958 年的《罗马民法典》、1959 年的《匈牙利民法典》、1964 年的《波兰人民共和国民法典》和 1975 年《德意志民主共和国民法典》都属于《俄罗斯联邦民法典》体系。

## 三、1804 年《法国民法典》

### (一)产生《法国民法典》的革命时代

说到世界上第一部成文民法典,都会想到《法国民法典》。

《法国民法典》又称《拿破仑法典》,由总则和 3 编组成,共 36 章、2281 条。

拿破仑这位法兰西君主对法典经久不衰的魅力早有预见:我真正的

光荣并非打了40次胜仗，滑铁卢一战抹去了关于这一切胜利的记忆。但有一样东西是不会被人忘却的，它是永垂不朽的，那就是我的法典。

《法国民法典》第一编是关于民事权利主体，即个人和亲属法的规定；第二编物法，是关于民事权利客体的规定，即对各种财产和所有权及其他物权的规定；第三编债法，即民事权利客体转移的方式，第三编结尾又规定了法定和约定的抵押。

《法国民法典》诞生于法国大革命时代，也是处在上升阶段的资本主义时代。法国在彻底摧毁了封建法律制度后，发展的第一需要是人权观念的升华，即确立民事权利平等、契约和贸易自由、财产权神圣不可侵犯等资产阶级的权利原则，这就是《法国民法典》诞生的社会根基。

《法国民法典》的产生和发展也经历了相当长的过程。1790年，制宪会议形成一项决议：立法者将审查和改造民法，将制定一部简明并与宪法相适应的民法典。1791年宪法明文规定：应制定一部为全国所共同遵行的民法典。但由于政局动荡，不能进行系统的法典编纂。1799年，拿破仑上台建立执政府，于1800年8月任命4位法学家组成编纂委员会开始起草法典。拿破仑以主席身份主持和出席会议多达50余次，以其果敢的决断力、天才的组织力、渊博的知识和超凡智慧保证了《法国民法典》的完成。由36个单行法组成的法典草案于1804年陆续获得通过，拿破仑签署法令，将若干个单行法合并在一起，名为《法国民法典》，正式公布施行。

## （二）《法国民法典》的主体结构

《法国民法典》由总则和3分编组成，共36章、2281条。

### 1. 民事主体

《法国民法典》规定的民事主体是自然人。第8条规定：所有法国人都享有民事权利。第488条规定：满21周岁为成年，到达此年龄后，除去结婚章规定的外，有能力为一切民事生活上的行为负责。所有法国人，不论其出身、民族、文化，都无一例外地享有平等的民事权利能力。但此时的总则，还没有关于法人的规定。

## 2. 婚姻与家庭

《法国民法典》规定了两种婚龄：男 18 周岁、女 15 周岁，父母同意可结婚；男满 25 周岁、女满 21 周岁，双方自愿即可结婚。但法典规定，婚礼需在世俗官员面前公开举行才具有法律效力。

《法国民法典》规定了离婚制度，理由有 4 种：通奸、虐待或侮辱、受名誉刑的宣告、双方协议离婚。对最后一种有特别限制，明确规定夫妻关系中，妻子应该服从丈夫。原则上妻子没有行为能力，丈夫皆享有主动权利。

## 3. 继承和赠与

《法国民法典》规定法定继承权：对死者的土地和动产不加区别，同样处理，同亲等的全体继承人平分遗产。

《法国民法典》规定遗产继承序列：第一位是死者的子女，第二位是死者的父母和兄弟姐妹，第三位是祖父母，第四位是最近的其他亲属，直至第十二亲等。配偶的继承除非是十二亲等内无亲属。非婚生子女的继承份额要少于婚生子女。

对代位继承做出规定：凡以遗嘱或赠与方式自由处理遗产者，首先要保护法定继承人的利益。

## 4. 所有权

《法国民法典》明确财产分为动产和不动产。第 544 条规定：所有权是对于物有绝对无限制地使用、收益及处分的权利。显然，所有权是完全的、绝对的、无条件的权利，完全排除所有权得以实现的障碍因素。

### 5. 契约、准契约和侵权行为

《法国民法典》规定契约法的基本原则是不拘形式自由订约。第 1134 条规定：依法成立的契约在契约的当事人间有相当于法律的效力。

关于侵权行为，《法国民法典》第 1382 条规定：凡因自己的过失引起损害者，对此负有补偿的法律义务。凡过失的后果就是侵权责任的必然后果。

## （三）《法国民法典》的历史地位

首先，《法国民法典》是典型的资本主义早期法典。《法国民法典》的内容体现了资本主义发展的时代需要，体现了“个人最大限度的自由，法律最小限度的干涉”原则，体现了以个人主义、自由放任主义为其特色的自由资本主义的经济关系。19 世纪初，刚刚取得政权的资产阶级羽翼尚未丰满，资本主义尚处于初级萌芽阶段，经济以农业为主、手工业为辅，大的工商企业也不发达。因此，《法国民法典》对农业财产，特别是土地所有权制度予以详尽的规定，对农业劳动关系包括耕畜租赁关系的规定有 20 多条，实属难得，但对涉及工业产权、知识产权并没有做出规定，更无法人制度的设计。

其次，《法国民法典》确立了一系列资产阶级民法原则，具有鲜明的革命性与时代性。具体表现在：一是民事权利主体地位平等。凡成年的法国人都平等、自由地享有民事权利，这一原则也适用于居住在法国的外国人。二是私有财产神圣不可侵犯。对所有权的定义强调所有权具有绝对无限制的特性，强调不问其为动产或不动产，得扩张至该物由于天然或人工而产生或附加之物的添附权。三是契约自由原则。《法国民法典》第 1101 条规定契约是一种合意，依此合意，一人或数人对于其他人或数人负担给付、作为或不作为债务；第 1134 条规定依法成立的契约，在缔结契约的当事人间有相当于法律的效力。四是过错责任原则。《法国民法典》第 1382 条规定任何行为使他人受损害时，因自己的过失而致行为发生之人对该他人负赔偿的责任。

再次，《法国民法典》是革命和传统妥协的折中产物。既采纳了《人权宣言》和革命初期的立法原则，促进了早期资本主义的发展，同时也继承了旧制度与民主、自由、平等和人权相背离的条款。主要体现在家庭、婚姻和继承方面的人权，如保留夫权和亲权以及对非婚生子女的歧视原则。

最后，《法国民法典》在体例上继承了罗马法传统。在体系结构上沿用了罗马法的《法学阶梯》结构，采用三编制的许多制度原则、法律概念和术语，都源于罗马法。其语言文风堪称杰作，行文流畅明快、生动明朗、浅显易懂，司法术语和没有交叉引证都颇受民众赞成，这对于法典的普及具有实质意义。大文豪司汤达为了获得其韵律，每天必读民法典数节的故事，已成为家喻户晓的佳话。著名的诗人保尔·瓦莱利甚至称《法国民法典》是“法国最伟大的文学著作”。

## （四）《法国民法典》的传播影响

### 1.《法国民法典》的国家意义

法国是现代民法典的故乡，但《法国民法典》并不是第一代的产品。早在 18 世纪初，欧陆各邦国受自然法理论的影响，从罗马法和教会法中对法律规范进行系统化梳理和汇编，揭开了欧洲近代法典编纂的序幕。1751 年、1753 年和 1756 年，德意志巴伐利亚相继颁布了刑法典、诉讼法典和《巴伐利亚民法典》，出台了欧陆最早的民法典。18 世纪 60 至 90 年代，奥地利曾三度颁布民法典。普鲁士在 1794 年颁布了《普鲁士国家普通邦法》，法典条文近 2 万条，是迄今人类法典史上卷帙浩繁的法典。

这些成型的法典诞生于以自然法思想为主宰的时代，基本都遵循着自然法的理念,属于“自然法法典”,1804 年的《法国民法典》也是其中的一员。然而，正如德国私法史学者维亚克尔所说，因为 1804 年的《法国民法典》在外烁和精神上光辉灿烂的影响力，前述法典都相形见绌。就是说，《法国民法典》绝非仅仅着眼于解决现实问题的法规制度汇集，而是创造了一种经典模式，而这一模式所产生的影响力，远非“自然法法典”所能比拟。

### 2.《法国民法典》在欧陆的传播

如何认识《法国民法典》的传播路径，以及评价其在欧陆各国的影响价值，从其传播模式可显现端倪。距离法国较近的西欧国家，如德国、瑞士、荷兰、意大利、西班牙、葡萄牙等国，大多屈服于拿破仑的武力征服而较早接受了《法国民法典》；而距离法国较远的中东欧国家，如罗马尼亚、保加利亚、希腊，乃至远在小亚细亚的土耳其，则是主动自觉地接受了《法国民法典》；英国虽然与法国接壤，其法律体系却几乎未受到《法国民法典》影响。与之相似，北欧诸国受到《法国民法典》的影响也非常有限。因此，在欧陆的范围内，《法国民法典》的域外影响很明显地呈现出由西东渐的特征。

可以看出，拿破仑的军事扩张是《法国民法典》向域外输出的直接动力。自 1793 年到 1814 年近半个世纪，比利时、荷兰等国和德国的莱茵河谷地区、瑞士的法语区相继成为法兰西帝国的一部分，意大利、西班牙、葡萄牙等国则被拿破仑的军队占领，《法国民法典》在这些国家和地区强制推行。同时，法国主导下的法律一体化运动还辐射到拿破仑并未征服的国家，如 1864 年罗马尼亚制定并颁布了法国式的本国民法典，并沿用至今。可以说，在当时，任何一个政治体若无意将自身隔离于文明世界之外，就必须效仿《法国民法典》。

### 3.《法国民法典》在亚、非、拉的影响

《法国民法典》在欧陆以外的传播主要是通过法国的海外殖民推进。在北非如阿尔及利亚、突尼斯、毛里塔尼亚和摩洛哥等国率先接受了法国输出的法律体系；非法属殖民地的国家，如埃及和埃塞俄比亚则主动邀请法国协助制定本国的民法典。

亚洲的越南、柬埔寨和老挝分别在19世纪和20世纪初沦为法国的保护国。制定民法典的工作多由法国人包办，这些国家在民族独立之后依然沿用法国体系的民法。日本也是接受《法国民法典》的东方国家之一，但最终放弃了法国模式，转向了德国法典体系。1949年前，日本在协助中国制定民法典时，也未将《法国民法典》的体例带入中国。

这样一来，直接或间接受到法国影响的国家和地区超过45个，《法国民法典》成为全世界最有影响力的民法典之一，构成一笔全人类共享的法律文化财富。

## （五）《法国民法典》对民法系的促进与发展

《法国民法典》颁布后，促进法国民法发生重大变化，主要体现在以下五方面。

一是促进和加强民事立法。20世纪，法国民事立法逐渐增多，国家干预私法和法律社会化倾向也日益明显。第二次世界大战后，法国通过了相当完备的专利法、商标法、著作权法，以及有关贸易、工业、交通运输、环境保护、医疗卫生、国民教育、社会保险等方面的法律。

二是修订民法典。随着政治经济条件的变化，《法国民法典》已逐渐显得陈旧，尤其是大量单行法的生效，使《法国民法典》的有效范围日益缩小，这就促进了《法国民法典》具体条款的多次修改。到目前为止，《法国民法典》原有的结构、体例、篇目没有变动，《法国民法典》条文也仅

由原来的 2281 条增至 2283 条，只是两条之差，但在内容上已发生了重大变动。

三是司法实践的增容。《法国民法典》第 5 条明确规定：审判员对于其审理的案件，不得用确立一般规则的方式进行判决。这一规定明确不允许“法官造法”。但要看到，因为适用法律包含着解释法律的含义，这又势必使法官在适用法律时，按照对立法精神和公正性的理解进行逻辑推理，提出法律没有规定或规定不明确的判决意思，以填补法典的空白，使得司法审判在调整、补充和发展民法方面起到了积极作用。

四是引领基本原则的重大变化。将民事主体与客体范围扩大，从自然人扩展到合伙、法人、联合组织、公司，国家也进入民事主体之列；民事客体也由物质扩展到非物质的智力领域。对私人所有权制度的限制明显加强，出现了所有权“社会化”的趋势，尤其是对不动产所有权的行使专设若干限制，如对矿山、土地、草原、森林、土地上空权、电力分配等，均以法律规定予以限制。还有，契约自由受到限制和干预，明确契约当事人的自由意志受到国家和法律的约束，出现了由垄断企业单方拟定重要条款的“定式契约”，向由国家规范的“强制性契约”转化等。这些法典条文的扩大解释进一步确认了无过失责任原则，其适用范围也不断扩大。

五是在婚姻家庭继承上削弱夫权，使已婚妇女享有完全的权利，家长干预子女结婚的“同意权”被取消，同时明确了非婚生子女与婚生子女的平等继承权。

## （六）《法国民法典》对商事制度的促进与发展

10—12 世纪，商法在西欧兴起。在发达的港口城市开始出现商人法庭。商人法庭以罗马法为基础，专门处理商事纠纷。12 世纪，法国编纂了《奥内隆法典》，是当时欧洲许多国家共同的商法典。16 世纪，欧洲各国先后制定了商法典和单行海事法规，商法进入了国内化时期。17 世纪，法国以商业习惯法、商事法院判例、国王敕令为基础，于 1673 年制定《陆上商事条例》，1681 年出台《海事条例》，为制定《法国商法典》提供了蓝本。

1807—1808 年，法国制定《法国商法典》，1808 年正式颁布实施，形成了民商分立的立法架构。商法典由 4 编组成，共 648 条。

第一编为商业事务，规定商人是以从事商业活动为惯常职业的人，凡年满 18 周岁的均可经营商业，商人主体可以是合伙或公司。

第二编为海商法，涉及海上贸易、船舶和海上保险等规定。

第三编为破产法，对企业破产条件、手段、监督和结算、财产分配等做出规定，体现了严格维护债权人权益的原则。

第四编为商事诉讼，规定商事法院的组织、管辖、诉讼及上诉程序等原则，以及信用制度的一般规定。

从 1804 年的第一部《法国民法典》诞生到直接关联着的 1807 年《法国商法典》问世，短短 3 年间所确立的资产阶级民商法的建立与分立过程，都为大陆法系国家的民商立法提供了重要的理论基础和实践模式，推动了法国资本主义经济社会迅速发展并走向垄断阶段。为此，法国又颁行了一系列商事法。如《商业登记法》（1919 年）、《保险契约法》（1930 年）、《法国支票法》（1935 年）、《海上货物运输法》（1936 年）、《整顿工商职业法》（1947 年）、《商人代理法》（1958 年）、《公司法》（1966 年）、《破产法》（1967 年）、《知识产权法典》（1968 年）、《关于信贷机构的行为与监督法》（1984 年）、《期货交易法》（1985 年）、《价格与自由竞争法》（1986 年）、《证券交易所法》（1988 年）、《关于商业代理人与其委托人关系法》（1991 年）、《关于法兰西银行的地位及信贷机构的行为与监督法》（1993 年）等。[①]

目前，原商法典的绝大多数条款都已被废除或修改，继续有效的仅

① 编者注：法条均引用自作者本人往年出版的书籍和论文。

有140条，其中只有约30条保留了1807年的原貌，使商法典仅仅起到了商法通则的作用。

不可否认，尽管19世纪中期以来，民商分立的私法二元化传统受到挑战，一些国家甚至放弃独立的商法典，把商法的内容并进民法典，但商法更注重效率和灵活的立法特点，仍维持着牢固地位，甚至在一定程度上促使民法日益走向商法化。

## 四、1896年《德国民法典》

《德国民法典》分5编，35章、2385条。分为总则、债务关系、物权、亲属和继承5编。

继1804年的《法国民法典》后，于1896年在民法典发展史上有着突出历史价值的《德国民法典》问世。《德国民法典》立法过程长达27年，几经酝酿并多次修订，最终于1896年8月颁布，自1900年1月1日起施行。虽晚于《法国民法典》近百年，但迄今仍是民事立法重要的参照系。

### （一）《德国民法典》的制定

德国在中世纪始终没有实现政治统一，直至1871年德意志帝国建立以前，其法律制度虽发生了许多变化，但仍维持着全德的普通法和各邦邦法并存的双重结构。这时期，德意志编纂的一部重要法典是《奥地利民法典》，直到1912年才施行，分为3编，体系同普鲁士邦法的私法部分相似，在德意志有很大影响，并为某些小邦所采用。

《奥地利民法典》反映了当时德意志的现实，具有浓厚的封建色彩，确认了专制制度、封建土地制、农奴制和教会婚姻制度，但也包含了某些资本主义性质的民法原则，如绝对的财产权、契约自由、人人都有受理性审判的天赋权利等。

1871年德意志帝国成立，完成了德国的统一大业，编纂民法典的工作随即成为新的历史任务摆上法制舞台。这是因为，1871年帝国宪法在规定帝国和各邦立法权时，沿用的是北德意志联邦宪法制度，在民法领域只规定债法属于帝国立法权，其他如身份、婚姻、继承等仍由各邦邦法执行，要编纂统一的民法典就越不过两院制的门槛。于是，1873年修改了宪法，明确规定全部民事立法权均属于帝国，为编纂统一民法典提供了宪法依据。

1874年7月,联邦议会任命了由11人组成的起草委员会,历时13年，于1887年底向帝国国会提交了第一次草案。但1888年草案公布后，却当即引起广泛的批评，其中以基尔克为代表的德国法学派最为激烈。于是，国家又组成22人的起草委员会，编纂工作在第1次草案的基础上推进。1895年终于完成第2次草案，1896年7月经国会通过、皇帝批准，《德国民法典》定于1900年1月1日施行。同时,《民法典施行法》《不动产登记法》等几个附属法律与民法典同时施行。

《德国民法典》的制定过程长达22年，全德政治、法学界的精英几乎都投身法典的编纂工作，对理论研究之深入、工作之精细，在民事法典史上实属罕见。英国法学家梅特兰曾有评述说，我的研究认为，从未有过如此丰富的一流智慧被投放到一个立法行为当中。

## （二）《德国民法典》的体系

《德国民法典》相比《法国民法典》的平等、契约自由和所有权保护等立法要旨，更关注工业化社会初期发展的现实需要，更倾向于创立新的民事立法逻辑体系。《德国民法典》分为总则、债务关系、物权、亲属和继承5编。其中，总则起统率作用，亲属一编涵盖了婚姻家庭关系中的身份和财产关系，继承权、债权和物权分别独立成编，构成体系最系统、逻辑最严谨的一部法典。

第一编总则（第 1 至第 240 条）。系统规定了“法人”和“法律行为”制度，是关于民法各部分的一般原则和基本制度的规定，包括人、物、法律行为、期间及期日、消灭时效、权利行使、提供担保等条款。

第二编债务法（第 241 至第 853 条）。界定了“债务关系”的概念，包括债的内容、因契约产生的债务、债务关系的消灭、债权的转让、债务的承担、多数债务人和债权人，以及各种具体契约等条款。

第三编物权法（第 854 至第 1296 条）。明确界定了自物权、所有权及限制物权、担保物权和用益物权，包括占有权、土地权利、所有权、地上权、役权、先买权、土地负担、土地债务、定期金债务、抵押权、质权等条款。

第四编亲属法（第 1297 至第 1921 条）。规定了婚约、结婚、离婚等原则和条件，主要包括婚姻、亲属关系和监护等条款。

第五编继承法（第 1922 至第 2385 条）。规定了法定继承与遗嘱继承两大类型，主要包括继承顺序、继承人法律地位、遗嘱执行、继承契约、特留份、丧失继承权、抛弃继承契约继承证书以及继承财产买卖等条款。

同时实行的《民法典施行法》共 218 条，除若干点缀性的国际私法规则外，还含有大量的临时性条款，但多数现已失效。①

## （三）《德国民法典》的特性

法学界普遍认为，《德国民法典》主要具有 3 个基本特点区别于《法国民法典》。

### 1. 完全从自由资本主义转向垄断资本主义的过渡法典

《德国民法典》在基本贯彻古典资本主义民法“私人财产所有权无限

① 王云霞、夏新华：《外国法制史》（第二版），高等教育出版社 2015 年版，第 233 页。

制、契约自由、过失责任”三大原则的基础上，做出了一些修改，如第905条、第906条规定，在确认私人所有权无限制和土地所有权“扩及于地面的上空和地面的下层”的同时，对土地所有权的干涉如果不会给所有者带来任何损害，或不妨碍土地的使用，所有者不得禁止这种干涉。又如第226条规定权利的行使不得只以加损害于他人为目的等，都表现出一定的“社会化”精神，这同民法改革实际上已经产生吻合现象，已经具有从个人主义向社会化转变的性质。

### 2. 在体系结构上，具有不同于《法国民法典》的鲜明特征

如果说《法国民法典》采用了查士丁尼《法学阶梯》的体系，《德国民法典》则接受了《学说汇纂》的结构编排。《学说汇纂》共50卷，包括7部分：1—4卷为总则，5—11卷为审判，12—19卷为物编，20—27卷为买卖、利息、婚姻、监护、保佐等，28—36卷为遗嘱、遗赠、信托，37—44卷为继承、赠与、所有权、占有的取得、诉讼等，45—50卷是行政法、刑法、刑事诉讼法。《德国民法典》对《学说汇纂》的结构加以改变，把包括刑法、刑事诉讼法和行政法等公法排除，把部分次序颠倒，形成五编结构，既顺畅合序，也显现出不同于《法国民法典》的德国风格。

一是设总则编，而《法国民法典》没有总则。《德国民法典》以总则规定民法的一般原则和基本制度，使民法各部分有机结合为一个整体。分为人、物、法律行为、期间、时效、权利的实现和担保给付7章，共240条。其中，阐述了自然人、法人和法律行为等许多科学概念，集中体现出罗马法学派的学术成就和抽象精神。这是《德国民法典》最有特色的部分。

二是置债权法于物权法前，不同于《法国民法典》的序列。《法国民法典》把债关系和继承、遗嘱及担保物权、优先权和抵押权等安排在第3编“取得财产的各种方法”中，在体系上没有把物权和债权完全分开，所以《法国民法典》把物法放在债法之前。《德国民法典》明确债权法和

物权法的概念划分、次序排位，表明法典建立了更加成熟的民法理论体系，以适应资本主义快速发展的需要。

三是在编纂技术上，明显区别于《法国民法典》。首先，《德国民法典》采用罗马法学派所建立的严密私法体系，结构严谨、逻辑清晰、首尾一致。但正是由于过分追求结构形式，却往往忽视规范在实际生活中的相互联系。如在买卖契约中，买受人要求交付标的物的问题被规定在债法编，而关于标的物所有权的转移则规定在物权法，从而给引用带来不便。就是说，《法国民法典》注重便利却不追求逻辑联系，更多的是考虑引用和阅读的方便，让体系服从使用，而《德国民法典》则是让使用服从体系。其次，充满抽象概念，《德国民法典》经常使用“一般条款”和“弹性条款”。罗马法学派运用逻辑方法创造了大量的抽象概念，《德国民法典》吸收了这些概念，经常使用“一般条款”，这些条款含义的不确定性，导致可以做出不同解释。例如第242条规定，债务人须依诚实信用，并照顾交易惯例，履行其给付；第926条规定，以悖于善良风俗的方法故意加损害于他人者，应向他人负损害赔偿的义务等。其中的“诚实信用”“交易惯例”“善良风俗”等，可以包含有不同的内容，使司法机关能够根据客观情况的变化做出符合统治阶级利益的解释，使《德国民法典》具有较强的适应性、灵活性，才能适应不同历史时期的需要。而《法国民法典》除个别条文有“公共秩序”和“善良风俗”的规定外，很少使用“弹性条款”。所以，《德国民法典》的罗马法学派思想带来的那些抽象概念，不是供普通人阅读或运用的，只为受过专门训练的法官和律师采用，这也正是它的局限性。①

## （四）《德国民法典》的影响

《德国民法典》的编纂和施行，不仅在本国影响很大，也广受各国的

① 由嵘主编：《外国法制史》（第三版），北京大学出版社 2007 年版，第 240 页。

重视，从而对许多国家的民法编纂产生了很大影响。

1898 年的《日本民法典》、1907 年的《瑞士民法典》、1916 年的《巴西民法典》、1926 年的《土耳其民法典》、1933 年的《波兰债务法》、1924—1935 年的《泰国民法典》、1941 年的《希腊民法典》等均程度不同地受到《德国民法典》的影响。[①]《希腊民法典》所受影响最大：第一，采用了德国民法典的五编体系；第二，总则内容和《德国民法典》基本相同，只是把“物”的一般规定从总则抽出放到物权编前面，并增加了国际私法规定；第三，债法编的大多条文都参照了《德国民法典》；第四，《希腊民法典》在《德国民法典》基础上又有不少发展，如私法“社会化”方面就尤为明显。

德国统一后，共编过 5 部法典，最成功的是《德国民法典》。它打破了《法国民法典》近一个世纪的垄断地位，以独特的风格登上世界私法的舞台，成为民法法系的代表作之一。

## （五）《德国民法典》的发展

《德国民法典》自 1900 年施行至今，仍是德国的现行民法典。由于百年来德国社会已发生了巨大变化，法典中的很多内容难以适应社会现实。为此，在保持法典基本结构的基础上，需要通过制定大量的民事单行法来适应经济社会的发展。据统计，对三分之一以上的条款进行了修订。《德国民法典》的这些新发展主要体现在以下五方面。

第一，在亲属法方面，通过颁布大量单行法使婚姻家庭制度方面有了较大的发展。1949 年的《德国基本法》规定了男女平等原则，1957 年的《男女平等权利法》进一步落实了这一原则，规定婚姻关系的成立以双方自愿、一致为基础，夫妻双方在财产关系上居于平等地位，父母共同行使亲权等。此后规定了离婚以“婚姻破裂”原则取代过错原则，注重对

① 编者注：法条均引用自作者本人往年出版的书籍和论文。

离婚妇女和儿童利益的特殊保护，非婚生子女和婚生子女的法律地位相同，等等。此后又颁布了《关于非婚生子女法律地位的法律》(1969年)、《婚姻法》(1977年)、《亲子关系改革法》和《继承权地位平等法》(1997年)、《子女抚养法》(1998年)等。

第二，在债法方面，对契约自由原则增加了较多限制，主要体现在运用法典中的"一般条款",即通过"善良风俗""诚实信用""交易习惯"等条款创制新原则，通过规定契约的标准限制契约的具体内容，使《德国民法典》更好适应社会关系的调整。在具体制度上，2002年的《债法现代化法》显著缩短了债的消灭时效，重新界定瑕疵担保并延长其期限，并将消费者保护法纳入《德国民法典》。

第三，在侵权责任领域，确立了严格责任，即无过错责任原则。通过1922年的《空中交通法》、1952年的《陆上交通法》等，对陆空等交通行业和电、煤、矿等能源行业，以及其他高风险行业都做出严格责任规定。2002年颁布实施的《德国第二次损害赔偿法修订法》，又对损害计算、儿童交通责任、法庭鉴定人责任、药物责任等都做出了新的规定。

第四,《德国商法典》的颁布，促进民商分立。1900年1月1日，《德国商法典》与《德国民法典》同时实施。商法典是根据民法典一般规定制定的商法，分4编，共905条，仅适用于商人，以调整商业关系。

第一编为商人。规定商人为经营商业事务的人，包括商人概念、商业注册、商业账簿、商业代理、店员和经纪人等条款，并对商业事务的范围做出规定：自然人经营商业，必须以姓名为商号，其他商号也要与营业的范围和种类相称。

第二编为商业公司。规定公司的形式有无限公司、两合公司、股份两合公司和股份有限公司4种。无限公司又叫合名公司，即以共同的商号从事商业，所有成员对商号的债务负无限责任；两合公司又叫合资公司，由无限责任股东和有限责任股东共同组成，是无限公司的进一步发展；股份两合公司是两合公司的一种特殊形式,它和两合公司的区别在于：

有限责任股东的资本必须分为股份，兼有无限公司和股份有限公司的性质；股份有限公司由 5 人以上的有限责任股东组成，以其确定的资本划分成若干股份，形成大企业的基本组织形式。商法典还规定了隐名合伙：要求隐名合伙人以投资方式加入他人经营的企业，既分享盈利也分担亏损，享有一定的对企业的监督权。

第三编为商业行为。《德国商法典》明确商业行为是符合经营其业务的商人的行为，同时规定了商业合同的一般条款，涉及商品买卖、批发、仓储、发送和转运。

第四编为海商法。《德国商法典》没有破产法，也不包括保险和票据，这些都由单行法调整。凡商法典没有规定的，均适用民法典及商业惯例。

第五，经济法的形成和发展。在上述两法典施行后，1906 年，德国学者首次提出了“经济法”概念，即指国家为组织、规制和调节经济活动而制定的各种法规。

经济法在德国的产生有其深刻的历史背景。1871 年德国实现统一后，作为一个后起资本主义国家，为快速增强国力，采取许多措施大力促进经济发展，这就大大加速了由自由资本主义向垄断资本主义的转变。但垄断资本主义带来的经济秩序失衡和严重贫富分化，也迅速激化了阶级矛盾，干扰了社会发展的进程。为此，国家加强了对经济组织尤其是垄断性经济组织的整体干预和管控。

1919 年制定的《煤炭经济法》是世界上第一部“经济法”。《魏玛宪法》中规定的经济制度以及 1919 年的《关于社会化法律》、1920 年的《企业会议法》及《防止滥用经济权利法令》、1923 年的《卡特尔法》等，有力推动了魏玛共和国时期经济立法的社会化，是此，德国也获得了“经济法母国”之称。[①]

① 林榕年、叶秋华主编：《外国法制史》（第五版），中国人民大学出版社 2014 年版，第 203—204 页。

# 五、1898年《日本民法典》

## （一）《日本民法典》的制定

日本的明治政府在逐步稳定政局后，也意识到编纂统一法典的必要性。1870年设立制度调查局，以《法国民法典》为依据，聘请保阿索那特为指导，着手编纂民法典。几经周折，1890年终于公布了民法典草案，并预定1893年1月1日实施。

《日本民法典》分为人事、财产、财产取得、债权担保和证据，共5编、1760余条，由于在内容结构上过于“法国化”，遭到社会舆论的强烈反对，帝国议会被迫延期实施。后来称之为“旧民法”。

明治政府于1893年又成立以首相伊藤博文、穗积陈重、富井政章、梅谦次郎等人组成的民法典调查会，参照德国民法典草案，同时结合日本的一些单行法，重新起草民法典，于1896年4月公布总则、物权、债权3编，于1898年6月公布亲属、继承2编，并同时公布“民法施行法”。《日本民法典》至此形成，共5编、36章、1146条。一般称前3编为财产法、后2编为家族法。

## （二）《日本民法典》的结构

1898年实施的《日本民法典》，由仿照法国法转向德国法，体例结构与《德国民法典》大致相同，只是把物权编调在债权编前，增大了物权编中有关土地所有权的规定篇幅，表明债权不像物权一样受重视。《日本民法典》虽然规定有“善良风俗”“诚实信用”“公共秩序”等弹性概念，但仍保留着许多封建残余比重，还是一部不成熟的资产阶级民法典。这主要体现在以下两方面。

### 1. 资产阶级民法的内容和原则集中体现在财产法部分

《日本民法典》运用了诸如法律行为、代理、时效、占有、无因管理、不当得利等近代资产阶级民法的概念术语，基本贯彻了资产阶级民法原则。

关于私权，《日本民法典》第 1 条规定私权的享有，始于出生之时，体现公民民事权利形式上平等的原则。明确了第 206 条所有人于法令限制的范围内，有自由使用、收益、处分所有物的权利的规定和第 207 条土地所有权于法令限制的范围内及土地的上下的规定，集中确立了资本主义私有财产无限制的原则。

契约自由，《日本民法典》第 521、第 526、第 537、第 540 条均有规定。契约的成立必须具备要约和承诺两大要件，当事人间的意思表示必须一致。成立后的契约对缔约当事人具有法律约束力，不得任意毁约。

债权编的侵权行为，也肯定了民事责任的过错责任原则。如第 709 条规定：因故意或过失侵害他人权利者，对因此而产生的损害要负赔偿责任。

但是，《日本民法典》也保留了不少具有封建色彩的条文，如物权编专章体现封建剥削的“永小作”（永佃）制度规定：土地所有人可因佃农 2 年以上不按时交齐地租而要求解除租佃关系，既是永佃权人因不可抗力致收益受损时，也不能减免地租，只有当因不可抗力连续 3 年以上无收益、连续 5 年以上收益少于佃租定额时，才得要求停止租佃关系；否则，必须在地主土地上永佃 20 年至 50 年。

### 2. 家族法保留了大量封建时代的属性

亲属编基本上沿用德川幕府时代的以男性为中心的“家”制度，对户主的特权与家属成员的从属地位做出明确规定：户主对家族成员行使户主权，拥有居所指定权、婚姻及收养同意权，户主权利不得任意抛弃。

在婚姻家庭上确认夫妻间的不平等关系，妻子的行为能力受到限制，其财产由丈夫管理；妻子若与人通奸，丈夫就可提出离婚，而妻子只能在丈夫犯奸淫罪被处刑时才可提出离婚之诉。

继承编规定的家督继承，是封建时期固有的户主权利和义务的沿用，其继承顺位是男子优于女子、婚生子女优于非婚生子女，并且均以年长者为优先。在遗产继承中，虽然确定诸子平分，但又规定直系卑亲属若有数人，庶子及非婚生子女的应继份额为婚生嫡子应继份额的半数，家督继承人的直系卑亲属的特留份也多于其他人。

## （三）日本民法的发展

日本民事法律制度的变迁基本伴随着现代资本主义民法的发展潮流而推进。主要体现在以下五方面。

### 1. 大量单行法规的颁布丰富了《日本民法典》的修订内容

在第二次世界大战后，作为战败国的日本要助推国势的强盛必须大力推进法律现代化，大量新法应运而生。如 1951 年的《宗教法人法》、1955 年的《汽车损害赔偿保障法》、1958 年的《企业担保法》、1961 年的《关于原子能损害赔偿的法律》、1977 年的《假登记担保契约法》、1991 年的《租地租房法》、1994 年的《产品责任法》等单行法规的出台，对《日本民法典》总则编、物权编、债权编的理论补充和实施都具有积极意义。[①]同时，在实践中法院判决形成的判例，对物权编的内容也做了补充。其中，对 2004 年的《日本民法典》的全面修改，促进了《日本民法典》全部现代语化，效果尤其显著。

### 2. 民法内容的发展使得民法原则产生了一定变化

基于《日本国宪法》第 29 条规定的“财产权的内容，应由法律规定

① 编者注：法条均引用自作者本人往年出版的书籍和论文。

以期适合于公共的福利”，1948 年《日本民法典》即增加了第 1 条：私权应服从公共福利。行使权利及履行义务时，应恪守信义、诚实进行。不许滥用权利。这表明所有权无限制原则和契约自由原则已发生变化。修改后的《日本民法典》确立了“公共福利原则”“诚实信义原则”“法律人格平等原则”，如 1972 年的《大气污染防治法》和《水质污染防治法》等，都明确了无过错责任原则等。

### 3. 财产法中某些具体的民法制度得到发展

公益法人范围不断扩大，物权种类增多，如温泉权、流水利用权都是通过判例加以确认的新物权种类。此外，所有权制度、债权制度等也都显现出一定范围的变化。

### 4. 婚姻家庭制度的变化比较突出

首先，废除封建色彩浓厚的户主和家族制度，规定家庭的共同生活以夫妻和父母为中心，父母要在平等基础上尊重子女的人格，负责监护和教育子女。其次，取消了成年人结婚须经父母同意的条款，尊重以男女双方自由合意为婚姻基础；并强调婚姻关系上的平等，夫妻双方可以同样理由提出离婚之诉；废除了丈夫享有对妻子财产管理权的规定；提高了养子女、非婚生子女的地位。此外，又对成年人监护制度进行了大幅度修改。

但是，日本至今在法律上还保留着针对妇女的“待婚期制度”，规定女子自前婚姻解除或撤销之日起，非经 6 个月不得再婚，说明封建传统的婚姻家庭关系尚未彻底清除。

### 5. 继承制度的变革明显

废除家督继承制，确认继承仅限财产继承，法定继承依次为直系卑亲属、直系尊亲属、兄弟姐妹，同一顺位的继承人各自的应继份相等，并规定被继承人的配偶恒为继承人，可以与上述顺位的法定继承人平等参与继承，并且照顾其应继份。

## （四）《日本商法典》的制定

明治维新初期，为促进自由商业的振兴，于1868年设立商法司，并发布“商法大意五条”。1881年，担任日本政府顾问的德国专家洛爱斯莱尔受命负责起草商法典。1890年4月，《日本商法典》获得通过，分总则、海商法、破产法3编，共1064条，此称“旧商法”。

1894年，由梅谦次郎、冈野敬次郎等参加制定的新《日本商法典》，分5编：第一编总则，第二编公司，第三编商行为，第四编票据，第五编海商，共689条，于同年6月16日代替旧商法施行。这就是“明治商法典”。它主要效仿1897年《德国商法典》，同时还吸收了法国商法、英国商法的内容。与旧商法相比，有许多新变化：一是撤销旧商法的破产法编，把它作为独立的单行法施行；二是强调商业习惯法的特殊效力；三是改变旧商法规定的商业账簿必须由会计学校或法科学校毕业生负责制作的条款，改为其他人也可制作商业账簿；四是改变旧商法成立股份公司的特许批准规定，采取自由设立规则，还新增了允许公司合并的规定。

《日本商法典》的施行至今没有被废除，是因为法典的体例和内容都经过适应时代要求的较大修改。如1950年的修改，是在日本被占领时期进行的，故移植了若干美国商法内容，如采用授权资本制度、董事会制度等现代的企业制度。2001至2002年，继半个世纪后再度修改，主要指向商法、公司法，引入了若干美国式制度。2005年的修改，既涉及商法总则，又把当时的公司法从商法典中抽出单列，对公司治理也实行大幅度的放宽制度。

## （五）日本经济法的兴起和发展

### 1. 日本经济法的兴起

19 世纪末，日本资本主义的垄断资本逐渐形成。国家为加强对经济的干预，颁布了银行、证券交易、运输、渔业、森林、产业组合等方面的法规。

为适应第一次世界大战的需要，又颁布了《黄金出口禁止令》《炼钢行业奖励法》《军需工业动员法》等法规，初步揭开了日本经济法的立法序幕。此后，颁布了《米谷法》《制铁业奖励法》《卡特尔组织法》《石油经营法》《出口补偿法》等，涉及了农业、工业、外贸等各主要经济领域。

第二次世界大战时，为满足发动侵略战争的需要，自 1938 年颁布了诸如《国家总动员法》《价格统制令》《粮食管理法》等“战时统制立法”。这时期日本的经济立法体现了法西斯主义向经济领域渗透的鲜明特征。

### 2. 日本经济法的发展

日本在二战后恢复和发展经济的过程中，为强化对经济的宏观控制，制定了大量的经济制度法规。为此，日本废除了战时的经济法规，颁布了禁止私人垄断、保障公平竞争、解散财阀、改善农村土地、改革落后的工业结构、推行财政平衡等方面的法规。从而使经济法成为日本战后发展最快的法制领域。

按照日本《现行公司六法》体例，经济法分为交易、企业、金融与财政、工矿能源业、公害、土地与建设、运输、邮政与通信、警察等编。涉及经济领域最重要、最基本的当首推 1947 年颁布的《禁止垄断法》。虽经多次修改，此法至今仍具有效力。

生态环境立法成就斐然。日本 1991 年颁布了《再生资源利用促进法》、1993 年颁布了《环境基本法》、1995 年颁布了《容器包装循环利用法》、

1998 年颁布了《家电循环利用法》等。2000 年，又颁布了《循环型社会形成推进基本法》《建筑循环利用法》《食品循环利用法》《绿色采购法》。日本构成以《循环型社会形成推进基本法》为主干、以相关专项制度为支撑的循环型社会法律制度体系，可以说这是日本环境立法史上的一座里程碑。[①]

① 何勤华主编：《外国法制史》，法律出版社 2016 年版，第 319—321 页。

# 第六章 民法典外制度典

这是一个特殊的命题：缘何将民法典与制度典系于一身？

民法学者或许认为，这是中国民法典的中国特色，或是由二典并行存在的耦合性所致。

上述二者皆有所评，但其关键要素还是取决于中国制度本身的突出优势，以及我们党和国家在新时代制度建设上的巨大成就和制度实践的影响力。

中国民法典的编纂，依凭中华民族5000多年的深厚历史文化底蕴，系统整合新中国70多年实践形成的民事法律规范、借鉴人类法治文明建设的有益成果，全面体现我国社会主义性质、弘扬核心价值观、符合人民愿望和利益，顺应时代发展的鲜明中国特色、实践特色、时代特色，明确立法的宗旨就在于保护民事主体的合法权益，维护社会和经济秩序稳定，紧盯中国特色社会主义发展的宏伟坐标，以深化改革开放动能推动实现“两个一百年”的奋斗目标，从而担纲全面建设社会主义现代化国家的法治重任。

在当今世界经历百年未有之大变局进入动荡变革期，要为中国和发展中国家发展赢得先机、占据主动，就迫切需要通过改革开放迈出新步伐，为高质量发展提供制度保障。

习近平总书记指出，国家治理体系和治理能力是国家制度和制度执行力的集中体现。国家治理体系是在党领导下管理国家的制度体系，包括经济、政治、文化、社会、生态文明和党的建设等各领域体制机制、法律法规安排，也就是一整套紧密相连、相互协调的国家制度。

坚持和完善中国特色社会主义制度、推进国家治理体系和治理能力现代化是一项战略工程，民法典是国家治理体系和治理能力的重要依托。

习近平总书记高度重视《民法典》在治国理政中的重要作用，指出

《民法典》的一系列重要制度成果用法典形式确定下来，是新时代我国社会主义法治建设的重大成果，是全面依法治国的重要制度载体，对推进国家治理体系和治理能力现代化具有重大意义。《民法典》确立的许多制度，包括主体制度、物权制度、合同制度、人格权制度、婚姻家庭制度、继承制度、侵权责任制度等，都与国家治理密切关联，是实现国家治理体系和治理能力现代化的重要制度载体。

要深入学习、贯彻、实施《民法典》，就要在习近平法治思想指引下，做到立足当前，运用法治思维和法治方式解决经济社会发展面临的深层次问题；又要着眼长远，筑法治之基、行法治之力、积法治之势，促进各方面制度更加成熟更加定型，为党和国家事业发展提供长期性的制度保障。

我国在编纂民法典的进程中，党和国家制定和修订了近千部制度，总规模近千万字，涵盖政治、经济、文化、社会、生态文明、党的制度六大领域十个体系，形成了完整的国家制度体系。并于 2019 年 10 月在党的第十九届四中全会作出《中共中央关于坚持和完善中国特色社会主义制度、推进国家治理体系和治理能力现代化若干重大问题的决定》，强调要坚持在法治轨道上推进国家治理体系和治理能力现代化，要善于运用制度和法律治理国家，实现国家治理体系现代化。所以从治国理政意义上说，制度典的运用主体是党和政府，民法典的实施主体是国家法律机构，但在新时代法律制度共责是依法治国，构筑建设法治国家、法治政府、法治社会的坚定基石。

党和国家所启动的制度载体既大大丰富了法典的容量，又深刻展现了中国法典的时代性、先进性、国际性，为法典全面实施提供了源源不断的浩大能量，更是中国民法典能够登上世界民法典首席宝座的法治支撑。

# 一、政治制度

## （一）政治制度

中共中央 《关于全面深化改革若干重大问题的决定》（2013–11–15）

中共中央 《关于加强社会主义协商民主建设的意见》（2015– 02–09）

全国人大常委会 《关于完善人大代表联系人民群众制度的实施意见》（2016–09–02）

中共中央 《关于推进“两学一做”学习教育常态化制度化的意见》（2017–03–28）

全国人大常委会 《关于立法中涉及的重大利益调整论证咨询的工作规范》（2017–12–18）

全国人大常委会 《关于争议较大的重要立法事项引入第三方评估的工作规范》（2017–12–18）

《中共中央关于建立国务院向全国人大常委会报告国有资产管理情况制度的意见》（2017–12–30）

中共中央 《深化党和国家机构改革方案》（2018–03–21）

全国人大常委会 《中华人民共和国密码法》（2019–10–26）

《全国人民代表大会常务委员会关于加强国有资产管理情况监督的决定》（2020–12–26）

## （二）行政制度

中共中央、国务院 《法治政府建设实施纲要（2015—2020年）》（2015–12–27）

国务院 《政务信息资源共享管理暂行办法》（2016–09–05）

中共中央、国务院　《关于建立健全国家“十三五”规划纲要实施机制的意见》（2016–10–23）

中共中央、国务院　《信访工作责任制实施办法》（2016–10–24）

国务院　《〈关于全面推进政务公开工作的意见〉实施细则》（2016–11–10）

国务院　《关于加强政务诚信建设的指导意见》（2016–12–22）

国务院　《推行行政执法公示制度执法全过程记录制度　重大执法决定法制审核制度试点工作方案》（2017–01–19）

中共中央、国务院　《关于加强乡镇政府服务能力建设的意见》（2017–02–20）

国务院　《关于加快推进“多证合一”改革的指导意见》（2017–05–05）

国务院　《开展基层政务公开标准化规范化试点工作方案》（2017–05–09）

中共中央、国务院　《关于实行国家机关“谁执法谁普法”普法责任制的意见》（2017–05–17）

中共中央、国务院　《聘任制公务员管理规定（试行）》（2017–09–29）

中共中央、国务院　《党政机关办公用房管理办法》（2017–12–11）

中共中央、国务院　《党政机关公务用车管理办法》（2017– 12–11）

国务院　《关于推进公共资源配置领域政府信息公开的意见》（2017–12–19）

审计署　《关于加强内部审计工作业务指导和监督的意见》（2018–01–12）

中共中央、国务院　《关于深入推进审批服务便民化的指导意见》（2018–05–23）

国务院　《进一步深化“互联网＋政务服务”推进政务服务“一网、一门、一次”改革实施方案》（2018–06–10）

国家发展改革委 《关于创新和完善促进绿色发展价格机制的意见》（2018–06–21）

国务院 《国务院工作规则》（2018–06–25）

国务院 《关于加快推进全国一体化在线政务服务平台建设的指导意见》（2018–07–25）

中共中央、国务院 《防范和惩治统计造假、弄虚作假督察工作规定》（2018–09–16）

国务院 《政府网站集约化试点工作方案》（2018–10–27）

中共中央、国务院 《关于建立国土空间规划体系并监督实施的若干意见》（2019–05–23）

中共中央、国务院 《关于在国土空间规划中统筹划定落实三条控制线的指导意见》（2019–11–01）

国务院 《公共企事业单位信息公开规定制定办法》（2020–12–07）

## 二、经济制度

### （一）我国一以贯之坚持的基本经济制度

中共中央、国务院 《关于深化国有企业改革的指导意见》（2015–08–24）

国务院 《关于国有企业发展混合所有制经济的意见》（2015– 09–23）

国务院 《关于 2017 年深化经济体制改革重点工作的意见》（2016–03–25）

国务院 《关于在市场体系建设中建立公平竞争审查制度的意见》（2016–06–01）

国务院 《关于进一步完善国有企业法人治理结构的指导意见》（2017–04–24）

国家发展改革委、人民银行 《关于加强和规范守信联合激励和失信联合惩戒对象名单管理工作的指导意见》（2017–10–23）

国务院 《关于加强质量认证体系建设促进全面质量管理的意见》（2018–01–17）

中共中央、国务院 《国税地税征管体制改革方案》（2018–07–20）

中共中央、国务院 《关于完善促进消费体制机制　进一步激发居民消费潜力的若干意见》（2018–09–20）

全国人大会议 《中华人民共和国外商投资法》（2019–03–15）

国务院 《优化营商环境条例》（2019–10–22）

## （二）社会主义市场经济本质是法治经济

### 1. 关于维护市场秩序的法律制度

国家发展改革委 《关于网络交易价格举报管辖规定（试行）》（2016–10–25）

国家发展改革委 《关于进一步加强垄断行业价格监管的意见》（2017–09–04）

国家税务总局 《税收违法行为检举管理办法（征求意见稿）》（2018–01–31）

交通运输部、中央网信办、工业和信息化部、公安部、中国人民银行、国家税务总局、国家市场监督管理总局 《关于加强网络预约出租汽车行业事中事后联合监管有关工作的通知》（2018–05–30）

《国务院关于修改〈中华人民共和国外资保险公司管理条例〉和〈中华人民共和国外资银行管理条例〉的决定》（2019–09–30）

### 2. 关于税务的法律制度

国家税务总局 《关于做好股权激励和技术入股所得税政策贯彻落实工作的通知》(2016–09–28)

财政部、国家税务总局、水利部 《关于印发〈扩大水资源税改革试点实施办法〉的通知》(2017–11–24)

国务院 《国务院关于废止〈中华人民共和国营业税暂行条例〉和修改〈中华人民共和国增值税暂行条例〉的决定》(2017–11–29)

国家税务总局、国家海洋局 《关于发布〈海洋工程环境保护税申报征收办法〉的公告》(2017–12–27)

国家税务总局 《增值税一般纳税人登记管理办法》(2017–12–29)

财政部、国家税务总局、科技部 《关于科技人员取得职务科技成果转化现金奖励有关个人所得税政策的通知》(2018–05–29)

《中华人民共和国个人所得税法》(2018–08–31)

财政部、国家税务总局、退役军人部 《关于进一步扶持自主就业退役士兵创业就业有关税收政策的通知》(2019–02–02)

国家税务总局 《关于修改〈税收规范性文件制定管理办法〉的决定》(2019–11–26)

### 3. 关于预决算的法律制度

财政部 《地方政府一般债务预算管理办法》(2016–11–09)

财政部 《中央国有资本经营预算支出管理暂行办法》(2017– 03–13)

财政部 《地方预算执行动态监控工作督导考核办法》(2017– 09–20)

财政部 《中央国有资本经营预算编报办法》(2017– 09–26)

中共中央 《关于人大预算审查监督重点向支出预算和政策拓展的指导意见》(2018–03–06)

财政部 《关于加强地方预算执行管理 加快支出进度的通知》(2018–04–25)

财政部 《地方财政预算执行支出进度考核办法》（2018–05–11）

中共中央、国务院《关于全面实施预算绩效管理的意见》（2018–09–01）

### 4. 关于资金和经费管理制度

财政部、全国哲学社会科学规划领导小组 《国家社会科学基金项目资金管理办法》（2016–09–07）

财政部、科技部 《国家重点研发计划资金管理办法》（2016–12–30）

财政部 《关于进一步加强财政部门和预算单位资金存放管理的指导意见》（2017– 03–31）

财政部、人力资源社会保障部、国家卫生计生委 《社会保险基金财务制度》（2017–08–22）

财政部、人力资源社会保障部 《就业补助资金管理办法》（2017–10–13）

财政部、国土资源部 《关于土地储备资金财务管理办法》（2018–01–17）

财政部 《预算稳定调节基金管理暂行办法》（2018–03–20）

财政部、人力资源社会保障部、中国人民银行 《关于进一步做好创业担保贷款财政贴息工作的通知》（2018–03–27）

财政部 《工业企业结构调整专项奖补资金管理办法的通知》（2018–08–30）

### 5. 关于资产管理的法律制度

财政部 《关于贯彻实施〈中华人民共和国资产评估法〉的通知》（2016–12–07）

财政部 《关于进一步加强国有金融企业股权管理工作有关问题的通知》（2016–12–07）

财政部 《国有企业境外投资财务管理办法》(2017–06–12)

财政部 《资产评估基本准则》(2017–08–23)

财政部 《进一步规范中央文化企业国有资产交易管理的通知》(2017–10–13)

财政部 《中央部门所属高校国有资产处置管理补充规定》(2017–11–09)

财政部 《国有金融企业集中采购管理暂行规定》(2018–02–05)

中国人民银行、中国银行保险监督管理委员会、中国证券监督管理委员会、国家外汇管理局《关于规范金融机构资产管理业务的指导意见》(2018–04–27)

《中华人民共和国电子商务法》(2018–08–31)

国家发展改革委 《国家发展改革委投资咨询评估管理办法》(2018–11–05)

## 6. 与市场经济人力要素相关的政策制度

国务院《关于推动中央企业结构调整与重组的指导意见》(2016–07–17)

中华全国总工会 《关于推进工会企事业改革与发展的指导意见》(2016–08–02)

国务院国有资产管理监督委员会、财政部 《关于完善中央企业功能分类考核的实施方案》(2016–08–24)

国务院 《中央企业公司制改制工作实施方案》(2017–07–18)

国务院 《关于改革国有企业工资决定机制的意见》(2018–05–13)

中共中央、国务院 《关于完善国有金融资本管理的指导意见》(2018–06–30)

中共中央、国务院 《中央企业领导人员管理规定》(2018–09–29)

### 7. 关于投资和债券、债务的政策制度

财政部、住房城乡建设部 《试点发行地方政府棚户区改造专项债券管理办法》（2018–03–01）

国家发展改革委 《邮政基础设施项目中央预算内投资管理办法》（2018–04–02）

## （三）进入新常态的政策环境和制度安排

国家发展改革委、国家安全监管总局 《安全生产监管监察能力和矿山应急救援队建设中央预算内投资专项管理暂行办法》（2016–06–12）

国家发展改革委、国家粮食局 《粮食安全保障调控和应急设施中央预算内投资专项管理办法的通知》（2017–11–17）

中共中央、国务院 《关于推进城市安全发展的意见》（2018–01–08）

中共中央、国务院 《地方党政领导干部安全生产责任制规定》（2018–04–18）

## （四）强化供给侧结构性改革的制度框架

国家税务总局 《关于进一步深化国税地税联合办税的指导意见》（2017–11–22）

国务院 《关于推进社会公益事业建设领域政府信息公开的意见》（2018–02–09）

国家发展改革委、财政部 《关于完善市场约束机制严格防范外债风险和地方债务风险的通知》（2018–05–11）

国务院 《关于开展工程建设项目审批制度改革试点的通知》（2018–05–14）

中共中央、国务院 《组建国家综合性消防救援队伍框架方案》(2018–10–18)

中共中央、国务院 《关于建立健全基本公共服务标准体系的指导意见》(2018–12–12)

## (五)实施“一带一路”建设、京津冀协同发展、长江经济带发展三大战略的体制机制

国家税务总局 《关于进一步做好税收服务“一带一路”建设工作的通知》(2017–04–24)

国务院 《关于县域创新驱动发展的若干意见》(2017– 05–11)

国务院 《关于在自由贸易试验区暂时调整有关行政法规、国务院文件和经国务院批准的部门规章规定的决定》(2017–12–25 )

中共中央、国务院 《关于建立更加有效的区域协调发展新机制的意见》(2018–11–18)

中共中央、国务院 《关于支持河北雄安新区全面深化改革和扩大开放的指导意见》(2019–01–24)

中共中央、国务院 《粤港澳大湾区发展规划纲要》(2019–02–18)

## (六)建设现代化经济体系的制度设计

财政部 《关于国有资本加大对公益性行业投入的指导意见》(2017–11–16 )

文化和旅游部、财政部 《关于在旅游领域推广政府和社会资本合作模式的指导意见》(2018–04–19)

### （七）加强党领导经济社会发展的制度化建设

财政部、中直管理局、国管局 《关于做好党和国家机构改革有关国有资产管理工作的通知》（2018–05–31）

中共中央、国务院 《地方党政领导干部食品安全责任制规定》（2019–02–24）

## 三、文化教育制度

### （一）文化法律制度

中共中央、国务院 《关于推动国有文化企业把社会效益放在首位、实现社会效益和经济效益相统一的指导意见》（2015–10–03）

中共中央 《关于繁荣发展社会主义文艺的意见》（2015–10–03）

中共中央、国务院 《关于全国性文艺评奖制度改革的意见》（2015–10–08）

文化部 《文化志愿服务管理办法》（2016–07–14）

《中华人民共和国公共文化服务保障法》（2016–12–25）

文化部 《“一带一路”文化发展行动计划（2016—2020 年）》（2017–01–05）

中共中央、国务院 《关于实施中华优秀传统文化传承发展工程的意见》（2017–01–25）

文化部 《“十三五”时期全国古籍保护工作规划》（2017–08–07）

文化部 《营业性演出管理条例实施细则》（2017–12–15）

文化部 《娱乐场所管理办法》（2017–12–15）

文化部 《社会艺术水平考级管理办法》（2017–12–15）

文化和旅游部、教育部、人力资源社会保障部 《中国非物质文化遗产传承人群研修研习培训计划实施方案（2018—2020）》（2018– 04–26）

中宣部、文化和旅游部、税务总局、广播电视总局、电影局 《关于加强对影视行业天价片酬、“阴阳合同”、偷逃税等问题的治理的通知》（2018–06–27）

文化部和旅游部 《国家级文化生态保护区管理办法》（2018– 12–10）

国务院办公厅 《关于加快发展体育竞赛表演产业的指导意见》（2018– 12–11）

第十三届全国人民代表大会常务委员会 《全国人民代表大会常务委员会关于修改〈中华人民共和国著作权法〉的决定》（2020–11–11）

## （二）教育、体育制度

中共中央 《关于坚持和完善普通高等学校党委领导下的校长负责制的实施意见》（2014–10–15）

中共中央 《关于深化人才发展体制机制改革的意见》（2016– 03–21）

教育部 《关于深化高校教师考核评价制度改革的指导意见》（2016–08–25）

财政部、教育部 《关于免除普通高中建档立卡家庭经济困难学生学杂费的意见》（2016–8–30）

教育部等六部委 《普通高等学校招收和培养香港特别行政区、澳门特别行政区及台湾地区学生的规定》（2016–10–12）

教育部、财政部、国家发展改革委 《统筹推进世界一流大学和一流学科建设实施办法（暂行）》（2017–01–24）

教育部、国家体育总局 《关于推进学校体育场馆向社会开放的实施意见》(2017–02–13)

中共中央、国务院 《关于加强和改进新形势下高校思想政治工作的意见》(2017–02–27)

教育部、中国残联 《残疾人参加普通高等学校招生全国统一考试管理规定》(2017–04–11)

教育部 《幼儿园办园行为督导评估办法》(2017– 04–26)

中宣部、文化部、教育部、财政部 《关于新形势下加强戏曲教育工作的意见》(2017–05–27)

教育部 《普通高等学校健康教育指导纲要》(2017– 06–19)

教育部 《关于进一步推进职业教育信息化发展的指导意见》(2017–09–05)

教育部、人力资源社会保障部 《高校教师职称评审监管暂行办法》(2017–10–20)

教育部等十一部门 《加强中小学生欺凌综合治理方案》(2017–11–23)

国务院教育督导委员会办公室 《加快中西部教育发展工作督导评估监测办法》(2017–12–14)

教育部等六部门 《职业学校校企合作促进办法》(2018–02–12)

中共中央、国务院 《关于分类推进人才评价机制改革的指导意见》(2018–02–26)

教育部 《高等学校科技成果转化和技术转移基地认定暂行办法》(2018–05–22)

国务院 《人力资源市场暂行条例》(2018–06–29)

中共中央、国务院 《关于学前教育深化改革规范发展的若干意见》(2018–11–07)

国资委 《国家产教融合建设试点实施方案》(2019–09–25)

# 四、医疗卫生安全制度

## （一）新时代医疗卫生制度

《国务院深化医药卫生体制改革领导小组关于进一步推广深化医药卫生体制改革经验的若干意见》（2016–11–08）

国务院 《关于推进医疗联合体建设和发展的指导意见》（2017–04–23）

国务院 《关于支持社会力量提供多层次多样化医疗服务的意见》（2017–05–16）

国务院 《关于进一步深化基本医疗保险支付方式改革的指导意见》（2017–06–20）

国家卫生计生委等九部门 《关于改革完善短缺药品供应保障机制的实施意见》（2017–06–27）

国务院 《关于建立现代医院管理制度的指导意见》（2017– 07–14）

中共中央、国务院 《关于深化审评审批制度改革鼓励药品医疗器械创新的意见》（2017–10–08）

国家卫计委 《医师资格考试发展规划（2018—2020 年）》（2017–12–21）

国务院 《关于改革完善全科医生培养与使用激励机制的意见》（2018–01–14）

国务院 《关于改革完善仿制药供应保障及使用政策的意见》（2018–03–21）

国家卫生健康委员会 《医疗质量安全核心制度要点》（2018– 04–18）

中共中央 《关于加强公立医院党的建设工作的意见》（2018– 06–25）

国家卫生健康委员会　《医疗机构处方审核规范》（2018–06–29）

国务院　《关于改革完善医疗卫生行业综合监管制度的指导意见》（2018–07–18）

国务院　《医疗纠纷预防和处理条例》（2018–07–31）

国家卫生健康委员会　《关于进一步做好分级诊疗制度建设有关重点工作的通知》（2018–08–07）

国务院　《关于完善国家基本药物制度的意见》（2018– 09–13）

国务院　《生产安全事故应急条例》（2019–02–17）

## （二）新时代安全健康制度

民政部等六部门　《关于进一步加强医疗救助与城乡居民大病保险有效衔接的通知》（2017–01–16）

国务院　《生育保险和职工基本医疗保险合并实施试点方案》（2017–01–19）

国家卫生计生委等三部门　《农村贫困人口大病专项救治工作方案》（2017–02–11）

国家卫生计生委等五部门　《全民健康生活方式行动方案（2017—2025 年）》（2017–04–25）

中共中央、国务院　《关于社会智库健康发展的若干意见》（2017–05–04）

国务院　《关于加快发展商业养老保险的若干意见》（2017– 06–29）

国务院　《关于促进“互联网＋医疗健康”发展的意见》（2018–04–25）

国务院　《关于建立企业职工基本养老保险基金中央调剂制度的通知》（2018–05–30）

国务院　《关于建立残疾儿童康复救助制度的意见》（2018–06–21）

第十三届全国人民代表大会常务委员会 《中华人民共和国未成年人保护法》（2020–10–17）

国务院 《关于深入开展爱国卫生运动的意见》（2020–11–14）

国务院 《关于建立健全养老服务综合监管制度促进养老服务高质量发展的意见》（2020–11–26）

### （三）救灾防灾法律制度

中共中央、国务院 《关于推进防灾减灾救灾体制机制改革的意见》（2016–12–19）

国务院 《中国防治慢性病中长期规划（2017—2025 年）》（2017–01–22）

国务院 《国家组织药品集中采购和使用试点方案》（2019–01–01）

## 五、社会制度

### （一）社会治理制度

中宣部等七部门 《关于公共文化设施开展学雷锋志愿服务的实施意见》（2016–12–04）

国务院 《国家人口发展规划（2016—2030 年）》（2016–12–30）

中共中央、国务院 《中长期青年发展规划（2016—2025 年）》（2017–04–13）

中共中央、国务院 《关于加强和完善城乡社区治理的意见》（2017–06–12）

中宣部文化部等七部门 《关于深入推进公共文化机构法人治理结构改革的实施方案》(2017–09–08)

人力资源社会保障部 《"互联网+调解仲裁"2020行动实施计划》(2018–07–31)

## (二)社会保障制度

中共中央、国务院《关于打赢脱贫攻坚战的决定》(2015–11–29)

中共中央、国务院 《关于建立贫困退出机制的意见》(2016– 04–28)

中共中央、国务院 《关于实行以增加知识价值为导向分配政策的若干意见》(2016–11–07)

国务院 《关于推行终身职业技能培训制度的意见》(2018– 05–03)

国务院 《关于做好当前和今后一个时期促进就业工作的若干意见》(2018–11–16)

## (三)社会民生制度

国务院 《"菜篮子"市长负责制考核办法》(2017–01–03)

国务院 《关于制定和实施老年人照顾服务项目的意见》(2017–06–06)

国务院 《关于国民营养计划(2017—2030年)》(2017–06–30)

## (四)社会诚信制度

国务院 《关于加强个人诚信体系建设的指导意见》(2016– 12–23)

中共中央、国务院 《关于进一步加强科研诚信建设的若干意见》(2018–05–30)

国务院 《关于进一步完善失信约束制度构建诚信建设长效机制的指导意见》（2020–12–07）

### （五）新城镇化制度

中共中央、国务院 《关于深入推进农业供给侧结构性改革 加快培育农业农村发展新动能的若干意见》（2016–12–31）

财政部、民政部、人力资源社会保障部 《关于运用政府和社会资本合作模式支持养老服务业发展的实施意见》（2017–08–14）

财政部 《关于国有资本加大对公益性行业投入的指导意见》（2017–11–16）

中共中央、国务院 《关于实施乡村振兴战略的意见》（2018–01–02）

中共中央、国务院 《农村人居环境整治三年行动方案》（2018–02–05）

国务院 《关于实施健康中国行动的意见》（2019–06–24）

## 六、生态文明制度

### （一）自然资源资产产权制度

国务院 《编制自然资源资产负债表试点方案》（2015–11–08）

中共中央、国务院 《关于省以下环保机构监测监察执法垂直管理制度改革试点工作的指导意见》（2016–09–22）

国务院 《关于完善集体林权制度的意见》（2016–11–16）

中共中央、国务院 《关于统筹推进自然资源资产产权制度改革的指导意见》（2019–04–14）

## （二）国土空间开发保护制度

中共中央、国务院 《关于设立统一规范的国家生态文明试验区的意见》（2016–08–22）

中共中央、国务院 《国家生态文明试验区（福建）实施方案》（2016–08–22）

中共中央、国务院 《关于全面推行河长制的意见》（2016–12–11）

国务院 《全国国土规划纲要（2016—2030年）》（2017–01–03）

中共中央、国务院 《国家生态文明试验区（江西）实施方案》（2017–10–03）

中共中央、国务院 《国家生态文明试验区（贵州）实施方案》（2017–10–03）

中共中央、国务院 《关于在湖泊实施湖长制的指导意见》（2018–01–04）

生态环境部、发展改革委 《长江保护修复攻坚战行动计划》（2018–12–31）

国家发展改革委 《长江经济带绿色发展专项中央预算内投资管理暂行办法》（2019–04–21）

中共中央、国务院 《国家生态文明试验区（海南）实施方案》（2019–05–12）

中共中央、国务院 《关于建立以国家公园为主体的自然保护地体系的指导意见》（2019–06–26）

中共中央、国务院 《天然林保护修复制度方案》（2019–07–23）

## （三）空间规划体系

国务院 《全国海洋主体功能区规划》（2015–08–01）

中共中央、国务院 《建立国家公园体制总体方案》（2017–09–26）

国务院 《打赢蓝天保卫战三年行动计划》（2018– 06–27）

## （四）资源总量管理和全面节约制度

生态环境部、农业农村部 《重点流域水生生物多样性保护方案》（2018–03–22）

国务院 《关于加强长江水生生物保护工作的意见》（2018– 09–24）

## （五）资源有偿使用和生态补偿制度

国务院 《关于健全生态保护补偿机制的意见》（2016–04–28）

国务院 《湿地保护修复制度方案》（2016–11–30）

中共中央、国务院 《关于创新体制机制推进农业绿色发展的意见》（2017–09–30）

## （六）环境治理制度体系

国务院 《关于进一步推进排污权有偿使用和交易试点工作的指导意见》（2014–08–06）

国务院 《控制污染物排放许可制实施方案》（2016–11–10）

农业部 《农业资源与生态环境保护工程规划（2016—2020 年）》（2016–12–30）

国务院 《禁止洋垃圾入境推进固体废物进口管理制度改革实施方案》（2017–07–18）

环境保护部 《关于推进环境污染第三方治理的实施意见》（2017–09–01）

中共中央、国务院　《关于全面加强生态环境保护　坚决打好污染防治攻坚战的意见》（2018–06–16）

国务院　《“无废城市”建设试点工作方案》（2018–12–29）

## （七）环境治理和生态保护市场体系

国务院　《关于全民所有自然资源资产有偿使用制度改革的指导意见》（2016–12–29）

环境部、外交部、发展改革委、商务部　《关于推进绿色“一带一路”建设的指导意见》（2017–04–26）

环境保护部、住房城乡建设部　《关于推进环保设施和城市污水垃圾处理设施向公众开放的指导意见》（2017–05–05）

环境保护部　《“一带一路”生态环境保护合作规划》（2017– 05–12）

国务院　《关于修改建〈设项目环境保护管理条例〉的决定》（2017–07–16）

## （八）生态文明绩效评价考核和责任追究制度

中共中央、国务院　《党政领导干部生态环境损害责任追究办法（试行）》（2015–08–17）

中共中央、国务院　《生态文明建设目标评价考核办法》（2016–12–22）

中共中央、国务院　《生态环境损害赔偿制度改革方案》（2017–12–17）

中共中央、国务院　《中央生态环境保护督察工作规定》（2019–06–17）

### （九）资源和能源交易制度

国家税务总局 《国家税务局系统节约能源资源工作实施意见》（2017–03–24）

国务院 《矿产资源权益金制度改革方案》（2017–04–13）

国家发展改革委 《全国碳排放权交易市场建设方案（发电行业）》（2017–12–18）

国务院 《关于严格管制犀牛和虎及其制品经营利用活动的通知》（2018–10–06）

国家发展改革委、国家能源局 《清洁能源消纳行动计划（2018—2020 年）》（2018–10–30）

第十三届全国人民代表大会常务委员会 《中华人民共和国生物安全法》（2020–10–17）

国务院 《关于深入开展爱国卫生运动的意见》（ 2020–11–14）

## 七、法治制度

### （一）国家法治建设：顶层设计重要制度文件

《中共中央关于全面推进依法治国若干重大问题的决定》（2014–10–23）

中共中央、国务院 《关于完善国家统一法律职业资格制度的意见》（2015–12–20）

中共中央 《关于新形势下加强政法队伍建设的意见》（2017–01–18）

中共中央、国务院 《关于开展扫黑除恶专项斗争的通知》（2018–01–24）

第十三届全国人民代表大会第一次会议 《中华人民共和国宪法修正案》（2018–03–11）

中共中央 《社会主义核心价值观融入法治建设立法修法规划》（2018–05–07）

中央全面依法治国办公室 《关于开展法治政府建设示范创建活动的意见》（2019–05–22）

中共中央、国务院 《关于加快推进公共法律服务体系建设的意见》（2019–07–10）

中央全面依法治国委员会 《关于加强综合治理从源头切实解决执行难问题的意见》（2019–07–14）

《中共中央关于坚持和完善中国特色社会主义制度 推进国家治理体系和治理能力现代化若干重大问题的决定》（2019–10–31）

### 1. 全国人大及人大常委会发布的立法方面的重要制度文件

第十三届全国人民代表大会常务委员会第十次会议 《中华人民共和国法官法》（2019–04–23）

第十三届全国人民代表大会常务委员会第十次会议 《中华人民共和国检察官法》（2019–04–23）

### 2. 国务院及各部委办发布的立法方面的重要制度文件

国务院 《消防安全责任制实施办法》（2017–10–29）

国务院 《国务院 2020 年立法工作计划》（2020–06–26）

### 3. 司法部发布的立法方面的重要制度文件

司法部 《关于计分考核罪犯的规定》（2016–07–26）

司法部 《关于新形势下加强司法行政队伍建设的意见》（2016–12–28）

司法部 《关于进一步加强司法行政信息化建设的意见》（2017–01–13）

公安部 《道路交通事故处理程序规定》（2017–07–22）

司法部 《律师会见监狱在押罪犯规定》（2017– 11–27）

司法部 《国家统一法律职业资格考试工作规则》《国家统一法律职业资格考试应试规则》《国家统一法律职业资格考试监考规则》（2018–08–21）

**4. 最高人民法院、最高人民检察院发布的立法方面的重要制度文件**

最高人民检察院 《关于人民监督员监督工作的规定》（2015–12– 21）

最高人民法院 《关于企业破产案件信息公开的规定（试行）》（2016–07–26）

最高人民检察院 《人民检察院国家司法救助工作细则（试行）》（2016–08–16）

最高人民法院、最高人民检察院、公安部 《关于办理刑事案件收集提取和审查判断电子数据若干问题的规定》（2016–09–09）

最高人民法院、最高人民检察院、公安部、国家安全部、司法部 《关于推进以审判为中心的刑事诉讼制度改革的意见》（2016–10–11）

最高人民法院、最高人民检察院 《关于建立法官、检察官惩戒制度的意见（试行）》（2016–10–12）

最高人民法院、最高人民检察院、公安部、国家安全部、司法部 《关于认罪认罚从宽制度改革试点方案》（2016–11–16）

最高人民法院 《关于行政申请再审案件立案程序的规定》（2016–11–21）

最高人民法院、司法部 《关于开展公证参与人民法院司法辅助事务试点工作的通知》（2017–06–29）

最高人民法院、中央综治办、最高人民检察院、教育部、公安部、民政部、司法部、国家卫生计生委、新闻出版广电总局、国务院妇儿工委办公室、全国总工会、共青团中央、全国妇联、中国关工委、全国老龄办 《关于建立家事审判方式和工作机制改革联席会议制度的意见》（2017–07–19）

最高人民法院 《关于执行和解若干问题的规定》（2018–02–23）

司法部、最高人民法院、公安部 《人民陪审员选任办法》（2018–08–22）

最高人民法院 《关于深化人民法院司法体制综合配套改革的意见——人民法院第五个五年改革纲要（2019—2023）》（2019–02–27）

最高人民法院 《关于深化执行改革健全解决执行难长效机制的意见——人民法院执行工作纲要（2019—2023）》（2019–06–03）

## （二）国家法治建设：司法方面重要制度文件

### 1. 党中央发布的司法方面的重要制度文件

中共中央、国务院 《领导干部干预司法活动、插手具体案件处理的记录、通报和责任追究规定》（2015–03–30）

中共中央 《关于加强法官检察官正规化专业化职业化建设　全面落实司法责任制的意见》（2017–10–25）

中共中央、国务院 《关于加强知识产权审判领域改革创新若干问题的意见》（2018–02–27）

中央政法委、最高人民法院、司法部、民政部、财政部、人力资源和社会保障部 《关于加强人民调解员队伍建设的意见》（2018–04–27）

中共中央、国务院 《关于完善仲裁制度提高仲裁公信力的若干意见》（2019–04–16）

## 2. 司法部发布的司法方面的重要制度文件

司法部 《关于建立公证员宣誓制度的决定》（2017–07–04）

司法部 《关于公证执业“五不准”的通知》（2017–08–14）

司法部 《关于推进公共法律服务平台建设的意见》（2017– 09–04）

司法部、国家市场监管总局 《关于规范和推进司法鉴定认证认可工作的通知》（2018–08–22）

司法部 《关于进一步做好环境损害司法鉴定管理有关工作的通知》（2019–05–24）

## 3. 最高人民法院、最高人民检察院及其联合发布的司法方面的重要制度文件

最高人民法院、最高人民检察院、公安部、司法部 《关于进一步加强社区矫正工作衔接配合管理的意见》（2016–09–21）

最高人民法院、司法部 《关于建立司法鉴定管理与使用衔接机制的意见》（2016–10–09）

最高人民法院、最高人民检察院、公安部、国家安全部、司法部 《关于办理刑事案件严格排除非法证据若干问题的规定》（2017–06–27）

最高人民法院、司法部、中国银监会 《关于充分发挥公证书的强制执行效力服务银行金融债权风险防控的通知》（2017–07–20）

人力资源社会保障部、最高人民法院 《关于加强劳动人事争议仲裁与诉讼衔接机制建设的意见》（2017–11–08）

最高人民检察院、国土资源部 《关于加强协作推进行政公益诉讼促进法治国土建设的意见》（2017–12–27）

最高人民法院、最高人民检察院、公安部、司法部 《关于依法严厉打击黑恶势力违法犯罪的通告》（2018–02–02）

最高人民法院、司法部 《关于开展律师调解试点工作的意见》（2018–12–26）

最高人民法院、司法部 《关于开展刑事案件律师辩护全覆盖试点工作的办法》（2018–12–27）

最高法、最高检、公安部 《关于依法惩治妨害公共交通工具安全驾驶违法犯罪行为的指导意见》（2019–01–08）

最高人民法院、全国工商联 《关于发挥商会调解优势 推进民营经济领域纠纷多元化解机制建设的意见》（2019–01–14）

最高人民法院、最高人民检察院、公安部 《关于办理非法集资刑事案件若干问题的意见》（2019–01–30）

最高人民法院、最高人民检察院、公安部、司法部 《关于办理恶势力刑事案件若干问题的意见》（2019–04–09）

最高人民法院、最高人民检察院、公安部、司法部 《关于办理黑恶势力刑事案件中财产处置若干问题的意见》（2019–04–09）

最高人民法院、最高人民检察院、公安部、司法部 《关于办理实施“软暴力”的刑事案件若干问题的意见》（2019–04–09）

最高人民法院、最高人民检察院、公安部、司法部 《关于办理“套路贷”刑事案件若干问题的意见》（2019–04–09）

应急管理部、公安部、最高人民法院、最高人民检察院 《安全生产行政执法与刑事司法衔接工作办法》（2019–04–16）

最高人民法院、司法部 《人民陪审员培训、考核、奖惩工作办法》（2019–04–24）

最高人民检察院、最高人民法院、公安部、国家安全部、司法部 《关于适用认罪认罚从宽制度的指导意见》（2019–10–11）

## 4. 最高人民法院发布的司法方面的重要制度文件

最高人民法院 《关于完善人民法院司法责任制的若干意见》（2015–09–21）

最高人民法院 《关于充分发挥审判职能作用切实加强产权司法保护的意见》（2016–11–28）

最高人民法院 《关于为自由贸易试验区建设提供司法保障的意见》（2016–12–30）

最高人民法院 《关于执行案件移送破产审查若干问题的指导意见》（2017–01–20）

最高人民法院 《人民法院落实〈保护司法人员依法履行法定职责规定〉的实施办法》（2017–02–07）

最高人民法院 《关于全面推进以审判为中心的刑事诉讼制度改革的实施意见》（2017–02–17）

最高人民法院 《关于执行款物管理工作的规定》（2017–02–27）

最高人民法院 《关于常见犯罪的量刑指导意见》（2017–03–09）

最高人民法院 《人民法院规范执行行为“十个严禁”》（2017– 04–19）

最高人民法院 《关于为改善营商环境提供司法保障的若干意见》（2017–08–07）

最高人民法院 《关于进一步保护和规范当事人依法行使行政诉权的若干意见的通知》（2017–08–31）

最高人民法院 《关于充分发挥审判职能作用为企业家创新创业营造良好法治环境的通知》（2017–12–29）

最高人民法院 《关于人民法院立案、审判与执行工作协调运行的意见》（2018–05–28）

最高人民法院 《关于为实施乡村振兴战略提供司法服务和保障的意见》（2018–10–23）

最高人民法院 《关于进一步深化司法公开的意见》（2018– 11–20）

最高人民法院　《关于进一步全面落实司法责任制的实施意见》（2018–12–04）

最高人民法院　《关于人民法院执行工作若干问题的规定（试行）》（2019–03–29）

最高人民法院　《关于建设一站式多元解纷机制一站式诉讼服务中心的意见》（2019–07–31）

最高人民法院　《关于健全完善人民法院审判委员会工作机制的意见》（2019–08–02）

### 5. 最高人民检察院发布的司法方面的重要制度文件

最高人民检察院　《关于完善人民检察院司法责任制的若干意见》（2015–09–25）

最高人民检察院　《关于充分发挥检察职能依法保障和促进非公有制经济健康发展的意见》（2016–02–19）

最高人民检察院　《关于充分发挥检察职能依法保障和促进科技创新的意见》（2016–07–07）

最高人民检察院　《最高人民检察院关于充分履行检察职能加强产权司法保护的意见的通知》（2017–01–06）

最高人民检察院、公安部　《关于公安机关办理经济犯罪案件的若干规定》（2017–12–19）

最高人民检察院　《最高人民检察院司法解释工作规定》（2019–05–13）

## （三）国家法治建设：执法方面重要制度文件

### 1. 国务院及各部委办发布的执法方面的重要制度文件

中共中央、国务院　《关于深化公安执法规范化建设的意见》（2016–09–27）

食品药品监管总局、公安部 《关于加大食品药品安全执法力度严格落实食品药品违法行为处罚到人的规定的通知》（2018–01–24）

国务院 《关于全面推行行政执法公示制度执法全过程记录制度重大执法决定法制审核制度的指导意见》（2018–12–05）

中共中央、国务院 《关于推进基层整合审批服务执法力量的实施意见》（2019–01–31）

国务院 《国务院关于修改〈行政执法机关移送涉嫌犯罪案件规定〉的决定》（2020–08–07）

### 2. 司法部发布的执法方面的重要制度文件

司法部、自然资源部 《关于推进公证与不动产登记领域信息查询共享机制建设的意见的通知》（2018–12–18）

司法部 《关于扩大律师专业水平评价体系和评定机制试点的通知》（2019–03–14）

司法部 《司法鉴定执业活动投诉处理办法》（2019–04–04）

司法部、生态环境部 《关于环境损害司法鉴定执业分类规定的通知》（2019–05–06）

### 3. 公安部发布的执法方面的重要制度文件

公安部 《公安机关执法公开规定》（2018–08–23）

公安部 《公安机关办理国家赔偿案件程序规定》（2018–09–01）

公安部 《关于修改〈公安机关办理行政案件程序规定〉的决定》（2018–11–25）

公安部 《公安机关维护民警执法权威工作规定》（2018–12–19）

公安部 《易制爆危险化学品治安管理办法（公安部令第 154 号）》（2019–07–06）

## （四）国家法治建设：守法方面制度文件

中共中央、国务院　《中央宣传部、司法部关于在公民中开展法治宣传教育的第七个五年规划（2016—2020 年）》（2016–04–17）

中共中央、国务院　《关于推行法律顾问制度和公职律师公司律师制度的意见》（2016–06–16）

司法部、财政部　《关于律师开展法律援助工作的意见的通知》（2017–03–10）

司法部、国家工商行政管理总局、国家版权局、国家知识产权局　《关于充分发挥公证职能作用加强公证服务知识产权保护工作的通知》（2017–07–20）

最高人民法院、司法部　《关于开展律师调解试点工作的意见》（2017–09–30）

司法部、住房城乡建设部　《关于开展律师参与城市管理执法工作的意见》（2017–11–02）

全国工商联、司法部　《关于推进商会人民调解工作的意见》（2018–03–27）

司法部、全国工商联　《关于深入开展民营企业"法治体检"活动的意见》（2019–06–06）

全国普法办公室　《2020 年全国普法依法治理工作要点》（2020–01–16）

## （五）国家法治建设：法律监督方面的重要制度文件

中共中央、国务院　《关于完善审计制度若干重大问题的框架意见》及相关配套文件（2015–12–08）

国务院 《关于完善反洗钱、反恐怖融资、反逃税监管体制机制的意见》（2017–08–29）

中共中央、国务院 《关于建立健全村务监督委员会的指导意见》（2017–12–04）

中共中央、国务院 《法治政府建设与责任落实督察工作规定》（2019–05–06）

国务院 《关于加快推进社会信用体系建设构建以信用为基础的新型监管机制的指导意见》（2019–07–09）

中共中央 《关于进一步加强法学会建设的意见》（2020– 10–19）

# 八、军事制度

## （一）新时代军队规划建设制度

中央军委 《关于深化国防和军队改革的意见》（2016– 01–01）

中央军委 《关于全面深入贯彻军委主席负责制的意见》（2017–11–05）

中共中央 《中共中央关于决定调整中国人民武装警察部队领导指挥体制的决定》（2017–12–27）

中央军委 《关于加强新时代军队党的建设的决定》（2018– 09–07）

## （二）新时代军事法规制度

国务院、中央军委 《关于进一步加强军人军属法律援助工作的意见》（2014–09–07）

《中华人民共和国反间谍法》（2014–11–01）

中央军委《关于新形势下深入推进依法治军从严治军的决定》（2015–02–26）

中央军委《关于深化国防和军队改革期间加强军事法规制度建设的意见》（2016–06–01）

《军事立法工作条例》（2017–05–08）

《中华人民共和国反间谍法实施细则》（2017–11–22）

中央军委《中央军委巡视工作条例》（2018–01–15）

全国人大常委会《中华人民共和国英雄烈士保护法》（2018–04–27）

退役军人事务部、中组部、中央精神文明办、发改委、公安部、财政部、人力资源部、国务院国有资产监督管理委员会、国家医疗保障局、中央军委政治工作部《关于进一步加强由政府安排工作退役士兵就业安置工作的意见》（2018–07–27）

国务院《为烈属、军属和退役军人等家庭悬挂光荣牌工作实施办法》（2018–07–29）

中央军委《中国人民解放军预防犯罪工作条例》（2019–04–15）

中央军委《军队单位经费结算报销暂行办法》（2019–05–18）

中央军委《关于加快推动军队资源配置标准化工作的意见》（2019–06–18）

国务院《国务院关于修改〈烈士褒扬条例〉的决定》（2019–08–01）

中央军委《关于加强新时代军队审计工作的意见》（2019–10–17）

中共中央、中央军委《中国共产党军队党的建设条例》（2020–09–09）

《中华人民共和国退役军人保障法》（2020–11–11）

## （三）新时代军民融合制度

中共中央、国务院、中央军委《关于经济建设和国防建设融合发展的意见》（2016–07–21）

十九届中央军民融合发展委员会 《军民融合发展战略纲要》（2018-03-02）

十三届全国人大常委会 《中华人民共和国军民融合发展法》（2018-09-07 拟提请审议）

十九届中央军民融合发展委员会 《关于加强军民融合发展法治建设的意见》（2018-10-15）

中共中央 《勋章、奖章、纪念章管理办法（试行）》（2019-06-28）

# 九、党内法规制度

## （一）制度顶层设计

中共中央 《建立健全惩治和预防腐败体系 2013—2017 年工作规划》（2013-12-25）

中共中央 《中国共产党中央委员会工作条例》（ 2020-09-30）

## （二）党内基础制度

中共中央组织部 《关于进一步做好领导干部报告个人有关事项工作的通知》（2013-12-29）

中共中央 《关于加强干部选拔任用工作监督的意见》（2014- 01-25）

国务院 《关于加强审计工作的意见》（2014-10-09）

中共中央 《关于推进领导干部能上能下若干规定（试行）》（2015-07-28）

中共中央 《关于加强社会组织党的建设工作的意见（试行）》（2015-09-28）

中共中央　《中国共产党廉洁自律准则》（2015–10–21）

中共中央　《中国共产党地方委员会工作条例》（2016–01–04）

中共中央　《关于新形势下党内政治生活的若干准则》（2016– 10–27）

中共中央　《中国共产党党内监督条例》（2016–10–27）

《中共中央关于修改〈中国共产党巡视工作条例〉的决定》（2017–07–01）

中共中央　《中国共产党党内功勋荣誉表彰条例》（2017–07–27）

中共中央　《中国共产党党务公开条例（试行）》（2017–12–25）

中央纪委　《中国共产党纪律处分条例》（2018– 08–26）

中共中央　《中国共产党支部工作条例（试行）》（2018–11–25）

中共中央　《中国共产党政法工作条例》（2019–01–18）

中共中央　《中国共产党重大事项请示报告条例》（2019–02–28）

中共中央　《党政领导干部选拔任用工作条例》（2019–03–17）

中共中央　《中国共产党党组工作条例》（2019–04–15）

中共中央、国务院　《党政主要领导干部和国有企事业单位主要领导人员经济责任审计规定》（2019–07–15）

中共中央　《中国共产党党内法规制定条例》（2019–08–30）

中共中央　《中国共产党问责条例》（2019–09–04）

## （三）反腐倡廉制度

### 1. 反腐败

中共中央纪委　《关于在全国纪检监察系统开展会员卡专项清退活动的通知》（2013–05–25）

中华人民共和国监察部、中华人民共和国人力资源和社会保障部、中华人民共和国财政部、中华人民共和国审计署 《违规发放津贴补贴行为处分规定》（2013–06–13）

中共中央、国务院 《关于党政机关停止新建楼堂馆所和清理办公用房的通知》（2013–07–14）

中宣部等 《关于制止豪华铺张、提倡节俭办晚会的通知》（2013–08–13）

中共中央纪委和中央党的群众路线教育实践活动领导小组 《关于落实中央八项规定精神坚决刹住中秋国庆期间公款送礼等不正之风的通知》（2013–09–03）

中共中央纪委 《关于严禁公款购买印制寄送贺年卡等物品的通知》（2013–11–01）

中共中央纪委 《关于严禁元旦春节期间公款购买赠送烟花爆竹等年货节礼的通知》（2013–11–21）

中共中央纪委、中央教育实践活动领导小组 《关于在党的群众路线教育实践活动中严肃整治“会所中的歪风”的通知》（2013–12–23）

中共中央、国务院 《关于务实节俭做好元旦春节期间有关工作的通知》（2013–12–27）

中央十八届中央纪律检查委员会第三次会议 《严禁干部用公款互相宴请、赠送节礼、违规消费》（2014–01–15）

中共中央政治局 《党的纪律检查体制改革实施方案》（2014– 06–30）

中共中央办公厅、国务院办公厅 《关于严禁党政机关到风景名胜区开会的通知》（2014–09–28）

中共中央、国务院 《关于严禁在历史建筑、公园等公共资源中设立私人会所的暂行规定》（2014–10–27）

发展改革委、住房城乡建设部 《党政机关办公用房建设标准》（2014–11–24）

中共中央纪委 《关于加强监督执纪问责　确保务实节俭过节的通知》（2014–12–27）

财政部 《关于调整中央和国家机关差旅住宿费标准等有关问题的通知》（2015–09–30）

国务院 《重大行政决策程序暂行条例》（2019–04–20）

## 2. 反“四风”

《党风廉政反“四风”》（2013–06–18）

中共中央 《关于解决形式主义突出问题为基层减负的通知》（2019–03–11）

中央政法委 《关于制度执行的决定（节选）——进一步完善政法队伍建设管理制度机制》（2019–07–19）

## 3. 反浪费

中共中央、国务院 《党政机关厉行节约反对浪费条例》（2013–11–25）

中共中央、国务院 《党政机关国内公务接待管理规定》（2013–12–08）

中共中央、国务院 《关于党员干部带头推动殡葬改革的意见》（2013–12–09）

财政部 《中央和国家机关差旅费管理办法》（2013–12–31）

中共中央、国务院 《关于厉行节约反对食品浪费的意见》（2014–03–18）

财政部、国家机关事务管理局、中共中央直属机关事务管理局 《中央和国家机关会议费管理办法》（2016–06–29）

## 4. 廉政制度

中共中央政治局 《中共中央八项规定》（2012–12–04）

财政部 《党政机关会议定点管理办法》（2015–01–13）

中共中央 《关于在深化国有企业改革中坚持党的领导加强党的建设的若干意见》（2015–09–20）

财政部 《中央行政单位通用办公设备家具配置标准》（2016–05–17）

《中共中央政治局贯彻落实中央八项规定的实施细则》（2017–10–27）

## （四）党员教育制度

中共中央 《关于加强基层服务型党组织建设的意见》（2014–05–28）

中共中央 《关于在县处级以上领导干部中开展“三严三实”专题教育方案》（2015–04–19）

中共中央 《干部教育培训工作条例》（2015–10–18）

中共中央 《关于在全体党员中开展“学党章党规、学系列讲话，做合格党员”学习教育方案》（2016–02–28）

中共中央 《关于党的基层组织任期的意见》（2018–07–12）

中共中央 《关于加强党的政治建设的意见》（2019–01–31）

中共中央 《关于加强和改进中央和国家机关党的建设的意见》（2019–03–28）

中共中央 《党政领导干部考核工作条例》（2019–04–21）

中共中央 《关于加强和改进城市基层党的建设工作的意见》（2019–05–08）

中共中央 《中国共产党党员教育管理工作条例》（2019–05–21）

中共中央 《中国共产党宣传工作条例》（2019–08–31）

# 十、科技制度

## （一）科技制度理论体系

中共中央、国务院 《深化科技体制改革实施方案》（2015–09–24）

国务院 《关于新形势下加快知识产权强国建设的若干意见》（2015–12–18）

中共中央、国务院 《国家创新驱动发展战略纲要》（2016–05–19）

## （二）科技体制机制

《中华人民共和国促进科技成果转化法》（2015– 08–29）

国务院 《实施〈中华人民共和国促进科技成果转化法〉若干规定》（2016–02–26）

教育部、科技部 《关于加强高等学校科技成果转移转化工作的若干意见》（2016–08–03）

教育部 《促进高等学校科技成果转移转化行动计划的通知》（2016–10–13）

国务院 《关于全面加强基础科学研究的若干意见》（2018– 01–19）

国务院 《积极牵头组织国际大科学计划和大科学工程方案》（2018–03–14）

## （三）科研管理制度

国务院 《加快建立国家科技报告制度指导意见》（2014–08–31）

科技部 《科技监督和评估体系建设工作方案》（2016–03–14）

科技部、发展改革委、教育部 《国家科技计划（专项、基金等）严重失信行为记录暂行规定》（2016–04–07）

科技部、财政部、发展改革委《科技评估工作规定（试行）》（2016–12–11）

国务院 《关于建设第二批大众创业万众创新示范基地的实施意见》（2017–06–15）

科技部、财政部 《国家重点研发计划管理暂行办法》（2017– 06–22）

科技部、发展改革委、财政部 《国家科技重大专项（民口）验收管理办法》（2018–02–01）

科技部、财政部 《国家科技资源共享服务平台管理办法》（2018–02–13）

国务院 《科学数据管理办法》（2018–03–17）

中共中央、国务院 《关于进一步加强科研诚信建设的若干意见》（2018–05–30）

国务院 《关于优化科研管理提升科研绩效若干措施的通知》（2018–07–18）

国务院 《中华人民共和国人类遗传资源管理条例》（2019– 05–28）

国务院 《关于建设第三批大众创业万众创新示范基地的通知》（2020–12–09）

## （四）互联网科技创新

国务院 《关于加强互联网领域侵权假冒行为治理的意见》（2015–10–26）

最高人民法院、公安部 《关于建立快速查询信息共享及网络执行查控协作工作机制的意见》（2016–01–31）

中国银监会、公安部　《电信网络新型违法犯罪案件冻结资金返还若干规定》（2016–08–04）

中央网信办、国家质检总局、国家标准委　《关于加强国家网络安全标准化工作的若干意见》（2016–08–12）

最高人民法院、最高人民检察院、公安部　《关于办理电信网络诈骗等刑事案件适用法律若干问题的意见》（2016–12–19）

文化部　《网络表演经营活动管理办法》（2016– 12–02）

中共中央、国务院　《关于促进移动互联网健康有序发展的意见》（2017–01–15）

外交部、国家互联网信息办公室　《网络空间国际合作战略》（2017–03–01）

最高人民法院、最高人民检察院　《关于办理侵犯公民个人信息刑事案件适用法律若干问题的解释》（2017–05–08）

国务院　《新一代人工智能发展规划》（2017–07–08）

国务院　《关于深化“互联网 + 先进制造业”发展工业互联网的指导意见》（2017–11–19）

文化部　《互联网文化管理暂行规定》（2017–12–15）

文化部　《网络游戏管理暂行办法》（2017–12–15）

中央网络安全和信息化委员会、中国证券监督管理委员会　《关于推动资本市场服务网络强国建设的指导意见》（2018–03–30）

教育部　《高等学校人工智能创新行动计划》（2018– 04–04）

公安部　《公安机关互联网安全监督检查规定》（2018–09–15）

网信办　《具有舆论属性或社会动员能力的互联网信息服务安全评估规定》（2018–11–30）

公安部　《公安机关办理刑事案件电子数据取证规则》（2019– 01–02）

国家互联网信息办公室　《网络信息内容生态治理规定》（2019–12–15）

工业和信息化部、中国残疾人联合会 《关于推进信息无障碍的指导意见》（2020–09–11）

文化和旅游部 《关于推动数字文化产业高质量发展的意见》（2020–11–18）

# 十一、农业制度

## （一）农业体制机制

### 1. 农村产权制度（土地、房屋、产业）

中共中央、国务院 《关于完善农村土地所有权承包权经营权分置办法的意见》（2016–10–30）

国务院 《关于完善建设用地使用权转让、出租、抵押二级市场的指导意见》（2019–07–06）

### 2. 农村经营制度（承包、管理、经营）

《中华人民共和国农民专业合作社法》（2017–12–27）

国务院 《关于推进农业高新技术产业示范区建设发展的指导意见》（2018–01–16）

科技部等六部门 《国家农业科技园区管理办法》（2018–02–02）

国务院 《关于进一步激发文化和旅游消费潜力的意见》（2019–08–12）

科技部等六部门 《国家农业科技园区发展规划（2018—2025年）》（2020–06–25）

### 3. 现代农业支持体系

国务院 《全国农业现代化规划（2016–2020 年）》（2016–10–17）

中共中央、国务院 《关于深入推进农业供给侧结构性改革　加快培育农业农村发展新动能的若干意见》（2016–12–31）

国务院 《关于加快推进农业机械化和农机装备产业转型升级的指导意见》（2018–12–21）

国务院 《关于加快推进政务服务“跨省通办”的指导意见》（2020–09–24）

## （二）农村制度体系

### 1. 农村管理制度体系（道路、卫生、健康、网格化管理）

国务院 《关于建立统一的城乡居民基本养老保险制度的意见》（2014–02–21）

国务院 《关于推进海绵城市建设的指导意见》（2015– 10–11）

国务院 《关于实施支持农业转移人口市民化若干财政政策的通知》（2016–07–27）

国务院 《关于创新农村基础设施投融资体制机制的指导意见》（2017–02–06）

中共中央 《中国共产党农村基层组织工作条例》（2019–01–10）

中共中央、国务院 《关于加强和改进乡村治理的指导意见》（2019–06–23）

### 2. 乡村振兴战略政策制度

财政部、农业部 《农业生产发展资金管理办法》（2017– 04–28）

财政部、农业部、银监会 《关于做好全国农业信贷担保工作的通知》（2017–05–02）

财政部 《开展农村综合性改革试点试验实施方案》（2017–06–05）

中共中央、国务院 《关于实施乡村振兴战略的意见》（2018–01–02）

国务院 《省级政府耕地保护责任目标考核办法》（2018–01–03）

中共中央、国务院 《乡村振兴战略规划（2018—2022年）》（2018–09–26）

财政部 《关于贯彻落实实施乡村振兴战略的意见》（2018–09–27）

国家发展改革委、农业农村部、工业和信息化部、财政部、自然资源部、商务部、文化和旅游部 《关于国家农村产业融合发展示范园认定管理办法（试行）》（2018–10–11）

科技部 《创新驱动乡村振兴发展专项规划（2018—2022年）》（2019–01–04）

中共中央、国务院 《关于建立健全城乡融合发展体制机制和政策体系的意见》（2019–04–15）

国务院 《关于促进乡村产业振兴的指导意见》（2019–06–17）

### 3. 推进新型城镇化规划建设

中共中央、国务院 《国家新型城镇化规划（2014—2020年）》（2014–03–16）

国务院 《关于深入推进新型城镇化建设的若干意见》（2016–02–02）

中共中央、国务院 《数字乡村发展战略纲要》（2019–05–16）

# 附录

# 附录一：实施民法典的司法解释

法律解释有两种，即立法解释和司法解释。立法解释是指司法机关在司法工作和诉讼程序中对法律的阐释，司法解释是指国家最高司法机关根据法律赋予的授权做出的规范性文件。全国人大常委会属于立法机关，其做出的解释属于立法解释；而“两高”（最高人民法院、最高人民检察院）属于最高司法机关，做出的解释属于司法解释。

立法解释同法律具有同等效力，法律解释草案表决稿由全国人大常务委员会全体组成人员过半数通过，才能予以公布。而“两高”的司法解释主要由其内部的业务部门或者相关单位提出，并分别由最高人民法院审判委员会、最高人民检察院检察委员会通过并公布，属于法律执行层面的制度权威，其解释效力低于立法解释，不能与立法解释相冲突。

2021 年 1 月 1 日，新中国第一部具有里程碑意义的《中华人民共和国民法典》（以下简称《民法典》）正式施行。习近平总书记指出：“民法典颁布实施，并不意味着一劳永逸解决了民事法治建设的所有问题，仍然有许多问题需要在实践中检验、探索，还需要不断配套、补充、细化。有关国家机关要适应改革开放和社会主义现代化建设要求，加强同民法典相关联、相配套的法律法规制度建设，不断总结实践经验，修改完善相关法律法规和司法解释。对同民法典规定和原则不一致的国家有关规定，要抓紧清理，该修改的修改，该废止的废止。要发挥法律解释的作用，及时明确法律规定含义和适用法律依据，保持民法典稳定性和适应性相统一。”①

最高人民法院坚持以习近平新时代中国特色社会主义思想为指导，

---

① 习近平：《充分认识颁布实施民法典重大意义 依法更好保障人民合法权益》，《求是》2020 年第 12 期。

深入学习贯彻习近平法治思想，专门成立民法典贯彻实施工作领导小组，全力抓好《民法典》学习贯彻和实施准备工作，对标《民法典》立法精神和法律规定，全面清理司法解释及相关规范性文件，重点开展了一批社会关注度高、实践急需的司法解释修改制定工作。

2020 年 12 月 30 日，最高人民法院举行“贯彻实施民法典全面完成司法解释清理和首批司法解释”新闻发布会，着重通报了司法解释全面清理工作和第一批《民法典》配套司法解释的制定情况。①

## 一、对 591 件司法解释及相关规范性文件全面清理工作的整体情况

自 2020 年 6 月以来，最高人民法院对新中国成立以来现行的司法解释及相关规范性文件共计 591 件进行了全面清理。凡是与《民法典》规定不一致的，坚决废止；立足司法审判实践，该修改的修改，该重新制定的重新制定，确保司法解释符合《民法典》规定，确保法律适用标准的统一。具体包括以下三种情况。

第一种是与《民法典》规定一致，共 364 件，继续适用；第二种是对标《民法典》，需要对名称和部分条款进行修改，共 111 件，经修改颁布后自 2021 年 1 月 1 日施行；第三种是决定废止的司法解释及相关规范性文件，共 116 件，自 2021 年 1 月 1 日失效。

同时，对 2011 年以来发布的 139 件指导性案例进行了全面清理，决定 2 件案例不再参照适用。

① 新闻参见：《贯彻实施民法典全面完成司法解释清理和首批司法解释新闻发布会》，中华人民共和国国务院新闻办公室，http://www.scio.gov.cn/xwFbh.gfgjxwfbh/44193/Document/1696282.htm。

## 二、关于废止的 116 件司法解释及相关规范性文件的情况

第一种是直接废止，共 89 件。有的司法解释，发布时间较为久远，已经不适应新时代的经济社会发展要求；有的司法解释，主要内容已经被《民法典》及相关法律、新制定的司法解释吸收或替代，如，1990 年发布的《关于银行工作人员未按规定办理储户挂失造成储户损失银行是否承担民事责任的批复》，相关问题可以直接援引《民法典》的规定解决。

第二种是“废旧立新”，共 27 件。有 24 件在废止的同时，重新制定了相应司法解释，另有 3 件废止后，将根据新的实践需要，及时制定相应的司法解释。

## 三、关于修改的 111 件司法解释及相关规范性文件的情况

这类情况共分为 5 类：民事类 27 件，商事类 29 件，知识产权类 18 件，诉讼类 19 件，执行类 18 件。

对这些司法解释和相关规范性文件的修改，坚持以人民为中心，切实维护人民群众的“衣食住行”等切身利益为准则。如，在对食品药品纠纷司法解释、医疗损害责任司法解释修改中，明确药品上市许可持有人可以作为相应的侵权责任主体。如，贯彻绿色原则，增加“修复生态环境”的责任形式，增加生态环境的违法成本，运用司法制度守护绿水青山。

## 四、关于新制定7件司法解释的情况

按照“统一规划、分批制定，急用先行、重点推进”原则，制定与《民法典》配套的第一批新司法解释，共7件，于2021年1月1日与《民法典》同步施行。

第一件是关于适用《民法典》时间效力的司法解释。根据立法法的规定，新的法律只对其施行后的法律事实产生约束力，对施行前的法律事实无溯及力，但为了更好地保护公民、法人和其他组织的权利和利益而做的特别规定除外。在适用《民法典》时间效力上，是着重解决《民法典》与合同法、物权法等9部法律的新旧衔接适用，严格明确溯及适用这一例外情形的适用条件，统一裁判尺度。

第二件是关于适用《民法典》担保制度的司法解释。担保制度对于坚持和完善社会主义基本经济制度、优化营商环境、推动高质量发展，具有重要作用。在清理废止以往与担保有关的9件司法解释基础上，为切实规范担保交易秩序，减轻融资成本，促进资金融通，扩大增信手段，保障债权实现，制定了关于适用《民法典》担保制度的司法解释。

另外5件分别涉及物权、婚姻家庭、继承、建工合同、劳动争议方面。按照清晰、简明、针对性强的原则，在废止原有众多司法解释的基础上，修改出台符合《民法典》精神的相应司法解释。如，为弘扬社会主义核心价值观，加强家庭文明建设，在废止原7件有关司法解释基础上，分别制定适用民法典婚姻家庭编和继承编的新司法解释。再如，为强化民生司法保障、维护和谐劳动关系、维护公平竞争秩序，在废止原7件有关司法解释的基础上，分别制定了劳动争议和建设工程施工合同的新司法解释。

同时，还发布对《民事案件案由规定》等进行修改的司法解释和司法文件。按照民法典规定的新制度，增加声音保护、个人信息保护、申请人格权侵害禁令、居住权、保理合同等案由，以规范和指导民事审判，可归纳为以下数种。

1. 最高人民法院《关于修改〈关于审理民间借贷案件适用法律若干问题的规定〉的决定》(2020–08–20)

2. 最高人民法院、最高人民检察院《关于检察公益诉讼案件适用法律若干问题的解释》(2020–12–28)

3. 最高人民法院 《关于修改〈最高人民法院关于审理侵犯专利权纠纷案件应用法律若干问题的解释(二)〉等十八件知识产权类司法解释的决定》(2020–12–29)

4. 最高人民法院《关于修改〈最高人民法院关于人民法院扣押铁路运输货物若干问题的规定〉等十八件执行类司法解释的决定》(2020–12–29)

5. 最高人民法院《关于修改〈最高人民法院关于人民法院民事调解工作若干问题的规定〉等十九件民事诉讼类司法解释的决定》(2020–12–29)

6. 最高人民法院《关于修改〈最高人民法院关于破产企业国有划拨土地使用权应否列入破产财产等问题的批复〉等二十九件商事类司法解释的决定》(2020–12–29)

7. 最高人民法院《关于修改〈最高人民法院关于在民事审判工作中适用《中华人民共和国工会法》若干问题的解释〉等二十七件民事类司法解释的决定》(2020–12–29)

8. 最高人民法院《关于适用〈中华人民共和国民法典〉时间效力的若干规定》(2020–12–29)

9. 最高人民法院《关于修改〈民事案件案由规定〉的决定》(2020–12–29)

10. 最高人民法院《关于适用〈中华人民共和国民法典〉物权编的解释(一)》(2020–12–29)

11. 最高人民法院《关于审理建设工程施工合同纠纷案件适用法律问题的解释(一)》(2020–12–29)

12. 最高人民法院《关于适用〈中华人民共和国民法典〉婚姻家庭编

的解释（一）》（2020–12–29）

13. 最高人民法院《关于适用〈中华人民共和国民法典〉继承编的解释（一）》（2020–12–29）

14. 最高人民法院《关于审理劳动争议案件适用法律问题的解释（一）》（2020–12–29）

15. 最高人民法院《关于废止部分司法解释及相关规范性文件的决定》（2020–12–29）

16. 最高人民法院《关于部分指导性案例不再参照的通知》（2020–12–29）

17. 最高人民法院纪念《中华人民共和国国家赔偿法》颁布实施二十五周年典型案例（2020–12–29）

18. 最高人民法院《关于行政案件案由的暂行规定》（2020–12–31）

19. 最高人民法院 《关于适用〈中华人民共和国民法典〉有关担保制度的解释》（2020–12–31）

法律的生命力在于实施。最高人民法院为确保《民法典》实施，发布的相关司法解释达 20 多项 30 多万文字，与《民法典》的价值相映生辉，同是中国法治建设进程中的突出历史性成就。我们今天学习《民法典》，也应认真阅读这些法学知识和研究成果。

# 附录二：实施民法典的制度载体

2021 年 1 月 1 日，《中华人民共和国民法典》(以下简称《民法典》)正式实施。这将为伟大中国的腾飞增添无尽的法治动能，为伟大民族复兴的中国梦提供坚实的制度根基，为华夏五千年的制度自信再次树起东方的界碑：一个百年来饱受迫害欺凌的民族终于强起来了，这部法典正是盛世修典的佐证。很显然，百年前，一个连生存都无权的民族，何谈法典给予生命、财产的全面保护，给予人格权的尊严呢!

这一切是中国共产党带领中国人民前仆后继、浴血奋战争取到的法治尊严。

基于这些认识，我们借《民法典》实施之日，完成了关于《民法典》理论研究的这部著作，其宗旨在于详述中国民法典的法系传承、历史夙愿、法典关系、制度创新、实施要义，以此作为对中国民法典问鼎世界的祝愿。

基于此，本书涉及法典制度理论的研究甚少。在这里也只是开列出一个附录，供读者阅读时参考。不久的将来，我们将推出本书的姊妹篇《民法典实施的制度载体》，以补本书之不足。

## 中国民法典：创新主体意识的制度理论

1. 开创立法先河护航民族伟大复兴
2. 百年探索五次终成立典夙愿
3. 增强民法学理论创新的主体意识
4. 民法典的制度基础、实践基础、理论基础
5. 努力开创民法典的民主立法形式
6. 民法典的中国特色实践和特色时代特征

## 中国民法典：担纲大国善治的法律重器

7. 民法典全方位提升“中国之治”
8. 民法典标注制度文明新高度
9. 民法典标注法治中国新界碑
10. 民事权利保护进入法典时代
11. 保障人民权利的“宣言书”
12. 社会生活的“百科全书”
13. 坚持人民至上的法典
14. 民法典让人们切实享有公平正义
15. 民法典为“十四五”筑牢法治根基
16. 为满足人民美好生活提供法典保障
17. 为国家治理现代化提供法治支撑
18. 互联网时代的中国特色法典

## 中国民法典：科学完备的民事制度体系

### 总则编

19. 社会主义核心价值观的立法表达
20. 强有力的制度依据和规则支撑
21. 核心价值观融入法治的重大成果
22. 核心价值观融入法典的解释意义和限度
23. 总则编的平等、自愿、公平、诚信原则
24. 建构和补缺开放体系的国际治理话语权
25. 总则编纲举目张健全民事权利主体
26. 案例指导制度对于弘扬核心价值观独具优势
27. 指导性案例有效反映核心价值观的法治实践

28. 指导性案例准确突出核心价值观的诚信内容
29. 用礼仪制度增强社会认同感、归属感之要义

**物权编**

30. 制度入法护航市场主体与制度法典化
31. 民法典是社会主义市场经济的基本法
32. 民法典是市场经济在制度上的高度概括
33. 依法典构筑公平竞争的法治化市场环境
34. 物权编确认了激励性的物权制度驱动
35. 民法典是处理政府与市场关系的“压舱石”
36. 物权编明确规定平等保护公私产权
37. 民法典保护财产权和人身权的“安全家园”
38. 民法典构成市场主体经济活动的“百科全书”

**合同编**

39. 合同制度是市场经济的基本法律制度
40. 合同制度维护市场交易公平竞争规范
41. 合同制度维护契约公平公正交易规则

**人格权编**

42. 人格权独立成编是民法典的制度亮点
43. 人格权为民事主体权益筑起法治屏障
44. 信息立法为数据进入市场铺平道路
45. 电子合同顺应网络时代交易特点
46. 人格权维护每个人的人格尊严
47. 个人信息保护在社会治理框架中考量
48. 人格权的商业化应避免损害放大效应
49. 信息流动与权利保护的有机平衡
50. 关注个人信息保护法草案的出台
51. 民法典保障个人信息的安全可控

**婚姻家庭编**



**继承编**



**侵权责任编**



## 中国民法典：筑起东方的生态绿色制度

73. 民法典树起环境保护治理“风向标”

74. 民法典是救济环境公益损害实体法

75. 人与自然和谐共生的现代化法治

## 中国民法典：铸就制度之治的法治工程

76. 民法典是经世济民治国安邦之大法

77. 民法典是依法治国的制度基础工程

78. 民法典实施是我国法治建设的大任

79. 民法典彰显中国制度自信精神底蕴

80. 民法典助力实现国家治理现代化

81. 民法典带给执法司法多元变化

82. 民法典蕴含重要衍生公法价值

83. 民法典保障私权制约公权的效能

84. 民法典面对新时代进行行政法变革

85. 民法典与民事检察的契合与共进

86. 民法典对公益诉讼的支持与价值指引

87. 民法典是支撑社会治理的重要制度资源

## 中国民法典：夯实中国之治的制度根基

88. 司法公正保障民权奠定制度基础

89. 贯彻实施民法典谱写法治新篇章

90. 多方面助推民法典的权威运行

91. 实施民法典坚持法治保障制度

92. 实施民法典强化全民法治信仰

93. 加强民法典教育提升青少年规则意识

94. 让民法典走到群众身边融入群众心里
95. 以案释法让民法典进入千家万户
96. 企企一堂民法课，家家一卷民法典
97. 民法典背后故事：三千个日日夜夜
98. 最高法说民法典体系的三把“金钥匙”
99. 深入学习民法典，央企法治“排头兵”
100. 持之以恒鼎力推进法治文化建设
101. 民法典凝聚新时代的奋进动力
102. 民法典为国家治理现代化提供支撑
103. 民法典用良法善治呵护未成年人
104. 依“典”治教，以“德”治法
105. 依“典”提升关键少数的法治思维力

# 附录三：制度密切对接的法典条款[①]

附录二列出的 105 条制度要义，是法学家根据《民法典》条款高度概括而来，归纳了《民法典》条款执行层面的理论属性，既显现了民法典体系的博大精深，又展示了其高屋建瓴的理论成果，是制度入典、制度入法的创新与探索。为便于读者将制度与法典原文对接，特选录《民法典》相关条文。

## 第一编　总　则

### 第一章　基本规定

第一条　为了保护民事主体的合法权益，调整民事关系，维护社会和经济秩序，适应中国特色社会主义发展要求，弘扬社会主义核心价值观，根据宪法，制定本法。

第二条　民法调整平等主体的自然人、法人和非法人组织之间的人身关系和财产关系。

第三条　民事主体的人身权利、财产权利以及其他合法权益受法律保护，任何组织或者个人不得侵犯。

第四条　民事主体在民事活动中的法律地位一律平等。

第五条　民事主体从事民事活动，应当遵循自愿原则，按照自己的意思设立、变更、终止民事法律关系。

第六条　民事主体从事民事活动，应当遵循公平原则，合理确定各方的权利和义务。

第七条　民事主体从事民事活动，应当遵循诚信原则，秉持诚实，恪守承诺。

① 附录三为《中华人民共和国民法典》原文节选：第一编总则全文收录；第二编物权原文节选；第三编合同原文节选；第四遍人格权全文收录；第五编婚姻家庭全文收录；第六编继承全文收录；第七编侵权责任全文收录；附则没有收录。

第八条　民事主体从事民事活动，不得违反法律，不得违背公序良俗。

第九条　民事主体从事民事活动，应当有利于节约资源、保护生态环境。

第十条　处理民事纠纷，应当依照法律；法律没有规定的，可以适用习惯，但是不得违背公序良俗。

第十一条　其他法律对民事关系有特别规定的，依照其规定。

第十二条　中华人民共和国领域内的民事活动，适用中华人民共和国法律。法律另有规定的，依照其规定。

**第二章　自然人**

**第一节　民事权利能力和民事行为能力**

第十三条　自然人从出生时起到死亡时止，具有民事权利能力，依法享有民事权利，承担民事义务。

第十四条　自然人的民事权利能力一律平等。

第十五条　自然人的出生时间和死亡时间，以出生证明、死亡证明记载的时间为准；没有出生证明、死亡证明的，以户籍登记或者其他有效身份登记记载的时间为准。有其他证据足以推翻以上记载时间的，以该证据证明的时间为准。

第十六条　涉及遗产继承、接受赠与等胎儿利益保护的，胎儿视为具有民事权利能力。但是，胎儿娩出时为死体的，其民事权利能力自始不存在。

第十七条　十八周岁以上的自然人为成年人。不满十八周岁的自然人为未成年人。

第十八条　成年人为完全民事行为能力人，可以独立实施民事法律行为。

十六周岁以上的未成年人，以自己的劳动收入为主要生活来源的，视为完全民事行为能力人。

第十九条　八周岁以上的未成年人为限制民事行为能力人，实施民事法律行为由其法定代理人代理或者经其法定代理人同意、追认；但是，可以独立实施纯获利益的民事法律行为或者与其年龄、智力相适应的民事法律行为。

第二十条　不满八周岁的未成年人为无民事行为能力人，由其法定代理人代理实施民事法律行为。

第二十一条　不能辨认自己行为的成年人为无民事行为能力人，由其法定代理人代理实施民事法律行为。

八周岁以上的未成年人不能辨认自己行为的，适用前款规定。

第二十二条　不能完全辨认自己行为的成年人为限制民事行为能力人，实施民事法律行为由其法定代理人代理或者经其法定代理人同意、追认；但是，可以独立实施纯获利益的民事法律行为或者与其智力、精神健康状况相适应的民事法律行为。

第二十三条　无民事行为能力人、限制民事行为能力人的监护人是其法定代理人。

第二十四条　不能辨认或者不能完全辨认自己行为的成年人，其利害关系人或者有关组织，可以向人民法院申请认定该成年人为无民事行为能力人或者限制民事行为能力人。

被人民法院认定为无民事行为能力人或者限制民事行为能力人的，经本人、利害关系人或者有关组织申请，人民法院可以根据其智力、精神健康恢复的状况，认定该成年人恢复为限制民事行为能力人或者完全民事行为能力人。

本条规定的有关组织包括：居民委员会、村民委员会、学校、医疗机构、妇女联合会、残疾人联合会、依法设立的老年人组织、民政部门等。

第二十五条　自然人以户籍登记或者其他有效身份登记记载的居所为住所；经常居所与住所不一致的，经常居所视为住所。

**第二节　监　护**

第二十六条　父母对未成年子女负有抚养、教育和保护的义务。

成年子女对父母负有赡养、扶助和保护的义务。

第二十七条　父母是未成年子女的监护人。

未成年人的父母已经死亡或者没有监护能力的，由下列有监护能力的人按顺序担任监护人：

（一）祖父母、外祖父母；

（二）兄、姐；

（三）其他愿意担任监护人的个人或者组织，但是须经未成年人住所地的居民委员会、村民委员会或者民政部门同意。

第二十八条　无民事行为能力或者限制民事行为能力的成年人，由下列有监护能力的人按顺序担任监护人：

（一）配偶；

（二）父母、子女；

（三）其他近亲属；

（四）其他愿意担任监护人的个人或者组织，但是须经被监护人住所地的居民委员会、村民委员会或者民政部门同意。

第二十九条　被监护人的父母担任监护人的，可以通过遗嘱指定监护人。

第三十条　依法具有监护资格的人之间可以协议确定监护人。协议确定监护人应当尊重被监护人的真实意愿。

第三十一条　对监护人的确定有争议的，由被监护人住所地的居民委员会、村民委员会或者民政部门指定监护人，有关当事人对指定不服的，可以向人民法院申请指定监护人；有关当事人也可以直接向人民法院申请指定监护人。

居民委员会、村民委员会、民政部门或者人民法院应当尊重被监护人的真实意愿，按照最有利于被监护人的原则在依法具有监护资格的人中指定监护人。

依据本条第一款规定指定监护人前，被监护人的人身权利、财产权利以及其他合法权益处于无人保护状态的，由被监护人住所地的居民委员会、村民委员会、法律规定的有关组织或者民政部门担任临时监护人。

监护人被指定后，不得擅自变更；擅自变更的，不免除被指定的监护人的责任。

第三十二条　没有依法具有监护资格的人的，监护人由民政部门担任，也可以由具备履行监护职责条件的被监护人住所地的居民委员会、村民委员会担任。

第三十三条　具有完全民事行为能力的成年人，可以与其近亲属、其他愿意担任监护人的个人或者组织事先协商，以书面形式确定自己的监护人，在自己丧失或者部分丧失民事行为能力时，由该监护人履行监护职责。

第三十四条　监护人的职责是代理被监护人实施民事法律行为，保护被监护人的人身权利、财产权利以及其他合法权益等。

监护人依法履行监护职责产生的权利，受法律保护。

监护人不履行监护职责或者侵害被监护人合法权益的，应当承担法律责任。

因发生突发事件等紧急情况，监护人暂时无法履行监护职责，被监护人的生活处于无人照料状态的，被监护人住所地的居民委员会、村民委员会或者民政部门应当为被监护人安排必要的临时生活照料措施。

第三十五条　监护人应当按照最有利于被监护人的原则履行监护职责。监护人除为维护被监护人利益外，不得处分被监护人的财产。

未成年人的监护人履行监护职责，在作出与被监护人利益有关的决定时，应当根据被监护人的年龄和智力状况，尊重被监护人的真实意愿。

成年人的监护人履行监护职责，应当最大程度地尊重被监护人的真实意愿，保障并协助被监护人实施与其智力、精神健康状况相适应的民事法律行为。对被监护人有能力独立处理的事务，监护人不得干涉。

第三十六条　监护人有下列情形之一的，人民法院根据有关个人或者组织的申请，撤销其监护人资格，安排必要的临时监护措施，并按照最有利于被监护人的原则依法指定监护人：

（一）实施严重损害被监护人身心健康的行为；

（二）怠于履行监护职责，或者无法履行监护职责且拒绝将监护职责部分或者全部委托给他人，导致被监护人处于危困状态；

（三）实施严重侵害被监护人合法权益的其他行为。

本条规定的有关个人、组织包括：其他依法具有监护资格的人，居民委员会、村民委员会、学校、医疗机构、妇女联合会、残疾人联合会、未成年人保护组织、依法设立的老年人组织、民政部门等。

前款规定的个人和民政部门以外的组织未及时向人民法院申请撤销监护人资格的，民政部门应当向人民法院申请。

第三十七条　依法负担被监护人抚养费、赡养费、扶养费的父母、子女、配偶等，被人民法院撤销监护人资格后，应当继续履行负担的义务。

第三十八条　被监护人的父母或者子女被人民法院撤销监护人资格后，除对被监护人实施故意犯罪的外，确有悔改表现的，经其申请，人民法院可以在尊重被监护人真实意愿的前提下，视情况恢复其监护人资格，人民法院指定的监护人与被监护人的监护关系同时终止。

第三十九条　有下列情形之一的，监护关系终止：

（一）被监护人取得或者恢复完全民事行为能力；

（二）监护人丧失监护能力；

（三）被监护人或者监护人死亡；

（四）人民法院认定监护关系终止的其他情形。

监护关系终止后，被监护人仍然需要监护的，应当依法另行确定监护人。

**第三节　宣告失踪和宣告死亡**

第四十条　自然人下落不明满二年的，利害关系人可以向人民法院申请宣告该自然人为失踪人。

第四十一条　自然人下落不明的时间自其失去音讯之日起计算。战争期间下落不明的，下落不明的时间自战争结束之日或者有关机关确定的下落不明之日起计算。

第四十二条　失踪人的财产由其配偶、成年子女、父母或者其他愿意担任财产代管人的人代管。

代管有争议，没有前款规定的人，或者前款规定的人无代管能力的，由人民法院指定的人代管。

第四十三条　财产代管人应当妥善管理失踪人的财产，维护其财产权益。

失踪人所欠税款、债务和应付的其他费用，由财产代管人从失踪人的财产中支付。

财产代管人因故意或者重大过失造成失踪人财产损失的，应当承担赔偿责任。

第四十四条　财产代管人不履行代管职责、侵害失踪人财产权益或者丧失代管能力的，失踪人的利害关系人可以向人民法院申请变更财产代管人。

财产代管人有正当理由的，可以向人民法院申请变更财产代管人。

人民法院变更财产代管人的，变更后的财产代管人有权请求原财产代管人及时移交有关财产并报告财产代管情况。

第四十五条　失踪人重新出现，经本人或者利害关系人申请，人民法院应当撤销失踪宣告。

失踪人重新出现，有权请求财产代管人及时移交有关财产并报告财产代管情况。

第四十六条　自然人有下列情形之一的，利害关系人可以向人民法院申请宣告该自然人死亡：

（一）下落不明满四年；

（二）因意外事件，下落不明满二年。

因意外事件下落不明，经有关机关证明该自然人不可能生存的，申请宣告死亡不受二年时间的限制。

第四十七条　对同一自然人，有的利害关系人申请宣告死亡，有的利害关系人申请宣告失踪，符合本法规定的宣告死亡条件的，人民法院应当宣告死亡。

第四十八条　被宣告死亡的人，人民法院宣告死亡的判决作出之日视为其死亡的日期；因意外事件下落不明宣告死亡的，意外事件发生之日视为其死亡的日期。

第四十九条　自然人被宣告死亡但是并未死亡的，不影响该自然人在被宣告死亡期间实施的民事法律行为的效力。

第五十条　被宣告死亡的人重新出现，经本人或者利害关系人申请，人民法院应当撤销死亡宣告。

第五十一条　被宣告死亡的人的婚姻关系，自死亡宣告之日起消除。死亡宣告被撤销的，婚姻关系自撤销死亡宣告之日起自行恢复。但是，其配偶再婚或者向婚姻登记机关书面声明不愿意恢复的除外。

第五十二条　被宣告死亡的人在被宣告死亡期间，其子女被他人依法收养的，在死亡宣告被撤销后，不得以未经本人同意为由主张收养行为无效。

第五十三条　被撤销死亡宣告的人有权请求依照本法第六编取得其财产的民事主体返还财产；无法返还的，应当给予适当补偿。

利害关系人隐瞒真实情况，致使他人被宣告死亡而取得其财产的，除应当返还财产外，还应当对由此造成的损失承担赔偿责任。

**第四节　个体工商户和农村承包经营户**

第五十四条　自然人从事工商业经营，经依法登记，为个体工商户。个体工商户可以起字号。

第五十五条　农村集体经济组织的成员，依法取得农村土地承包经营权，从事家庭承包经营的，为农村承包经营户。

第五十六条　个体工商户的债务，个人经营的，以个人财产承担；家庭经营的，以家庭财产承担；无法区分的，以家庭财产承担。

农村承包经营户的债务，以从事农村土地承包经营的农户财产承担；事实上由农户部分成员经营的，以该部分成员的财产承担。

**第三章　法　人**

**第一节　一般规定**

第五十七条　法人是具有民事权利能力和民事行为能力，依法独立享有民事权利和承担民事义务的组织。

第五十八条　法人应当依法成立。

法人应当有自己的名称、组织机构、住所、财产或者经费。法人成立的具体条件和程序，依照法律、行政法规的规定。

设立法人，法律、行政法规规定须经有关机关批准的，依照其规定。

第五十九条　法人的民事权利能力和民事行为能力，从法人成立时产生，到法人终止时消灭。

第六十条　法人以其全部财产独立承担民事责任。

第六十一条　依照法律或者法人章程的规定，代表法人从事民事活动的负责人，为法人的法定代表人。

法定代表人以法人名义从事的民事活动，其法律后果由法人承受。

法人章程或者法人权力机构对法定代表人代表权的限制，不得对抗善意相对人。

第六十二条　法定代表人因执行职务造成他人损害的，由法人承担民事责任。

法人承担民事责任后，依照法律或者法人章程的规定，可以向有过错的法定代表人追偿。

第六十三条　法人以其主要办事机构所在地为住所。依法需要办理法人登记的，应当将主要办事机构所在地登记为住所。

第六十四条　法人存续期间登记事项发生变化的，应当依法向登记机关申请变更登记。

第六十五条　法人的实际情况与登记的事项不一致的，不得对抗善意相对人。

第六十六条　登记机关应当依法及时公示法人登记的有关信息。

第六十七条　法人合并的，其权利和义务由合并后的法人享有和承担。

法人分立的，其权利和义务由分立后的法人享有连带债权，承担连带债务，但是债权人和债务人另有约定的除外。

第六十八条　有下列原因之一并依法完成清算、注销登记的，法人终止：

（一）法人解散；

（二）法人被宣告破产；

（三）法律规定的其他原因。

法人终止，法律、行政法规规定须经有关机关批准的，依照其规定。

第六十九条　有下列情形之一的，法人解散：

（一）法人章程规定的存续期间届满或者法人章程规定的其他解散事由出现；

（二）法人的权力机构决议解散；

（三）因法人合并或者分立需要解散；

（四）法人依法被吊销营业执照、登记证书，被责令关闭或者被撤销；

（五）法律规定的其他情形。

第七十条　法人解散的，除合并或者分立的情形外，清算义务人应当及时组成清算组进行清算。

法人的董事、理事等执行机构或者决策机构的成员为清算义务人。法律、行政法规另有规定的，依照其规定。

清算义务人未及时履行清算义务，造成损害的，应当承担民事责任；主管机关或者利害关系人可以申请人民法院指定有关人员组成清算组进行清算。

第七十一条　法人的清算程序和清算组职权，依照有关法律的规定；没有规定的，参照适用公司法律的有关规定。

第七十二条　清算期间法人存续，但是不得从事与清算无关的活动。

法人清算后的剩余财产，按照法人章程的规定或者法人权力机构的决议处理。法律另有规定的，依照其规定。

清算结束并完成法人注销登记时，法人终止；依法不需要办理法人登记的，清算结束时，法人终止。

第七十三条　法人被宣告破产的，依法进行破产清算并完成法人注销登记时，法人终止。

第七十四条　法人可以依法设立分支机构。法律、行政法规规定分支机构应当登记的，依照其规定。

分支机构以自己的名义从事民事活动，产生的民事责任由法人承担；也可以先以该分支机构管理的财产承担，不足以承担的，由法人承担。

第七十五条　设立人为设立法人从事的民事活动，其法律后果由法人承受；法人未成立的，其法律后果由设立人承受，设立人为二人以上的，享有连带债权，承担连带债务。

设立人为设立法人以自己的名义从事民事活动产生的民事责任，第三人有权选择请求法人或者设立人承担。

**第二节　营利法人**

第七十六条　以取得利润并分配给股东等出资人为目的成立的法人，为营利法人。

营利法人包括有限责任公司、股份有限公司和其他企业法人等。

第七十七条　营利法人经依法登记成立。

第七十八条　依法设立的营利法人，由登记机关发给营利法人营业执照。营业执照签发日期为营利法人的成立日期。

第七十九条　设立营利法人应当依法制定法人章程。

第八十条　营利法人应当设权力机构。

权力机构行使修改法人章程，选举或者更换执行机构、监督机构成员，以及法人章程规定的其他职权。

第八十一条　营利法人应当设执行机构。

执行机构行使召集权力机构会议，决定法人的经营计划和投资方案，决定法人内部管理机构的设置，以及法人章程规定的其他职权。

执行机构为董事会或者执行董事的，董事长、执行董事或者经理按照法人章程的规定担任法定代表人；未设董事会或者执行董事的，法人章程规定的主要负责人为其执行机构和法定代表人。

第八十二条　营利法人设监事会或者监事等监督机构的，监督机构依法行使检查法人财务，监督执行机构成员、高级管理人员执行法人职务的行为，以及法人章程规定的其他职权。

第八十三条　营利法人的出资人不得滥用出资人权利损害法人或者其他出资人的利益；滥用出资人权利造成法人或者其他出资人损失的，应当依法承担民事责任。

营利法人的出资人不得滥用法人独立地位和出资人有限责任损害法人债权人的利益；滥用法人独立地位和出资人有限责任，逃避债务，严重损害法人债权人的利益的，应当对法人债务承担连带责任。

第八十四条　营利法人的控股出资人、实际控制人、董事、监事、高级管理人员不得利用其关联关系损害法人的利益；利用关联关系造成法人损失的，应当承担赔偿责任。

第八十五条　营利法人的权力机构、执行机构作出决议的会议召集程序、表决方式违反法律、行政法规、法人章程，或者决议内容违反法人章程的，营利法人的出资人可以请求人民法院撤销该决议。但是，营利法人依据该决议与善意相对人形成的民事法律关系不受影响。

第八十六条　营利法人从事经营活动，应当遵守商业道德，维护交易安全，接受政府和社会的监督，承担社会责任。

## 第三节　非营利法人

第八十七条　为公益目的或者其他非营利目的成立，不向出资人、设立人或者会员分配所取得利润的法人，为非营利法人。

非营利法人包括事业单位、社会团体、基金会、社会服务机构等。

第八十八条　具备法人条件，为适应经济社会发展需要，提供公益服务设立的事业单位，经依法登记成立，取得事业单位法人资格；依法不需要办理法人登记的，从成立之日起，具有事业单位法人资格。

第八十九条　事业单位法人设理事会的，除法律另有规定外，理事会为其决策机构。事业单位法人的法定代表人依照法律、行政法规或者法人章程的规定产生。

第九十条　具备法人条件，基于会员共同意愿，为公益目的或者会员共同利益等非营利目的设立的社会团体，经依法登记成立，取得社会团体法人资格；依法不需要办理法人登记的，从成立之日起，具有社会团体法人资格。

第九十一条　设立社会团体法人应当依法制定法人章程。

社会团体法人应当设会员大会或者会员代表大会等权力机构。

社会团体法人应当设理事会等执行机构。理事长或者会长等负责人按照法人章程的规定担任法定代表人。

第九十二条　具备法人条件，为公益目的以捐助财产设立的基金会、社会服务机构等，经依法登记成立，取得捐助法人资格。

依法设立的宗教活动场所，具备法人条件的，可以申请法人登记，取得捐助法人资格。法律、行政法规对宗教活动场所有规定的，依照其规定。

第九十三条　设立捐助法人应当依法制定法人章程。

捐助法人应当设理事会、民主管理组织等决策机构，并设执行机构。理事长等负责人按照法人章程的规定担任法定代表人。

捐助法人应当设监事会等监督机构。

第九十四条　捐助人有权向捐助法人查询捐助财产的使用、管理情况，并提出意见和建议，捐助法人应当及时、如实答复。

捐助法人的决策机构、执行机构或者法定代表人作出决定的程序违反法律、行政法规、法人章程，或者决定内容违反法人章程的，捐助人等利害关系人或者主管机关可以请求人民法院撤销该决定。但是，捐助法人依据该决定与善意相对人形成的民事法律关系不受影响。

第九十五条　为公益目的成立的非营利法人终止时，不得向出资人、设立人或者会员分配剩余财产。剩余财产应当按照法人章程的规定或者权力机构的决议用于公益目的；无法按照法人章程的规定或者权力机构的决议处理的，由主管机关主持转给宗旨相同或者相近的法人，并向社会公告。

**第四节　特别法人**

第九十六条　本节规定的机关法人、农村集体经济组织法人、城镇农村的合作经济组织法人、基层群众性自治组织法人，为特别法人。

第九十七条　有独立经费的机关和承担行政职能的法定机构从成立之日起，具有机关法人资格，可以从事为履行职能所需要的民事活动。

第九十八条　机关法人被撤销的，法人终止，其民事权利和义务由继任的机关法人享有和承担；没有继任的机关法人的，由作出撤销决定的机关法人享有和承担。

第九十九条　农村集体经济组织依法取得法人资格。

法律、行政法规对农村集体经济组织有规定的，依照其规定。

第一百条　城镇农村的合作经济组织依法取得法人资格。

法律、行政法规对城镇农村的合作经济组织有规定的，依照其规定。

第一百零一条　居民委员会、村民委员会具有基层群众性自治组织法人资格，可以从事为履行职能所需要的民事活动。

未设立村集体经济组织的，村民委员会可以依法代行村集体经济组织的职能。

## 第四章　非法人组织

第一百零二条　非法人组织是不具有法人资格，但是能够依法以自己的名义从事民事活动的组织。

非法人组织包括个人独资企业、合伙企业、不具有法人资格的专业服务机构等。

第一百零三条　非法人组织应当依照法律的规定登记。

设立非法人组织，法律、行政法规规定须经有关机关批准的，依照其规定。

第一百零四条　非法人组织的财产不足以清偿债务的，其出资人或者设立人承担无限责任。法律另有规定的，依照其规定。

第一百零五条　非法人组织可以确定一人或者数人代表该组织从事民事活动。

第一百零六条　有下列情形之一的，非法人组织解散：

（一）章程规定的存续期间届满或者章程规定的其他解散事由出现；

（二）出资人或者设立人决定解散；

（三）法律规定的其他情形。

第一百零七条　非法人组织解散的，应当依法进行清算。

第一百零八条　非法人组织除适用本章规定外，参照适用本编第三章第一节的有关规定。

## 第五章　民事权利

第一百零九条　自然人的人身自由、人格尊严受法律保护。

第一百一十条　自然人享有生命权、身体权、健康权、姓名权、肖像权、名誉权、荣誉权、隐私权、婚姻自主权等权利。

法人、非法人组织享有名称权、名誉权和荣誉权。

第一百一十一条　自然人的个人信息受法律保护。任何组织或者个人需要获取他人个人信息的，应当依法取得并确保信息安全，不得非法收集、使用、加工、传输他人个人信息，不得非法买卖、提供或者公开他人个人信息。

第一百一十二条　自然人因婚姻家庭关系等产生的人身权利受法律保护。

第一百一十三条　民事主体的财产权利受法律平等保护。

第一百一十四条　民事主体依法享有物权。

物权是权利人依法对特定的物享有直接支配和排他的权利，包括所有权、用益物权和担保物权。

第一百一十五条　物包括不动产和动产。法律规定权利作为物权客体的，依照其规定。

第一百一十六条　物权的种类和内容，由法律规定。

第一百一十七条　为了公共利益的需要，依照法律规定的权限和程序征收、征用不动产或者动产的，应当给予公平、合理的补偿。

第一百一十八条　民事主体依法享有债权。

债权是因合同、侵权行为、无因管理、不当得利以及法律的其他规定，权利人请求特定义务人为或者不为一定行为的权利。

第一百一十九条　依法成立的合同，对当事人具有法律约束力。

第一百二十条　民事权益受到侵害的，被侵权人有权请求侵权人承担侵权责任。

第一百二十一条　没有法定的或者约定的义务，为避免他人利益受损失而进行管理的人，有权请求受益人偿还由此支出的必要费用。

第一百二十二条　因他人没有法律根据，取得不当利益，受损失的人有权请求其返还不当利益。

第一百二十三条　民事主体依法享有知识产权。

知识产权是权利人依法就下列客体享有的专有的权利：

（一）作品；

（二）发明、实用新型、外观设计；

（三）商标；

（四）地理标志；

（五）商业秘密；

（六）集成电路布图设计；

（七）植物新品种；

（八）法律规定的其他客体。

第一百二十四条　自然人依法享有继承权。

自然人合法的私有财产，可以依法继承。

第一百二十五条　民事主体依法享有股权和其他投资性权利。

第一百二十六条　民事主体享有法律规定的其他民事权利和利益。

第一百二十七条　法律对数据、网络虚拟财产的保护有规定的，依照其规定。

第一百二十八条　法律对未成年人、老年人、残疾人、妇女、消费者等的民事权利保护有特别规定的，依照其规定。

第一百二十九条　民事权利可以依据民事法律行为、事实行为、法律规定的事件或者法律规定的其他方式取得。

第一百三十条　民事主体按照自己的意愿依法行使民事权利，不受干涉。

第一百三十一条　民事主体行使权利时，应当履行法律规定的和当事人约定的义务。

第一百三十二条　民事主体不得滥用民事权利损害国家利益、社会公共利益或者他人合法权益。

**第六章　民事法律行为**

**第一节　一般规定**

第一百三十三条　民事法律行为是民事主体通过意思表示设立、变更、终止民事法律关系的行为。

第一百三十四条　民事法律行为可以基于双方或者多方的意思表示一致成立，也可以基于单方的意思表示成立。

法人、非法人组织依照法律或者章程规定的议事方式和表决程序作出决议的，该决议行为成立。

第一百三十五条　民事法律行为可以采用书面形式、口头形式或者其他形式；法律、行政法规规定或者当事人约定采用特定形式的，应当采用特定形式。

第一百三十六条　民事法律行为自成立时生效，但是法律另有规定或者当事人另有约定的除外。

行为人非依法律规定或者未经对方同意，不得擅自变更或者解除民事法律行为。

**第二节　意思表示**

第一百三十七条　以对话方式作出的意思表示，相对人知道其内容时生效。

以非对话方式作出的意思表示，到达相对人时生效。以非对话方式作出的采用数据电文形式的意思表示，相对人指定特定系统接收数据电文的，该数据电文进入该特定系统时生效；未指定特定系统的，相对人知道或者应当知道该数据电文进入其系统时生效。当事人对采用数据电文形式的意思表示的生效时间另有约定的，按照其约定。

第一百三十八条　无相对人的意思表示，表示完成时生效。法律另有规定的，依照其规定。

第一百三十九条　以公告方式作出的意思表示，公告发布时生效。

第一百四十条　行为人可以明示或者默示作出意思表示。

沉默只有在有法律规定、当事人约定或者符合当事人之间的交易习惯时，才可以视为意思表示。

第一百四十一条　行为人可以撤回意思表示。撤回意思表示的通知应当在意思表示到达相对人前或者与意思表示同时到达相对人。

第一百四十二条　有相对人的意思表示的解释，应当按照所使用的词句，结合相关条款、行为的性质和目的、习惯以及诚信原则，确定意思表示的含义。

无相对人的意思表示的解释，不能完全拘泥于所使用的词句，而应当结合相关条款、行为的性质和目的、习惯以及诚信原则，确定行为人的真实意思。

**第三节　民事法律行为的效力**

第一百四十三条　具备下列条件的民事法律行为有效：

（一）行为人具有相应的民事行为能力；

（二）意思表示真实；

（三）不违反法律、行政法规的强制性规定，不违背公序良俗。

第一百四十四条　无民事行为能力人实施的民事法律行为无效。

第一百四十五条　限制民事行为能力人实施的纯获利益的民事法律行为或者与其年龄、智力、精神健康状况相适应的民事法律行为有效；实施的其他民事法律行为经法定代理人同意或者追认后有效。

相对人可以催告法定代理人自收到通知之日起三十日内予以追认。法定代理人未作表示的，视为拒绝追认。民事法律行为被追认前，善意相对人有撤销的权利。撤销应当以通知的方式作出。

第一百四十六条　行为人与相对人以虚假的意思表示实施的民事法律行为无效。

以虚假的意思表示隐藏的民事法律行为的效力，依照有关法律规定处理。

第一百四十七条　基于重大误解实施的民事法律行为，行为人有权请求人民法院或者仲裁机构予以撤销。

第一百四十八条　一方以欺诈手段，使对方在违背真实意思的情况下实施的民事法律行为，受欺诈方有权请求人民法院或者仲裁机构予以撤销。

第一百四十九条　第三人实施欺诈行为，使一方在违背真实意思的情况下实施的民事法律行为，对方知道或者应当知道该欺诈行为的，受欺诈方有权请求人民法院或者仲裁机构予以撤销。

第一百五十条　一方或者第三人以胁迫手段，使对方在违背真实意思的情况下实施的民事法律行为，受胁迫方有权请求人民法院或者仲裁机构予以撤销。

第一百五十一条　一方利用对方处于危困状态、缺乏判断能力等情形，致使民事法律行为成立时显失公平的，受损害方有权请求人民法院或者仲裁机构予以撤销。

第一百五十二条　有下列情形之一的，撤销权消灭：

（一）当事人自知道或者应当知道撤销事由之日起一年内、重大误解的当事人自知道或者应当知道撤销事由之日起九十日内没有行使撤销权；

（二）当事人受胁迫，自胁迫行为终止之日起一年内没有行使撤销权；

（三）当事人知道撤销事由后明确表示或者以自己的行为表明放弃撤销权。

当事人自民事法律行为发生之日起五年内没有行使撤销权的，撤销权消灭。

第一百五十三条　违反法律、行政法规的强制性规定的民事法律行为无效。但是，该强制性规定不导致该民事法律行为无效的除外。

违背公序良俗的民事法律行为无效。

第一百五十四条　行为人与相对人恶意串通，损害他人合法权益的民事法律行为无效。

第一百五十五条　无效的或者被撤销的民事法律行为自始没有法律约束力。

第一百五十六条　民事法律行为部分无效，不影响其他部分效力的，其他部分仍然有效。

第一百五十七条　民事法律行为无效、被撤销或者确定不发生效力后，行为人因该行为取得的财产，应当予以返还；不能返还或者没有必要返还的，应当折价补偿。有过错的一方应当赔偿对方由此所受到的损失；

各方都有过错的，应当各自承担相应的责任。法律另有规定的，依照其规定。

**第四节　民事法律行为的附条件和附期限**

第一百五十八条　民事法律行为可以附条件，但是根据其性质不得附条件的除外。附生效条件的民事法律行为，自条件成就时生效。附解除条件的民事法律行为，自条件成就时失效。

第一百五十九条　附条件的民事法律行为，当事人为自己的利益不正当地阻止条件成就的，视为条件已经成就；不正当地促成条件成就的，视为条件不成就。

第一百六十条　民事法律行为可以附期限，但是根据其性质不得附期限的除外。附生效期限的民事法律行为，自期限届至时生效。附终止期限的民事法律行为，自期限届满时失效。

**第七章　代　理**

**第一节　一般规定**

第一百六十一条　民事主体可以通过代理人实施民事法律行为。

依照法律规定、当事人约定或者民事法律行为的性质，应当由本人亲自实施的民事法律行为，不得代理。

第一百六十二条　代理人在代理权限内，以被代理人名义实施的民事法律行为，对被代理人发生效力。

第一百六十三条　代理包括委托代理和法定代理。

委托代理人按照被代理人的委托行使代理权。法定代理人依照法律的规定行使代理权。

第一百六十四条　代理人不履行或者不完全履行职责，造成被代理人损害的，应当承担民事责任。

代理人和相对人恶意串通，损害被代理人合法权益的，代理人和相对人应当承担连带责任。

## 第二节　委托代理

第一百六十五条　委托代理授权采用书面形式的，授权委托书应当载明代理人的姓名或者名称、代理事项、权限和期限，并由被代理人签名或者盖章。

第一百六十六条　数人为同一代理事项的代理人的，应当共同行使代理权，但是当事人另有约定的除外。

第一百六十七条　代理人知道或者应当知道代理事项违法仍然实施代理行为，或者被代理人知道或者应当知道代理人的代理行为违法未作反对表示的，被代理人和代理人应当承担连带责任。

第一百六十八条　代理人不得以被代理人的名义与自己实施民事法律行为，但是被代理人同意或者追认的除外。

代理人不得以被代理人的名义与自己同时代理的其他人实施民事法律行为，但是被代理的双方同意或者追认的除外。

第一百六十九条　代理人需要转委托第三人代理的，应当取得被代理人的同意或者追认。

转委托代理经被代理人同意或者追认的，被代理人可以就代理事务直接指示转委托的第三人，代理人仅就第三人的选任以及对第三人的指示承担责任。

转委托代理未经被代理人同意或者追认的，代理人应当对转委托的第三人的行为承担责任；但是，在紧急情况下代理人为了维护被代理人的利益需要转委托第三人代理的除外。

第一百七十条　执行法人或者非法人组织工作任务的人员，就其职权范围内的事项，以法人或者非法人组织的名义实施的民事法律行为，对法人或者非法人组织发生效力。

法人或者非法人组织对执行其工作任务的人员职权范围的限制，不得对抗善意相对人。

第一百七十一条　行为人没有代理权、超越代理权或者代理权终止后，仍然实施代理行为，未经被代理人追认的，对被代理人不发生效力。

相对人可以催告被代理人自收到通知之日起三十日内予以追认。被代理人未作表示的，视为拒绝追认。行为人实施的行为被追认前，善意相对人有撤销的权利。撤销应当以通知的方式作出。

行为人实施的行为未被追认的，善意相对人有权请求行为人履行债务或者就其受到的损害请求行为人赔偿。但是，赔偿的范围不得超过被代理人追认时相对人所能获得的利益。

相对人知道或者应当知道行为人无权代理的，相对人和行为人按照各自的过错承担责任。

第一百七十二条　行为人没有代理权、超越代理权或者代理权终止后，仍然实施代理行为，相对人有理由相信行为人有代理权的，代理行为有效。

**第三节　代理终止**

第一百七十三条　有下列情形之一的，委托代理终止：

（一）代理期限届满或者代理事务完成；

（二）被代理人取消委托或者代理人辞去委托；

（三）代理人丧失民事行为能力；

（四）代理人或者被代理人死亡；

（五）作为代理人或者被代理人的法人、非法人组织终止。

第一百七十四条　被代理人死亡后，有下列情形之一的，委托代理人实施的代理行为有效：

（一）代理人不知道且不应当知道被代理人死亡；

（二）被代理人的继承人予以承认；

（三）授权中明确代理权在代理事务完成时终止；

（四）被代理人死亡前已经实施，为了被代理人的继承人的利益继续代理。

作为被代理人的法人、非法人组织终止的，参照适用前款规定。

第一百七十五条　有下列情形之一的，法定代理终止：

（一）被代理人取得或者恢复完全民事行为能力；

（二）代理人丧失民事行为能力；

（三）代理人或者被代理人死亡；

（四）法律规定的其他情形。

**第八章　民事责任**

第一百七十六条　民事主体依照法律规定或者按照当事人约定，履行民事义务，承担民事责任。

第一百七十七条　二人以上依法承担按份责任，能够确定责任大小的，各自承担相应的责任；难以确定责任大小的，平均承担责任。

第一百七十八条　二人以上依法承担连带责任的，权利人有权请求部分或者全部连带责任人承担责任。

连带责任人的责任份额根据各自责任大小确定；难以确定责任大小的，平均承担责任。实际承担责任超过自己责任份额的连带责任人，有权向其他连带责任人追偿。

连带责任，由法律规定或者当事人约定。

第一百七十九条　承担民事责任的方式主要有：

（一）停止侵害；

（二）排除妨碍；

（三）消除危险；

（四）返还财产；

（五）恢复原状；

（六）修理、重作、更换；

（七）继续履行；

（八）赔偿损失；

（九）支付违约金；

（十）消除影响、恢复名誉；

（十一）赔礼道歉。

法律规定惩罚性赔偿的，依照其规定。

本条规定的承担民事责任的方式，可以单独适用，也可以合并适用。

第一百八十条　因不可抗力不能履行民事义务的，不承担民事责任。法律另有规定的，依照其规定。

不可抗力是不能预见、不能避免且不能克服的客观情况。

第一百八十一条　因正当防卫造成损害的，不承担民事责任。

正当防卫超过必要的限度，造成不应有的损害的，正当防卫人应当承担适当的民事责任。

第一百八十二条　因紧急避险造成损害的，由引起险情发生的人承担民事责任。

危险由自然原因引起的，紧急避险人不承担民事责任，可以给予适当补偿。

紧急避险采取措施不当或者超过必要的限度，造成不应有的损害的，紧急避险人应当承担适当的民事责任。

第一百八十三条　因保护他人民事权益使自己受到损害的，由侵权人承担民事责任，受益人可以给予适当补偿。没有侵权人、侵权人逃逸或者无力承担民事责任，受害人请求补偿的，受益人应当给予适当补偿。

第一百八十四条　因自愿实施紧急救助行为造成受助人损害的，救助人不承担民事责任。

第一百八十五条　侵害英雄烈士等的姓名、肖像、名誉、荣誉，损害社会公共利益的，应当承担民事责任。

第一百八十六条　因当事人一方的违约行为，损害对方人身权益、财产权益的，受损害方有权选择请求其承担违约责任或者侵权责任。

第一百八十七条　民事主体因同一行为应当承担民事责任、行政责任和刑事责任的，承担行政责任或者刑事责任不影响承担民事责任；民事主体的财产不足以支付的，优先用于承担民事责任。

## 第九章　诉讼时效

第一百八十八条　向人民法院请求保护民事权利的诉讼时效期间为三年。法律另有规定的，依照其规定。

诉讼时效期间自权利人知道或者应当知道权利受到损害以及义务人之日起计算。法律另有规定的，依照其规定。但是，自权利受到损害之日起超过二十年的，人民法院不予保护，有特殊情况的，人民法院可以根据权利人的申请决定延长。

第一百八十九条　当事人约定同一债务分期履行的，诉讼时效期间自最后一期履行期限届满之日起计算。

第一百九十条　无民事行为能力人或者限制民事行为能力人对其法定代理人的请求权的诉讼时效期间，自该法定代理终止之日起计算。

第一百九十一条　未成年人遭受性侵害的损害赔偿请求权的诉讼时效期间，自受害人年满十八周岁之日起计算。

第一百九十二条　诉讼时效期间届满的，义务人可以提出不履行义务的抗辩。

诉讼时效期间届满后，义务人同意履行的，不得以诉讼时效期间届满为由抗辩；义务人已经自愿履行的，不得请求返还。

第一百九十三条　人民法院不得主动适用诉讼时效的规定。

第一百九十四条　在诉讼时效期间的最后六个月内，因下列障碍，不能行使请求权的，诉讼时效中止：

（一）不可抗力；

（二）无民事行为能力人或者限制民事行为能力人没有法定代理人，或者法定代理人死亡、丧失民事行为能力、丧失代理权；

（三）继承开始后未确定继承人或者遗产管理人；

（四）权利人被义务人或者其他人控制；

（五）其他导致权利人不能行使请求权的障碍。

自中止时效的原因消除之日起满六个月，诉讼时效期间届满。

第一百九十五条　有下列情形之一的，诉讼时效中断，从中断、有关程序终结时起，诉讼时效期间重新计算：

（一）权利人向义务人提出履行请求；

（二）义务人同意履行义务；

（三）权利人提起诉讼或者申请仲裁；

（四）与提起诉讼或者申请仲裁具有同等效力的其他情形。

第一百九十六条　下列请求权不适用诉讼时效的规定：

（一）请求停止侵害、排除妨碍、消除危险；

（二）不动产物权和登记的动产物权的权利人请求返还财产；

（三）请求支付抚养费、赡养费或者扶养费；

（四）依法不适用诉讼时效的其他请求权。

第一百九十七条　诉讼时效的期间、计算方法以及中止、中断的事由由法律规定，当事人约定无效。

当事人对诉讼时效利益的预先放弃无效。

第一百九十八条　法律对仲裁时效有规定的，依照其规定；没有规定的，适用诉讼时效的规定。

第一百九十九条　法律规定或者当事人约定的撤销权、解除权等权利的存续期间，除法律另有规定外，自权利人知道或者应当知道权利产生之日起计算，不适用有关诉讼时效中止、中断和延长的规定。存续期间届满，撤销权、解除权等权利消灭。

**第十章　期间计算**

第二百条　民法所称的期间按照公历年、月、日、小时计算。

第二百零一条　按照年、月、日计算期间的，开始的当日不计入，自下一日开始计算。

按照小时计算期间的，自法律规定或者当事人约定的时间开始计算。

第二百零二条　按照年、月计算期间的，到期月的对应日为期间的最后一日；没有对应日的，月末日为期间的最后一日。

第二百零三条　期间的最后一日是法定休假日的，以法定休假日结束的次日为期间的最后一日。

期间的最后一日的截止时间为二十四时；有业务时间的，停止业务活动的时间为截止时间。

第二百零四条　期间的计算方法依照本法的规定，但是法律另有规定或者当事人另有约定的除外。

## 第二编　物　权

### 第一分编　通　则

#### 第一章　一般规定

第二百零五条　本编调整因物的归属和利用产生的民事关系。

第二百零六条　国家坚持和完善公有制为主体、多种所有制经济共同发展，按劳分配为主体、多种分配方式并存，社会主义市场经济体制等社会主义基本经济制度。

国家巩固和发展公有制经济，鼓励、支持和引导非公有制经济的发展。

国家实行社会主义市场经济，保障一切市场主体的平等法律地位和发展权利。

第二百零七条　国家、集体、私人的物权和其他权利人的物权受法律平等保护，任何组织或者个人不得侵犯。

第二百零八条　不动产物权的设立、变更、转让和消灭，应当依照法律规定登记。动产物权的设立和转让，应当依照法律规定交付。

### 第二分编　所有权

#### 第四章　一般规定

第二百四十条　所有权人对自己的不动产或者动产，依法享有占有、使用、收益和处分的权利。

第二百四十一条　所有权人有权在自己的不动产或者动产上设立用益物权和担保物权。用益物权人、担保物权人行使权利，不得损害所有权人的权益。

第二百四十二条　法律规定专属于国家所有的不动产和动产，任何组织或者个人不能取得所有权。

第二百四十三条　为了公共利益的需要，依照法律规定的权限和程序可以征收集体所有的土地和组织、个人的房屋以及其他不动产。

征收集体所有的土地，应当依法及时足额支付土地补偿费、安置补助费以及农村村民住宅、其他地上附着物和青苗等的补偿费用，并安排被征地农民的社会保障费用，保障被征地农民的生活，维护被征地农民的合法权益。

征收组织、个人的房屋以及其他不动产，应当依法给予征收补偿，维护被征收人的合法权益；征收个人住宅的，还应当保障被征收人的居住条件。

任何组织或者个人不得贪污、挪用、私分、截留、拖欠征收补偿费等费用。

第二百四十四条　国家对耕地实行特殊保护，严格限制农用地转为建设用地，控制建设用地总量。不得违反法律规定的权限和程序征收集体所有的土地。

第二百四十五条　因抢险救灾、疫情防控等紧急需要，依照法律规定的权限和程序可以征用组织、个人的不动产或者动产。被征用的不动产或者动产使用后，应当返还被征用人。组织、个人的不动产或者动产被征用或者征用后毁损、灭失的，应当给予补偿。

**第三分编　用益物权**

**第十章　一般规定**

第三百二十三条　用益物权人对他人所有的不动产或者动产，依法享有占有、使用和收益的权利。

第三百二十四条　国家所有或者国家所有由集体使用以及法律规定属于集体所有的自然资源，组织、个人依法可以占有、使用和收益。

第三百二十五条　国家实行自然资源有偿使用制度，但是法律另有规定的除外。

第三百二十六条　用益物权人行使权利，应当遵守法律有关保护和合理开发利用资源、保护生态环境的规定。所有权人不得干涉用益物权人行使权利。

第三百二十七条　因不动产或者动产被征收、征用致使用益物权消灭或者影响用益物权行使的，用益物权人有权依据本法第二百四十三条、第二百四十五条的规定获得相应补偿。

第三百二十八条　依法取得的海域使用权受法律保护。

第三百二十九条　依法取得的探矿权、采矿权、取水权和使用水域、滩涂从事养殖、捕捞的权利受法律保护。

**第四分编　担保物权**

**第十六章　一般规定**

第三百八十六条　担保物权人在债务人不履行到期债务或者发生当事人约定的实现担保物权的情形，依法享有就担保财产优先受偿的权利，但是法律另有规定的除外。

第三百八十七条　债权人在借贷、买卖等民事活动中，为保障实现其债权，需要担保的，可以依照本法和其他法律的规定设立担保物权。

第三人为债务人向债权人提供担保的，可以要求债务人提供反担保。反担保适用本法和其他法律的规定。

第三百八十八条　设立担保物权，应当依照本法和其他法律的规定订立担保合同。担保合同包括抵押合同、质押合同和其他具有担保功能的合同。担保合同是主债权债务合同的从合同。主债权债务合同无效的，担保合同无效，但是法律另有规定的除外。

担保合同被确认无效后，债务人、担保人、债权人有过错的，应当根据其过错各自承担相应的民事责任。

第三百八十九条　担保物权的担保范围包括主债权及其利息、违约金、损害赔偿金、保管担保财产和实现担保物权的费用。当事人另有约定的，按照其约定。

第三百九十条　担保期间，担保财产毁损、灭失或者被征收等，担保物权人可以就获得的保险金、赔偿金或者补偿金等优先受偿。被担保债权的履行期限未届满的，也可以提存该保险金、赔偿金或者补偿金等。

第三百九十一条　第三人提供担保，未经其书面同意，债权人允许债务人转移全部或者部分债务的，担保人不再承担相应的担保责任。

第三百九十二条　被担保的债权既有物的担保又有人的担保的，债务人不履行到期债务或者发生当事人约定的实现担保物权的情形，债权人应当按照约定实现债权；没有约定或者约定不明确，债务人自己提供物的担保的，债权人应当先就该物的担保实现债权；第三人提供物的担保的,债权人可以就物的担保实现债权,也可以请求保证人承担保证责任。提供担保的第三人承担担保责任后，有权向债务人追偿。

第三百九十三条　有下列情形之一的，担保物权消灭：

（一）主债权消灭；

（二）担保物权实现；

（三）债权人放弃担保物权；

（四）法律规定担保物权消灭的其他情形。

**第五分编　占　有**

**第二十章　占　有**

第四百五十八条　基于合同关系等产生的占有，有关不动产或者动产的使用、收益、违约责任等，按照合同约定；合同没有约定或者约定不明确的，依照有关法律规定。

第四百五十九条　占有人因使用占有的不动产或者动产，致使该不动产或者动产受到损害的，恶意占有人应当承担赔偿责任。

第四百六十条　不动产或者动产被占有人占有的，权利人可以请求返还原物及其孳息；但是，应当支付善意占有人因维护该不动产或者动产支出的必要费用。

第四百六十一条　占有的不动产或者动产毁损、灭失，该不动产或者动产的权利人请求赔偿的，占有人应当将因毁损、灭失取得的保险金、赔偿金或者补偿金等返还给权利人；权利人的损害未得到足够弥补的，恶意占有人还应当赔偿损失。

第四百六十二条　占有的不动产或者动产被侵占的，占有人有权请求返还原物；对妨害占有的行为，占有人有权请求排除妨害或者消除危险；因侵占或者妨害造成损害的，占有人有权依法请求损害赔偿。

占有人返还原物的请求权，自侵占发生之日起一年内未行使的，该请求权消灭。

## 第三编　合　同

### 第一分编　通　则

#### 第一章　一般规定

第四百六十三条　本编调整因合同产生的民事关系。

第四百六十四条　合同是民事主体之间设立、变更、终止民事法律关系的协议。

婚姻、收养、监护等有关身份关系的协议，适用有关该身份关系的法律规定；没有规定的，可以根据其性质参照适用本编规定。

第四百六十五条　依法成立的合同，受法律保护。

依法成立的合同，仅对当事人具有法律约束力，但是法律另有规定的除外。

第四百六十六条　当事人对合同条款的理解有争议的，应当依据本法第一百四十二条第一款的规定，确定争议条款的含义。

合同文本采用两种以上文字订立并约定具有同等效力的，对各文本使用的词句推定具有相同含义。各文本使用的词句不一致的，应当根据合同的相关条款、性质、目的以及诚信原则等予以解释。

第四百六十七条　本法或者其他法律没有明文规定的合同，适用本编通则的规定，并可以参照适用本编或者其他法律最相类似合同的规定。

在中华人民共和国境内履行的中外合资经营企业合同、中外合作经营企业合同、中外合作勘探开发自然资源合同，适用中华人民共和国法律。

第四百六十八条　非因合同产生的债权债务关系，适用有关该债权债务关系的法律规定；没有规定的，适用本编通则的有关规定，但是根据其性质不能适用的除外。

第二章　合同的订立

第四百六十九条　当事人订立合同，可以采用书面形式、口头形式或者其他形式。

书面形式是合同书、信件、电报、电传、传真等可以有形地表现所载内容的形式。

以电子数据交换、电子邮件等方式能够有形地表现所载内容，并可以随时调取查用的数据电文，视为书面形式。

第四百七十条　合同的内容由当事人约定，一般包括下列条款：

（一）当事人的姓名或者名称和住所；

（二）标的；

（三）数量；

（四）质量；

（五）价款或者报酬；

（六）履行期限、地点和方式；

（七）违约责任；

（八）解决争议的方法。

当事人可以参照各类合同的示范文本订立合同。

第四百七十一条　当事人订立合同，可以采取要约、承诺方式或者其他方式。

第四百七十二条　要约是希望与他人订立合同的意思表示，该意思表示应当符合下列条件：

（一）内容具体确定；

（二）表明经受要约人承诺，要约人即受该意思表示约束。

第四百七十三条　要约邀请是希望他人向自己发出要约的表示。拍卖公告、招标公告、招股说明书、债券募集办法、基金招募说明书、商业广告和宣传、寄送的价目表等为要约邀请。

商业广告和宣传的内容符合要约条件的，构成要约。

第四百七十四条　要约生效的时间适用本法第一百三十七条的规定。

第四百七十五条　要约可以撤回。要约的撤回适用本法第一百四十一条的规定。

第四百七十六条　要约可以撤销，但是有下列情形之一的除外：

（一）要约人以确定承诺期限或者其他形式明示要约不可撤销；

（二）受要约人有理由认为要约是不可撤销的，并已经为履行合同做了合理准备工作。

第四百七十七条　撤销要约的意思表示以对话方式作出的，该意思表示的内容应当在受要约人作出承诺之前为受要约人所知道；撤销要约的意思表示以非对话方式作出的，应当在受要约人作出承诺之前到达受要约人。

第四百七十八条　有下列情形之一的，要约失效：

（一）要约被拒绝；

（二）要约被依法撤销；

（三）承诺期限届满，受要约人未作出承诺；

（四）受要约人对要约的内容作出实质性变更。

第四百七十九条　承诺是受要约人同意要约的意思表示。

第四百八十条　承诺应当以通知的方式作出；但是，根据交易习惯或者要约表明可以通过行为作出承诺的除外。

第四百八十一条　承诺应当在要约确定的期限内到达要约人。

要约没有确定承诺期限的，承诺应当依照下列规定到达：

（一）要约以对话方式作出的，应当即时作出承诺；

（二）要约以非对话方式作出的，承诺应当在合理期限内到达。

第四百八十二条　要约以信件或者电报作出的，承诺期限自信件载明的日期或者电报交发之日开始计算。信件未载明日期的，自投寄该信件的邮戳日期开始计算。要约以电话、传真、电子邮件等快速通讯方式作出的，承诺期限自要约到达受要约人时开始计算。

第四百八十三条　承诺生效时合同成立，但是法律另有规定或者当事人另有约定的除外。

第四百八十四条　以通知方式作出的承诺，生效的时间适用本法第一百三十七条的规定。

承诺不需要通知的，根据交易习惯或者要约的要求作出承诺的行为时生效。

第四百八十五条　承诺可以撤回。承诺的撤回适用本法第一百四十一条的规定。

第四百八十六条　受要约人超过承诺期限发出承诺，或者在承诺期限内发出承诺，按照通常情形不能及时到达要约人的，为新要约；但是，要约人及时通知受要约人该承诺有效的除外。

第四百八十七条　受要约人在承诺期限内发出承诺，按照通常情形能够及时到达要约人，但是因其他原因致使承诺到达要约人时超过承诺期限的，除要约人及时通知受要约人因承诺超过期限不接受该承诺外，该承诺有效。

第四百八十八条　承诺的内容应当与要约的内容一致。受要约人对要约的内容作出实质性变更的，为新要约。有关合同标的、数量、质量、价款或者报酬、履行期限、履行地点和方式、违约责任和解决争议方法等的变更，是对要约内容的实质性变更。

第四百八十九条　承诺对要约的内容作出非实质性变更的，除要约人及时表示反对或者要约表明承诺不得对要约的内容作出任何变更外，该承诺有效，合同的内容以承诺的内容为准。

第四百九十条　当事人采用合同书形式订立合同的，自当事人均签名、盖章或者按指印时合同成立。在签名、盖章或者按指印之前，当事人一方已经履行主要义务，对方接受时，该合同成立。

法律、行政法规规定或者当事人约定合同应当采用书面形式订立，当事人未采用书面形式但是一方已经履行主要义务，对方接受时，该合同成立。

第四百九十一条　当事人采用信件、数据电文等形式订立合同要求签订确认书的，签订确认书时合同成立。

当事人一方通过互联网等信息网络发布的商品或者服务信息符合要约条件的，对方选择该商品或者服务并提交订单成功时合同成立，但是当事人另有约定的除外。

第四百九十二条　承诺生效的地点为合同成立的地点。

采用数据电文形式订立合同的，收件人的主营业地为合同成立的地点；没有主营业地的，其住所地为合同成立的地点。当事人另有约定的，按照其约定。

第四百九十三条　当事人采用合同书形式订立合同的，最后签名、盖章或者按指印的地点为合同成立的地点，但是当事人另有约定的除外。

第四百九十四条　国家根据抢险救灾、疫情防控或者其他需要下达国家订货任务、指令性任务的，有关民事主体之间应当依照有关法律、行政法规规定的权利和义务订立合同。

依照法律、行政法规的规定负有发出要约义务的当事人，应当及时发出合理的要约。

依照法律、行政法规的规定负有作出承诺义务的当事人，不得拒绝对方合理的订立合同要求。

第四百九十五条　当事人约定在将来一定期限内订立合同的认购书、

订购书、预订书等，构成预约合同。

当事人一方不履行预约合同约定的订立合同义务的，对方可以请求其承担预约合同的违约责任。

第四百九十六条　格式条款是当事人为了重复使用而预先拟定，并在订立合同时未与对方协商的条款。

采用格式条款订立合同的，提供格式条款的一方应当遵循公平原则确定当事人之间的权利和义务，并采取合理的方式提示对方注意免除或者减轻其责任等与对方有重大利害关系的条款，按照对方的要求，对该条款予以说明。提供格式条款的一方未履行提示或者说明义务，致使对方没有注意或者理解与其有重大利害关系的条款的，对方可以主张该条款不成为合同的内容。

第四百九十七条　有下列情形之一的，该格式条款无效：

（一）具有本法第一编第六章第三节和本法第五百零六条规定的无效情形；

（二）提供格式条款一方不合理地免除或者减轻其责任、加重对方责任、限制对方主要权利；

（三）提供格式条款一方排除对方主要权利。

第四百九十八条　对格式条款的理解发生争议的，应当按照通常理解予以解释。对格式条款有两种以上解释的，应当作出不利于提供格式条款一方的解释。格式条款和非格式条款不一致的，应当采用非格式条款。

第四百九十九条　悬赏人以公开方式声明对完成特定行为的人支付报酬的，完成该行为的人可以请求其支付。

第五百条　当事人在订立合同过程中有下列情形之一，造成对方损失的，应当承担赔偿责任：

（一）假借订立合同，恶意进行磋商；

（二）故意隐瞒与订立合同有关的重要事实或者提供虚假情况；

（三）有其他违背诚信原则的行为。

第五百零一条　当事人在订立合同过程中知悉的商业秘密或者其他应当保密的信息，无论合同是否成立，不得泄露或者不正当地使用；泄露、不正当地使用该商业秘密或者信息，造成对方损失的，应当承担赔偿责任。

**第三章　合同的效力**

第五百零二条　依法成立的合同，自成立时生效，但是法律另有规定或者当事人另有约定的除外。

依照法律、行政法规的规定，合同应当办理批准等手续的，依照其规定。未办理批准等手续影响合同生效的，不影响合同中履行报批等义务条款以及相关条款的效力。应当办理申请批准等手续的当事人未履行义务的，对方可以请求其承担违反该义务的责任。

依照法律、行政法规的规定，合同的变更、转让、解除等情形应当办理批准等手续的，适用前款规定。

第五百零三条　无权代理人以被代理人的名义订立合同，被代理人已经开始履行合同义务或者接受相对人履行的，视为对合同的追认。

第五百零四条　法人的法定代表人或者非法人组织的负责人超越权限订立的合同，除相对人知道或者应当知道其超越权限外，该代表行为有效，订立的合同对法人或者非法人组织发生效力。

第五百零五条　当事人超越经营范围订立的合同的效力，应当依照本法第一编第六章第三节和本编的有关规定确定，不得仅以超越经营范围确认合同无效。

第五百零六条　合同中的下列免责条款无效：

（一）造成对方人身损害的；

（二）因故意或者重大过失造成对方财产损失的。

第五百零七条　合同不生效、无效、被撤销或者终止的，不影响合同中有关解决争议方法的条款的效力。

第五百零八条　本编对合同的效力没有规定的，适用本法第一编第六章的有关规定。

## 第四章　合同的履行

第五百零九条　当事人应当按照约定全面履行自己的义务。

当事人应当遵循诚信原则，根据合同的性质、目的和交易习惯履行通知、协助、保密等义务。

当事人在履行合同过程中，应当避免浪费资源、污染环境和破坏生态。

第五百一十条　合同生效后，当事人就质量、价款或者报酬、履行地点等内容没有约定或者约定不明确的，可以协议补充；不能达成补充协议的，按照合同相关条款或者交易习惯确定。

第五百一十一条　当事人就有关合同内容约定不明确，依据前条规定仍不能确定的，适用下列规定：

（一）质量要求不明确的，按照强制性国家标准履行；没有强制性国家标准的，按照推荐性国家标准履行；没有推荐性国家标准的，按照行业标准履行；没有国家标准、行业标准的，按照通常标准或者符合合同目的的特定标准履行。

（二）价款或者报酬不明确的，按照订立合同时履行地的市场价格履行；依法应当执行政府定价或者政府指导价的，依照规定履行。

（三）履行地点不明确，给付货币的，在接受货币一方所在地履行；交付不动产的，在不动产所在地履行；其他标的，在履行义务一方所在地履行。

（四）履行期限不明确的，债务人可以随时履行，债权人也可以随时请求履行，但是应当给对方必要的准备时间。

（五）履行方式不明确的，按照有利于实现合同目的的方式履行。

（六）履行费用的负担不明确的，由履行义务一方负担；因债权人原因增加的履行费用，由债权人负担。

第五百一十二条　通过互联网等信息网络订立的电子合同的标的为交付商品并采用快递物流方式交付的，收货人的签收时间为交付时间。电子合同的标的为提供服务的，生成的电子凭证或者实物凭证中载明的时间为提供服务时间；前述凭证没有载明时间或者载明时间与实际提供服务时间不一致的，以实际提供服务的时间为准。

电子合同的标的物为采用在线传输方式交付的，合同标的物进入对方当事人指定的特定系统且能够检索识别的时间为交付时间。

电子合同当事人对交付商品或者提供服务的方式、时间另有约定的，按照其约定。

第五百一十三条　执行政府定价或者政府指导价的，在合同约定的交付期限内政府价格调整时，按照交付时的价格计价。逾期交付标的物的，遇价格上涨时，按照原价格执行；价格下降时，按照新价格执行。逾期提取标的物或者逾期付款的，遇价格上涨时，按照新价格执行；价格下降时，按照原价格执行。

第五百一十四条　以支付金钱为内容的债，除法律另有规定或者当事人另有约定外，债权人可以请求债务人以实际履行地的法定货币履行。

第五百一十五条　标的有多项而债务人只需履行其中一项的，债务人享有选择权；但是，法律另有规定、当事人另有约定或者另有交易习惯的除外。

享有选择权的当事人在约定期限内或者履行期限届满未作选择，经催告后在合理期限内仍未选择的，选择权转移至对方。

第五百一十六条　当事人行使选择权应当及时通知对方，通知到达对方时，标的确定。标的确定后不得变更，但是经对方同意的除外。

可选择的标的发生不能履行情形的，享有选择权的当事人不得选择不能履行的标的，但是该不能履行的情形是由对方造成的除外。

第五百一十七条　债权人为二人以上，标的可分，按照份额各自享有债权的，为按份债权；债务人为二人以上，标的可分，按照份额各自负担债务的，为按份债务。

按份债权人或者按份债务人的份额难以确定的，视为份额相同。

第五百一十八条　债权人为二人以上，部分或者全部债权人均可以请求债务人履行债务的，为连带债权；债务人为二人以上，债权人可以请求部分或者全部债务人履行全部债务的，为连带债务。

连带债权或者连带债务，由法律规定或者当事人约定。

第五百一十九条　连带债务人之间的份额难以确定的，视为份额相同。

实际承担债务超过自己份额的连带债务人，有权就超出部分在其他连带债务人未履行的份额范围内向其追偿，并相应地享有债权人的权利，但是不得损害债权人的利益。其他连带债务人对债权人的抗辩，可以向该债务人主张。

被追偿的连带债务人不能履行其应分担份额的，其他连带债务人应当在相应范围内按比例分担。

第五百二十条　部分连带债务人履行、抵销债务或者提存标的物的，其他债务人对债权人的债务在相应范围内消灭；该债务人可以依据前条规定向其他债务人追偿。

部分连带债务人的债务被债权人免除的，在该连带债务人应当承担的份额范围内，其他债务人对债权人的债务消灭。

部分连带债务人的债务与债权人的债权同归于一人的，在扣除该债务人应当承担的份额后，债权人对其他债务人的债权继续存在。

债权人对部分连带债务人的给付受领迟延的，对其他连带债务人发生效力。

第五百二十一条　连带债权人之间的份额难以确定的，视为份额相同。

实际受领债权的连带债权人，应当按比例向其他连带债权人返还。

连带债权参照适用本章连带债务的有关规定。

第五百二十二条　当事人约定由债务人向第三人履行债务，债务人未向第三人履行债务或者履行债务不符合约定的，应当向债权人承担违约责任。

法律规定或者当事人约定第三人可以直接请求债务人向其履行债务，第三人未在合理期限内明确拒绝，债务人未向第三人履行债务或者履行债务不符合约定的，第三人可以请求债务人承担违约责任；债务人对债权人的抗辩，可以向第三人主张。

第五百二十三条　当事人约定由第三人向债权人履行债务，第三人不履行债务或者履行债务不符合约定的，债务人应当向债权人承担违约责任。

第五百二十四条　债务人不履行债务，第三人对履行该债务具有合法利益的，第三人有权向债权人代为履行；但是，根据债务性质、按照当事人约定或者依照法律规定只能由债务人履行的除外。

债权人接受第三人履行后，其对债务人的债权转让给第三人，但是债务人和第三人另有约定的除外。

第五百二十五条　当事人互负债务，没有先后履行顺序的，应当同时履行。一方在对方履行之前有权拒绝其履行请求。一方在对方履行债务不符合约定时，有权拒绝其相应的履行请求。

第五百二十六条　当事人互负债务，有先后履行顺序，应当先履行债务一方未履行的，后履行一方有权拒绝其履行请求。先履行一方履行债务不符合约定的，后履行一方有权拒绝其相应的履行请求。

第五百二十七条　应当先履行债务的当事人，有确切证据证明对方有下列情形之一的，可以中止履行：

（一）经营状况严重恶化；

（二）转移财产、抽逃资金，以逃避债务；

（三）丧失商业信誉；

（四）有丧失或者可能丧失履行债务能力的其他情形。

当事人没有确切证据中止履行的，应当承担违约责任。

第五百二十八条　当事人依据前条规定中止履行的，应当及时通知对方。对方提供适当担保的，应当恢复履行。中止履行后，对方在合理期限内未恢复履行能力且未提供适当担保的，视为以自己的行为表明不履行主要债务，中止履行的一方可以解除合同并可以请求对方承担违约责任。

第五百二十九条　债权人分立、合并或者变更住所没有通知债务人，致使履行债务发生困难的，债务人可以中止履行或者将标的物提存。

第五百三十条　债权人可以拒绝债务人提前履行债务，但是提前履行不损害债权人利益的除外。

债务人提前履行债务给债权人增加的费用，由债务人负担。

第五百三十一条　债权人可以拒绝债务人部分履行债务，但是部分履行不损害债权人利益的除外。

债务人部分履行债务给债权人增加的费用，由债务人负担。

第五百三十二条　合同生效后，当事人不得因姓名、名称的变更或者法定代表人、负责人、承办人的变动而不履行合同义务。

第五百三十三条　合同成立后，合同的基础条件发生了当事人在订立合同时无法预见的、不属于商业风险的重大变化，继续履行合同对于当事人一方明显不公平的，受不利影响的当事人可以与对方重新协商；在合理期限内协商不成的，当事人可以请求人民法院或者仲裁机构变更或者解除合同。

人民法院或者仲裁机构应当结合案件的实际情况，根据公平原则变更或者解除合同。

第五百三十四条　对当事人利用合同实施危害国家利益、社会公共利益行为的，市场监督管理和其他有关行政主管部门依照法律、行政法规的规定负责监督处理。

**第五章　合同的保全**

第五百三十五条　因债务人怠于行使其债权或者与该债权有关的从权利，影响债权人的到期债权实现的，债权人可以向人民法院请求以自己的名义代位行使债务人对相对人的权利，但是该权利专属于债务人自身的除外。

代位权的行使范围以债权人的到期债权为限。债权人行使代位权的必要费用，由债务人负担。

相对人对债务人的抗辩，可以向债权人主张。

第五百三十六条　债权人的债权到期前，债务人的债权或者与该债权有关的从权利存在诉讼时效期间即将届满或者未及时申报破产债权等情形，影响债权人的债权实现的，债权人可以代位向债务人的相对人请求其向债务人履行、向破产管理人申报或者作出其他必要的行为。

第五百三十七条　人民法院认定代位权成立的，由债务人的相对人向债权人履行义务，债权人接受履行后，债权人与债务人、债务人与相对人之间相应的权利义务终止。债务人对相对人的债权或者与该债权有关的从权利被采取保全、执行措施，或者债务人破产的，依照相关法律的规定处理。

第五百三十八条　债务人以放弃其债权、放弃债权担保、无偿转让财产等方式无偿处分财产权益，或者恶意延长其到期债权的履行期限，影响债权人的债权实现的，债权人可以请求人民法院撤销债务人的行为。

第五百三十九条　债务人以明显不合理的低价转让财产、以明显不合理的高价受让他人财产或者为他人的债务提供担保，影响债权人的债权实现，债务人的相对人知道或者应当知道该情形的，债权人可以请求人民法院撤销债务人的行为。

第五百四十条　撤销权的行使范围以债权人的债权为限。债权人行使撤销权的必要费用，由债务人负担。

第五百四十一条　撤销权自债权人知道或者应当知道撤销事由之日起一年内行使。自债务人的行为发生之日起五年内没有行使撤销权的，该撤销权消灭。

第五百四十二条　债务人影响债权人的债权实现的行为被撤销的，自始没有法律约束力。

## 第六章　合同的变更和转让

第五百四十三条　当事人协商一致，可以变更合同。

第五百四十四条　当事人对合同变更的内容约定不明确的，推定为未变更。

第五百四十五条　债权人可以将债权的全部或者部分转让给第三人，但是有下列情形之一的除外：

（一）根据债权性质不得转让；

（二）按照当事人约定不得转让；

（三）依照法律规定不得转让。

当事人约定非金钱债权不得转让的，不得对抗善意第三人。当事人约定金钱债权不得转让的，不得对抗第三人。

第五百四十六条　债权人转让债权，未通知债务人的，该转让对债务人不发生效力。

债权转让的通知不得撤销，但是经受让人同意的除外。

第五百四十七条　债权人转让债权的，受让人取得与债权有关的从权利，但是该从权利专属于债权人自身的除外。

受让人取得从权利不因该从权利未办理转移登记手续或者未转移占有而受到影响。

第五百四十八条　债务人接到债权转让通知后，债务人对让与人的抗辩，可以向受让人主张。

第五百四十九条　有下列情形之一的，债务人可以向受让人主张抵销：

（一）债务人接到债权转让通知时，债务人对让与人享有债权，且债务人的债权先于转让的债权到期或者同时到期；

（二）债务人的债权与转让的债权是基于同一合同产生。

第五百五十条　因债权转让增加的履行费用，由让与人负担。

第五百五十一条　债务人将债务的全部或者部分转移给第三人的，

应当经债权人同意。

债务人或者第三人可以催告债权人在合理期限内予以同意，债权人未作表示的，视为不同意。

第五百五十二条　第三人与债务人约定加入债务并通知债权人，或者第三人向债权人表示愿意加入债务，债权人未在合理期限内明确拒绝的，债权人可以请求第三人在其愿意承担的债务范围内和债务人承担连带债务。

第五百五十三条　债务人转移债务的，新债务人可以主张原债务人对债权人的抗辩；原债务人对债权人享有债权的，新债务人不得向债权人主张抵销。

第五百五十四条　债务人转移债务的，新债务人应当承担与主债务有关的从债务，但是该从债务专属于原债务人自身的除外。

第五百五十五条　当事人一方经对方同意，可以将自己在合同中的权利和义务一并转让给第三人。

第五百五十六条　合同的权利和义务一并转让的，适用债权转让、债务转移的有关规定。

## 第七章　合同的权利义务终止

第五百五十七条　有下列情形之一的，债权债务终止：

（一）债务已经履行；

（二）债务相互抵销；

（三）债务人依法将标的物提存；

（四）债权人免除债务；

（五）债权债务同归于一人；

（六）法律规定或者当事人约定终止的其他情形。

合同解除的，该合同的权利义务关系终止。

第五百五十八条　债权债务终止后，当事人应当遵循诚信等原则，根据交易习惯履行通知、协助、保密、旧物回收等义务。

第五百五十九条　债权债务终止时，债权的从权利同时消灭，但是法律另有规定或者当事人另有约定的除外。

第五百六十条　债务人对同一债权人负担的数项债务种类相同，债务人的给付不足以清偿全部债务的，除当事人另有约定外，由债务人在清偿时指定其履行的债务。

债务人未作指定的，应当优先履行已经到期的债务；数项债务均到期的，优先履行对债权人缺乏担保或者担保最少的债务；均无担保或者担保相等的，优先履行债务人负担较重的债务；负担相同的，按照债务到期的先后顺序履行；到期时间相同的，按照债务比例履行。

第五百六十一条　债务人在履行主债务外还应当支付利息和实现债权的有关费用，其给付不足以清偿全部债务的，除当事人另有约定外，应当按照下列顺序履行：

（一）实现债权的有关费用；

（二）利息；

（三）主债务。

第五百六十二条　当事人协商一致，可以解除合同。

当事人可以约定一方解除合同的事由。解除合同的事由发生时，解除权人可以解除合同。

第五百六十三条　有下列情形之一的，当事人可以解除合同：

（一）因不可抗力致使不能实现合同目的；

（二）在履行期限届满前，当事人一方明确表示或者以自己的行为表明不履行主要债务；

（三）当事人一方迟延履行主要债务，经催告后在合理期限内仍未履行；

（四）当事人一方迟延履行债务或者有其他违约行为致使不能实现合同目的；

（五）法律规定的其他情形。

以持续履行的债务为内容的不定期合同，当事人可以随时解除合同，但是应当在合理期限之前通知对方。

第五百六十四条　法律规定或者当事人约定解除权行使期限，期限届满当事人不行使的，该权利消灭。

法律没有规定或者当事人没有约定解除权行使期限，自解除权人知道或者应当知道解除事由之日起一年内不行使，或者经对方催告后在合理期限内不行使的，该权利消灭。

第五百六十五条　当事人一方依法主张解除合同的，应当通知对方。合同自通知到达对方时解除；通知载明债务人在一定期限内不履行债务则合同自动解除，债务人在该期限内未履行债务的，合同自通知载明的期限届满时解除。对方对解除合同有异议的，任何一方当事人均可以请求人民法院或者仲裁机构确认解除行为的效力。

当事人一方未通知对方，直接以提起诉讼或者申请仲裁的方式依法主张解除合同，人民法院或者仲裁机构确认该主张的，合同自起诉状副本或者仲裁申请书副本送达对方时解除。

第五百六十六条　合同解除后，尚未履行的，终止履行；已经履行的，根据履行情况和合同性质，当事人可以请求恢复原状或者采取其他补救措施，并有权请求赔偿损失。

合同因违约解除的，解除权人可以请求违约方承担违约责任，但是当事人另有约定的除外。

主合同解除后，担保人对债务人应当承担的民事责任仍应当承担担保责任，但是担保合同另有约定的除外。

第五百六十七条　合同的权利义务关系终止，不影响合同中结算和清理条款的效力。

第五百六十八条　当事人互负债务，该债务的标的物种类、品质相同的，任何一方可以将自己的债务与对方的到期债务抵销；但是，根据债务性质、按照当事人约定或者依照法律规定不得抵销的除外。

当事人主张抵销的，应当通知对方。通知自到达对方时生效。抵销不得附条件或者附期限。

第五百六十九条　当事人互负债务，标的物种类、品质不相同的，经协商一致，也可以抵销。

第五百七十条　有下列情形之一，难以履行债务的，债务人可以将标的物提存：

（一）债权人无正当理由拒绝受领；

（二）债权人下落不明；

（三）债权人死亡未确定继承人、遗产管理人，或者丧失民事行为能力未确定监护人；

（四）法律规定的其他情形。

标的物不适于提存或者提存费用过高的，债务人依法可以拍卖或者变卖标的物，提存所得的价款。

第五百七十一条　债务人将标的物或者将标的物依法拍卖、变卖所得价款交付提存部门时，提存成立。

提存成立的，视为债务人在其提存范围内已经交付标的物。

第五百七十二条　标的物提存后，债务人应当及时通知债权人或者债权人的继承人、遗产管理人、监护人、财产代管人。

第五百七十三条　标的物提存后，毁损、灭失的风险由债权人承担。提存期间，标的物的孳息归债权人所有。提存费用由债权人负担。

第五百七十四条　债权人可以随时领取提存物。但是，债权人对债务人负有到期债务的，在债权人未履行债务或者提供担保之前，提存部门根据债务人的要求应当拒绝其领取提存物。

债权人领取提存物的权利，自提存之日起五年内不行使而消灭，提存物扣除提存费用后归国家所有。但是，债权人未履行对债务人的到期债务，或者债权人向提存部门书面表示放弃领取提存物权利的，债务人负担提存费用后有权取回提存物。

第五百七十五条　债权人免除债务人部分或者全部债务的，债权债务部分或者全部终止，但是债务人在合理期限内拒绝的除外。

第五百七十六条　债权和债务同归于一人的，债权债务终止，但是损害第三人利益的除外。

## 第八章　违约责任

第五百七十七条　当事人一方不履行合同义务或者履行合同义务不符合约定的，应当承担继续履行、采取补救措施或者赔偿损失等违约责任。

第五百七十八条　当事人一方明确表示或者以自己的行为表明不履行合同义务的，对方可以在履行期限届满前请求其承担违约责任。

第五百七十九条　当事人一方未支付价款、报酬、租金、利息，或者不履行其他金钱债务的，对方可以请求其支付。

第五百八十条　当事人一方不履行非金钱债务或者履行非金钱债务不符合约定的，对方可以请求履行，但是有下列情形之一的除外：

（一）法律上或者事实上不能履行；

（二）债务的标的不适于强制履行或者履行费用过高；

（三）债权人在合理期限内未请求履行。

有前款规定的除外情形之一，致使不能实现合同目的的，人民法院或者仲裁机构可以根据当事人的请求终止合同权利义务关系，但是不影响违约责任的承担。

第五百八十一条　当事人一方不履行债务或者履行债务不符合约定，根据债务的性质不得强制履行的，对方可以请求其负担由第三人替代履行的费用。

第五百八十二条　履行不符合约定的，应当按照当事人的约定承担违约责任。对违约责任没有约定或者约定不明确，依据本法第五百一十条的规定仍不能确定的，受损害方根据标的的性质以及损失的大小，可以合理选择请求对方承担修理、重作、更换、退货、减少价款或者报酬等违约责任。

第五百八十三条　当事人一方不履行合同义务或者履行合同义务不符合约定的，在履行义务或者采取补救措施后，对方还有其他损失的，应当赔偿损失。

第五百八十四条　当事人一方不履行合同义务或者履行合同义务不符合约定，造成对方损失的，损失赔偿额应当相当于因违约所造成的损失，包括合同履行后可以获得的利益；但是，不得超过违约一方订立合同时预见到或者应当预见到的因违约可能造成的损失。

第五百八十五条　当事人可以约定一方违约时应当根据违约情况向对方支付一定数额的违约金，也可以约定因违约产生的损失赔偿额的计算方法。

约定的违约金低于造成的损失的，人民法院或者仲裁机构可以根据当事人的请求予以增加；约定的违约金过分高于造成的损失的，人民法院或者仲裁机构可以根据当事人的请求予以适当减少。

当事人就迟延履行约定违约金的，违约方支付违约金后，还应当履行债务。

第五百八十六条　当事人可以约定一方向对方给付定金作为债权的担保。定金合同自实际交付定金时成立。

定金的数额由当事人约定；但是，不得超过主合同标的额的百分之二十，超过部分不产生定金的效力。实际交付的定金数额多于或者少于约定数额的，视为变更约定的定金数额。

第五百八十七条　债务人履行债务的，定金应当抵作价款或者收回。给付定金的一方不履行债务或者履行债务不符合约定，致使不能实现合同目的的，无权请求返还定金；收受定金的一方不履行债务或者履行债务不符合约定，致使不能实现合同目的的，应当双倍返还定金。

第五百八十八条　当事人既约定违约金，又约定定金的，一方违约时，对方可以选择适用违约金或者定金条款。

定金不足以弥补一方违约造成的损失的，对方可以请求赔偿超过定金数额的损失。

第五百八十九条　债务人按照约定履行债务，债权人无正当理由拒绝受领的，债务人可以请求债权人赔偿增加的费用。

在债权人受领迟延期间，债务人无须支付利息。

第五百九十条　当事人一方因不可抗力不能履行合同的，根据不可抗力的影响，部分或者全部免除责任，但是法律另有规定的除外。因不可抗力不能履行合同的，应当及时通知对方，以减轻可能给对方造成的损失，并应当在合理期限内提供证明。

当事人迟延履行后发生不可抗力的，不免除其违约责任。

第五百九十一条　当事人一方违约后，对方应当采取适当措施防止损失的扩大；没有采取适当措施致使损失扩大的，不得就扩大的损失请求赔偿。

当事人因防止损失扩大而支出的合理费用，由违约方负担。

第五百九十二条　当事人都违反合同的，应当各自承担相应的责任。

当事人一方违约造成对方损失，对方对损失的发生有过错的，可以减少相应的损失赔偿额。

第五百九十三条　当事人一方因第三人的原因造成违约的，应当依法向对方承担违约责任。当事人一方和第三人之间的纠纷，依照法律规定或者按照约定处理。

第五百九十四条　因国际货物买卖合同和技术进出口合同争议提起诉讼或者申请仲裁的时效期间为四年。

**第二分编　典型合同**

**第十三章　保证合同**

**第一节　一般规定**

第六百八十一条　保证合同是为保障债权的实现，保证人和债权人约定，当债务人不履行到期债务或者发生当事人约定的情形时，保证人履行债务或者承担责任的合同。

第六百八十二条　保证合同是主债权债务合同的从合同。主债权债务合同无效的，保证合同无效，但是法律另有规定的除外。

保证合同被确认无效后，债务人、保证人、债权人有过错的，应当根据其过错各自承担相应的民事责任。

第六百八十三条　机关法人不得为保证人，但是经国务院批准为使用外国政府或者国际经济组织贷款进行转贷的除外。

以公益为目的的非营利法人、非法人组织不得为保证人。

第六百八十四条　保证合同的内容一般包括被保证的主债权的种类、数额，债务人履行债务的期限，保证的方式、范围和期间等条款。

第六百八十五条　保证合同可以是单独订立的书面合同，也可以是主债权债务合同中的保证条款。

第三人单方以书面形式向债权人作出保证，债权人接收且未提出异议的，保证合同成立。

第六百八十六条　保证的方式包括一般保证和连带责任保证。

当事人在保证合同中对保证方式没有约定或者约定不明确的，按照一般保证承担保证责任。

第六百八十七条　当事人在保证合同中约定，债务人不能履行债务时，由保证人承担保证责任的，为一般保证。

一般保证的保证人在主合同纠纷未经审判或者仲裁，并就债务人财产依法强制执行仍不能履行债务前，有权拒绝向债权人承担保证责任，但是有下列情形之一的除外：

（一）债务人下落不明，且无财产可供执行；

（二）人民法院已经受理债务人破产案件；

（三）债权人有证据证明债务人的财产不足以履行全部债务或者丧失履行债务能力；

（四）保证人书面表示放弃本款规定的权利。

第六百八十八条　当事人在保证合同中约定保证人和债务人对债务

承担连带责任的，为连带责任保证。

连带责任保证的债务人不履行到期债务或者发生当事人约定的情形时，债权人可以请求债务人履行债务，也可以请求保证人在其保证范围内承担保证责任。

第六百八十九条　保证人可以要求债务人提供反担保。

第六百九十条　保证人与债权人可以协商订立最高额保证的合同，约定在最高债权额限度内就一定期间连续发生的债权提供保证。

最高额保证除适用本章规定外，参照适用本法第二编最高额抵押权的有关规定。

**第二节　保证责任**

第六百九十一条　保证的范围包括主债权及其利息、违约金、损害赔偿金和实现债权的费用。当事人另有约定的，按照其约定。

第六百九十二条　保证期间是确定保证人承担保证责任的期间，不发生中止、中断和延长。

债权人与保证人可以约定保证期间，但是约定的保证期间早于主债务履行期限或者与主债务履行期限同时届满的，视为没有约定；没有约定或者约定不明确的，保证期间为主债务履行期限届满之日起六个月。

债权人与债务人对主债务履行期限没有约定或者约定不明确的，保证期间自债权人请求债务人履行债务的宽限期届满之日起计算。

第六百九十三条　一般保证的债权人未在保证期间对债务人提起诉讼或者申请仲裁的，保证人不再承担保证责任。

连带责任保证的债权人未在保证期间请求保证人承担保证责任的，保证人不再承担保证责任。

第六百九十四条　一般保证的债权人在保证期间届满前对债务人提起诉讼或者申请仲裁的，从保证人拒绝承担保证责任的权利消灭之日起，开始计算保证债务的诉讼时效。

连带责任保证的债权人在保证期间届满前请求保证人承担保证责任

的，从债权人请求保证人承担保证责任之日起，开始计算保证债务的诉讼时效。

第六百九十五条　债权人和债务人未经保证人书面同意，协商变更主债权债务合同内容，减轻债务的，保证人仍对变更后的债务承担保证责任；加重债务的，保证人对加重的部分不承担保证责任。

债权人和债务人变更主债权债务合同的履行期限，未经保证人书面同意的，保证期间不受影响。

第六百九十六条　债权人转让全部或者部分债权，未通知保证人的，该转让对保证人不发生效力。

保证人与债权人约定禁止债权转让，债权人未经保证人书面同意转让债权的，保证人对受让人不再承担保证责任。

第六百九十七条　债权人未经保证人书面同意，允许债务人转移全部或者部分债务，保证人对未经其同意转移的债务不再承担保证责任，但是债权人和保证人另有约定的除外。

第三人加入债务的，保证人的保证责任不受影响。

第六百九十八条　一般保证的保证人在主债务履行期限届满后，向债权人提供债务人可供执行财产的真实情况，债权人放弃或者怠于行使权利致使该财产不能被执行的，保证人在其提供可供执行财产的价值范围内不再承担保证责任。

第六百九十九条　同一债务有两个以上保证人的，保证人应当按照保证合同约定的保证份额，承担保证责任；没有约定保证份额的，债权人可以请求任何一个保证人在其保证范围内承担保证责任。

第七百条　保证人承担保证责任后，除当事人另有约定外，有权在其承担保证责任的范围内向债务人追偿，享有债权人对债务人的权利，但是不得损害债权人的利益。

第七百零一条　保证人可以主张债务人对债权人的抗辩。债务人放弃抗辩的，保证人仍有权向债权人主张抗辩。

第七百零二条　债务人对债权人享有抵销权或者撤销权的，保证人可以在相应范围内拒绝承担保证责任。

## 第四编　人格权

### 第一章　一般规定

第九百八十九条　本编调整因人格权的享有和保护产生的民事关系。

第九百九十条　人格权是民事主体享有的生命权、身体权、健康权、姓名权、名称权、肖像权、名誉权、荣誉权、隐私权等权利。

除前款规定的人格权外，自然人享有基于人身自由、人格尊严产生的其他人格权益。

第九百九十一条　民事主体的人格权受法律保护，任何组织或者个人不得侵害。

第九百九十二条　人格权不得放弃、转让或者继承。

第九百九十三条　民事主体可以将自己的姓名、名称、肖像等许可他人使用，但是依照法律规定或者根据其性质不得许可的除外。

第九百九十四条　死者的姓名、肖像、名誉、荣誉、隐私、遗体等受到侵害的，其配偶、子女、父母有权依法请求行为人承担民事责任；死者没有配偶、子女且父母已经死亡的，其他近亲属有权依法请求行为人承担民事责任。

第九百九十五条　人格权受到侵害的，受害人有权依照本法和其他法律的规定请求行为人承担民事责任。受害人的停止侵害、排除妨碍、消除危险、消除影响、恢复名誉、赔礼道歉请求权，不适用诉讼时效的规定。

第九百九十六条　因当事人一方的违约行为，损害对方人格权并造成严重精神损害，受损害方选择请求其承担违约责任的，不影响受损害方请求精神损害赔偿。

第九百九十七条　民事主体有证据证明行为人正在实施或者即将实

施侵害其人格权的违法行为，不及时制止将使其合法权益受到难以弥补的损害的，有权依法向人民法院申请采取责令行为人停止有关行为的措施。

第九百九十八条　认定行为人承担侵害除生命权、身体权和健康权外的人格权的民事责任，应当考虑行为人和受害人的职业、影响范围、过错程度，以及行为的目的、方式、后果等因素。

第九百九十九条　为公共利益实施新闻报道、舆论监督等行为的，可以合理使用民事主体的姓名、名称、肖像、个人信息等；使用不合理侵害民事主体人格权的，应当依法承担民事责任。

第一千条　行为人因侵害人格权承担消除影响、恢复名誉、赔礼道歉等民事责任的，应当与行为的具体方式和造成的影响范围相当。

行为人拒不承担前款规定的民事责任的，人民法院可以采取在报刊、网络等媒体上发布公告或者公布生效裁判文书等方式执行，产生的费用由行为人负担。

第一千零一条　对自然人因婚姻家庭关系等产生的身份权利的保护，适用本法第一编、第五编和其他法律的相关规定；没有规定的，可以根据其性质参照适用本编人格权保护的有关规定。

**第二章　生命权、身体权和健康权**

第一千零二条　自然人享有生命权。自然人的生命安全和生命尊严受法律保护。任何组织或者个人不得侵害他人的生命权。

第一千零三条　自然人享有身体权。自然人的身体完整和行动自由受法律保护。任何组织或者个人不得侵害他人的身体权。

第一千零四条　自然人享有健康权。自然人的身心健康受法律保护。任何组织或者个人不得侵害他人的健康权。

第一千零五条　自然人的生命权、身体权、健康权受到侵害或者处于其他危难情形的，负有法定救助义务的组织或者个人应当及时施救。

第一千零六条　完全民事行为能力人有权依法自主决定无偿捐献其

人体细胞、人体组织、人体器官、遗体。任何组织或者个人不得强迫、欺骗、利诱其捐献。

完全民事行为能力人依据前款规定同意捐献的，应当采用书面形式，也可以订立遗嘱。

自然人生前未表示不同意捐献的，该自然人死亡后，其配偶、成年子女、父母可以共同决定捐献，决定捐献应当采用书面形式。

第一千零七条　禁止以任何形式买卖人体细胞、人体组织、人体器官、遗体。

违反前款规定的买卖行为无效。

第一千零八条　为研制新药、医疗器械或者发展新的预防和治疗方法，需要进行临床试验的，应当依法经相关主管部门批准并经伦理委员会审查同意，向受试者或者受试者的监护人告知试验目的、用途和可能产生的风险等详细情况，并经其书面同意。

进行临床试验的，不得向受试者收取试验费用。

第一千零九条　从事与人体基因、人体胚胎等有关的医学和科研活动，应当遵守法律、行政法规和国家有关规定，不得危害人体健康，不得违背伦理道德，不得损害公共利益。

第一千零一十条　违背他人意愿，以言语、文字、图像、肢体行为等方式对他人实施性骚扰的，受害人有权依法请求行为人承担民事责任。

机关、企业、学校等单位应当采取合理的预防、受理投诉、调查处置等措施，防止和制止利用职权、从属关系等实施性骚扰。

第一千零一十一条　以非法拘禁等方式剥夺、限制他人的行动自由，或者非法搜查他人身体的，受害人有权依法请求行为人承担民事责任。

第三章 姓名权和名称权

第一千零一十二条　自然人享有姓名权，有权依法决定、使用、变更或者许可他人使用自己的姓名，但是不得违背公序良俗。

第一千零一十三条　法人、非法人组织享有名称权，有权依法决定、使用、变更、转让或者许可他人使用自己的名称。

第一千零一十四条　任何组织或者个人不得以干涉、盗用、假冒等方式侵害他人的姓名权或者名称权。

第一千零一十五条　自然人应当随父姓或者母姓，但是有下列情形之一的，可以在父姓和母姓之外选取姓氏：

（一）选取其他直系长辈血亲的姓氏；

（二）因由法定扶养人以外的人扶养而选取扶养人姓氏；

（三）有不违背公序良俗的其他正当理由。

少数民族自然人的姓氏可以遵从本民族的文化传统和风俗习惯。

第一千零一十六条　自然人决定、变更姓名，或者法人、非法人组织决定、变更、转让名称的，应当依法向有关机关办理登记手续，但是法律另有规定的除外。

民事主体变更姓名、名称的，变更前实施的民事法律行为对其具有法律约束力。

第一千零一十七条　具有一定社会知名度，被他人使用足以造成公众混淆的笔名、艺名、网名、译名、字号、姓名和名称的简称等，参照适用姓名权和名称权保护的有关规定。

**第四章　肖像权**

第一千零一十八条　自然人享有肖像权，有权依法制作、使用、公开或者许可他人使用自己的肖像。

肖像是通过影像、雕塑、绘画等方式在一定载体上所反映的特定自然人可以被识别的外部形象。

第一千零一十九条　任何组织或者个人不得以丑化、污损，或者利用信息技术手段伪造等方式侵害他人的肖像权。未经肖像权人同意，不得制作、使用、公开肖像权人的肖像，但是法律另有规定的除外。

未经肖像权人同意，肖像作品权利人不得以发表、复制、发行、出租、展览等方式使用或者公开肖像权人的肖像。

第一千零二十条　合理实施下列行为的，可以不经肖像权人同意：

（一）为个人学习、艺术欣赏、课堂教学或者科学研究，在必要范围内使用肖像权人已经公开的肖像；

（二）为实施新闻报道，不可避免地制作、使用、公开肖像权人的肖像；

（三）为依法履行职责，国家机关在必要范围内制作、使用、公开肖像权人的肖像；

（四）为展示特定公共环境，不可避免地制作、使用、公开肖像权人的肖像；

（五）为维护公共利益或者肖像权人合法权益，制作、使用、公开肖像权人的肖像的其他行为。

第一千零二十一条　当事人对肖像许可使用合同中关于肖像使用条款的理解有争议的，应当作出有利于肖像权人的解释。

第一千零二十二条　当事人对肖像许可使用期限没有约定或者约定不明确的，任何一方当事人可以随时解除肖像许可使用合同，但是应当在合理期限之前通知对方。

当事人对肖像许可使用期限有明确约定，肖像权人有正当理由的，可以解除肖像许可使用合同，但是应当在合理期限之前通知对方。因解除合同造成对方损失的，除不可归责于肖像权人的事由外，应当赔偿损失。

第一千零二十三条　对姓名等的许可使用，参照适用肖像许可使用的有关规定。

对自然人声音的保护，参照适用肖像权保护的有关规定。

**第五章　名誉权和荣誉权**

第一千零二十四条　民事主体享有名誉权。任何组织或者个人不得以侮辱、诽谤等方式侵害他人的名誉权。

名誉是对民事主体的品德、声望、才能、信用等的社会评价。

第一千零二十五条　行为人为公共利益实施新闻报道、舆论监督等行为，影响他人名誉的，不承担民事责任，但是有下列情形之一的除外：

（一）捏造、歪曲事实；

（二）对他人提供的严重失实内容未尽到合理核实义务；

（三）使用侮辱性言辞等贬损他人名誉。

第一千零二十六条　认定行为人是否尽到前条第二项规定的合理核实义务，应当考虑下列因素：

（一）内容来源的可信度；

（二）对明显可能引发争议的内容是否进行了必要的调查；

（三）内容的时限性；

（四）内容与公序良俗的关联性；

（五）受害人名誉受贬损的可能性；

（六）核实能力和核实成本。

第一千零二十七条　行为人发表的文学、艺术作品以真人真事或者特定人为描述对象，含有侮辱、诽谤内容，侵害他人名誉权的，受害人有权依法请求该行为人承担民事责任。

行为人发表的文学、艺术作品不以特定人为描述对象，仅其中的情节与该特定人的情况相似的，不承担民事责任。

第一千零二十八条　民事主体有证据证明报刊、网络等媒体报道的内容失实，侵害其名誉权的，有权请求该媒体及时采取更正或者删除等必要措施。

第一千零二十九条　民事主体可以依法查询自己的信用评价；发现信用评价不当的，有权提出异议并请求采取更正、删除等必要措施。信用评价人应当及时核查，经核查属实的，应当及时采取必要措施。

第一千零三十条　民事主体与征信机构等信用信息处理者之间的关系，适用本编有关个人信息保护的规定和其他法律、行政法规的有关规定。

第一千零三十一条　民事主体享有荣誉权。任何组织或者个人不得非法剥夺他人的荣誉称号，不得诋毁、贬损他人的荣誉。

获得的荣誉称号应当记载而没有记载的，民事主体可以请求记载；

获得的荣誉称号记载错误的，民事主体可以请求更正。

## 第六章　隐私权和个人信息保护

第一千零三十二条　自然人享有隐私权。任何组织或者个人不得以刺探、侵扰、泄露、公开等方式侵害他人的隐私权。

隐私是自然人的私人生活安宁和不愿为他人知晓的私密空间、私密活动、私密信息。

第一千零三十三条　除法律另有规定或者权利人明确同意外，任何组织或者个人不得实施下列行为：

（一）以电话、短信、即时通讯工具、电子邮件、传单等方式侵扰他人的私人生活安宁；

（二）进入、拍摄、窥视他人的住宅、宾馆房间等私密空间；

（三）拍摄、窥视、窃听、公开他人的私密活动；

（四）拍摄、窥视他人身体的私密部位；

（五）处理他人的私密信息；

（六）以其他方式侵害他人的隐私权。

第一千零三十四条　自然人的个人信息受法律保护。

个人信息是以电子或者其他方式记录的能够单独或者与其他信息结合识别特定自然人的各种信息，包括自然人的姓名、出生日期、身份证件号码、生物识别信息、住址、电话号码、电子邮箱、健康信息、行踪信息等。

个人信息中的私密信息，适用有关隐私权的规定；没有规定的，适用有关个人信息保护的规定。

第一千零三十五条　处理个人信息的，应当遵循合法、正当、必要原则，不得过度处理，并符合下列条件：

（一）征得该自然人或者其监护人同意，但是法律、行政法规另有规定的除外；

（二）公开处理信息的规则；

（三）明示处理信息的目的、方式和范围；

（四）不违反法律、行政法规的规定和双方的约定。

个人信息的处理包括个人信息的收集、存储、使用、加工、传输、提供、公开等。

第一千零三十六条　处理个人信息，有下列情形之一的，行为人不承担民事责任：

（一）在该自然人或者其监护人同意的范围内合理实施的行为；

（二）合理处理该自然人自行公开的或者其他已经合法公开的信息，但是该自然人明确拒绝或者处理该信息侵害其重大利益的除外；

（三）为维护公共利益或者该自然人合法权益，合理实施的其他行为。

第一千零三十七条　自然人可以依法向信息处理者查阅或者复制其个人信息；发现信息有错误的，有权提出异议并请求及时采取更正等必要措施。

自然人发现信息处理者违反法律、行政法规的规定或者双方的约定处理其个人信息的，有权请求信息处理者及时删除。

第一千零三十八条　信息处理者不得泄露或者篡改其收集、存储的个人信息；未经自然人同意，不得向他人非法提供其个人信息，但是经过加工无法识别特定个人且不能复原的除外。

信息处理者应当采取技术措施和其他必要措施，确保其收集、存储的个人信息安全，防止信息泄露、篡改、丢失；发生或者可能发生个人信息泄露、篡改、丢失的，应当及时采取补救措施，按照规定告知自然人并向有关主管部门报告。

第一千零三十九条　国家机关、承担行政职能的法定机构及其工作人员对于履行职责过程中知悉的自然人的隐私和个人信息，应当予以保密，不得泄露或者向他人非法提供。

# 第五编　婚姻家庭

## 第一章　一般规定

第一千零四十条　本编调整因婚姻家庭产生的民事关系。

第一千零四十一条　婚姻家庭受国家保护。

实行婚姻自由、一夫一妻、男女平等的婚姻制度。

保护妇女、未成年人、老年人、残疾人的合法权益。

第一千零四十二条　禁止包办、买卖婚姻和其他干涉婚姻自由的行为。禁止借婚姻索取财物。

禁止重婚。禁止有配偶者与他人同居。

禁止家庭暴力。禁止家庭成员间的虐待和遗弃。

第一千零四十三条　家庭应当树立优良家风，弘扬家庭美德，重视家庭文明建设。

夫妻应当互相忠实，互相尊重，互相关爱；家庭成员应当敬老爱幼，互相帮助，维护平等、和睦、文明的婚姻家庭关系。

第一千零四十四条　收养应当遵循最有利于被收养人的原则，保障被收养人和收养人的合法权益。

禁止借收养名义买卖未成年人。

第一千零四十五条　亲属包括配偶、血亲和姻亲。

配偶、父母、子女、兄弟姐妹、祖父母、外祖父母、孙子女、外孙子女为近亲属。

配偶、父母、子女和其他共同生活的近亲属为家庭成员。

## 第二章　结　婚

第一千零四十六条　结婚应当男女双方完全自愿，禁止任何一方对另一方加以强迫，禁止任何组织或者个人加以干涉。

第一千零四十七条　结婚年龄，男不得早于二十二周岁，女不得早于二十周岁。

第一千零四十八条　直系血亲或者三代以内的旁系血亲禁止结婚。

第一千零四十九条　要求结婚的男女双方应当亲自到婚姻登记机关申请结婚登记。符合本法规定的，予以登记，发给结婚证。完成结婚登记，即确立婚姻关系。未办理结婚登记的，应当补办登记。

第一千零五十条　登记结婚后，按照男女双方约定，女方可以成为男方家庭的成员，男方可以成为女方家庭的成员。

第一千零五十一条　有下列情形之一的，婚姻无效：

（一）重婚；

（二）有禁止结婚的亲属关系；

（三）未到法定婚龄。

第一千零五十二条　因胁迫结婚的，受胁迫的一方可以向人民法院请求撤销婚姻。

请求撤销婚姻的，应当自胁迫行为终止之日起一年内提出。

被非法限制人身自由的当事人请求撤销婚姻的，应当自恢复人身自由之日起一年内提出。

第一千零五十三条　一方患有重大疾病的，应当在结婚登记前如实告知另一方；不如实告知的，另一方可以向人民法院请求撤销婚姻。

请求撤销婚姻的，应当自知道或者应当知道撤销事由之日起一年内提出。

第一千零五十四条　无效的或者被撤销的婚姻自始没有法律约束力，当事人不具有夫妻的权利和义务。同居期间所得的财产，由当事人协议处理；协议不成的，由人民法院根据照顾无过错方的原则判决。对重婚导致的无效婚姻的财产处理，不得侵害合法婚姻当事人的财产权益。当事人所生的子女，适用本法关于父母子女的规定。

婚姻无效或者被撤销的，无过错方有权请求损害赔偿。

## 第三章　家庭关系

### 第一节　夫妻关系

第一千零五十五条　夫妻在婚姻家庭中地位平等。

第一千零五十六条　夫妻双方都有各自使用自己姓名的权利。

第一千零五十七条　夫妻双方都有参加生产、工作、学习和社会活动的自由，一方不得对另一方加以限制或者干涉。

第一千零五十八条　夫妻双方平等享有对未成年子女抚养、教育和保护的权利，共同承担对未成年子女抚养、教育和保护的义务。

第一千零五十九条　夫妻有相互扶养的义务。

需要扶养的一方，在另一方不履行扶养义务时，有要求其给付扶养费的权利。

第一千零六十条　夫妻一方因家庭日常生活需要而实施的民事法律行为，对夫妻双方发生效力，但是夫妻一方与相对人另有约定的除外。

夫妻之间对一方可以实施的民事法律行为范围的限制，不得对抗善意相对人。

第一千零六十一条　夫妻有相互继承遗产的权利。

第一千零六十二条　夫妻在婚姻关系存续期间所得的下列财产，为夫妻的共同财产，归夫妻共同所有：

（一）工资、奖金、劳务报酬；

（二）生产、经营、投资的收益；

（三）知识产权的收益；

（四）继承或者受赠的财产，但是本法第一千零六十三条第三项规定的除外；

（五）其他应当归共同所有的财产。

夫妻对共同财产，有平等的处理权。

第一千零六十三条　下列财产为夫妻一方的个人财产：

（一）一方的婚前财产；

（二）一方因受到人身损害获得的赔偿或者补偿；

（三）遗嘱或者赠与合同中确定只归一方的财产；

（四）一方专用的生活用品；

（五）其他应当归一方的财产。

第一千零六十四条　夫妻双方共同签名或者夫妻一方事后追认等共同意思表示所负的债务，以及夫妻一方在婚姻关系存续期间以个人名义为家庭日常生活需要所负的债务，属于夫妻共同债务。

夫妻一方在婚姻关系存续期间以个人名义超出家庭日常生活需要所负的债务，不属于夫妻共同债务；但是，债权人能够证明该债务用于夫妻共同生活、共同生产经营或者基于夫妻双方共同意思表示的除外。

第一千零六十五条　男女双方可以约定婚姻关系存续期间所得的财产以及婚前财产归各自所有、共同所有或者部分各自所有、部分共同所有。约定应当采用书面形式。没有约定或者约定不明确的，适用本法第一千零六十二条、第一千零六十三条的规定。

夫妻对婚姻关系存续期间所得的财产以及婚前财产的约定，对双方具有法律约束力。

夫妻对婚姻关系存续期间所得的财产约定归各自所有，夫或者妻一方对外所负的债务，相对人知道该约定的，以夫或者妻一方的个人财产清偿。

第一千零六十六条　婚姻关系存续期间，有下列情形之一的，夫妻一方可以向人民法院请求分割共同财产：

（一）一方有隐藏、转移、变卖、毁损、挥霍夫妻共同财产或者伪造夫妻共同债务等严重损害夫妻共同财产利益的行为；

（二）一方负有法定扶养义务的人患重大疾病需要医治，另一方不同意支付相关医疗费用。

第二节　父母子女关系和其他近亲属关系

第一千零六十七条　父母不履行抚养义务的，未成年子女或者不能独立生活的成年子女，有要求父母给付抚养费的权利。

成年子女不履行赡养义务的，缺乏劳动能力或者生活困难的父母，有要求成年子女给付赡养费的权利。

第一千零六十八条　父母有教育、保护未成年子女的权利和义务。未成年子女造成他人损害的，父母应当依法承担民事责任。

第一千零六十九条　子女应当尊重父母的婚姻权利，不得干涉父母离婚、再婚以及婚后的生活。子女对父母的赡养义务，不因父母的婚姻关系变化而终止。

第一千零七十条　父母和子女有相互继承遗产的权利。

第一千零七十一条　非婚生子女享有与婚生子女同等的权利，任何组织或者个人不得加以危害和歧视。

不直接抚养非婚生子女的生父或者生母，应当负担未成年子女或者不能独立生活的成年子女的抚养费。

第一千零七十二条　继父母与继子女间，不得虐待或者歧视。

继父或者继母和受其抚养教育的继子女间的权利义务关系，适用本法关于父母子女关系的规定。

第一千零七十三条　对亲子关系有异议且有正当理由的，父或者母可以向人民法院提起诉讼，请求确认或者否认亲子关系。

对亲子关系有异议且有正当理由的，成年子女可以向人民法院提起诉讼，请求确认亲子关系。

第一千零七十四条　有负担能力的祖父母、外祖父母，对于父母已经死亡或者父母无力抚养的未成年孙子女、外孙子女，有抚养的义务。

有负担能力的孙子女、外孙子女，对于子女已经死亡或者子女无力赡养的祖父母、外祖父母，有赡养的义务。

第一千零七十五条　有负担能力的兄、姐，对于父母已经死亡或者父母无力抚养的未成年弟、妹，有扶养的义务。

由兄、姐扶养长大的有负担能力的弟、妹，对于缺乏劳动能力又缺乏生活来源的兄、姐，有扶养的义务。

## 第四章　离　婚

第一千零七十六条　夫妻双方自愿离婚的，应当签订书面离婚协议，并亲自到婚姻登记机关申请离婚登记。

离婚协议应当载明双方自愿离婚的意思表示和对子女抚养、财产以及债务处理等事项协商一致的意见。

第一千零七十七条　自婚姻登记机关收到离婚登记申请之日起三十日内，任何一方不愿意离婚的，可以向婚姻登记机关撤回离婚登记申请。

前款规定期限届满后三十日内，双方应当亲自到婚姻登记机关申请发给离婚证；未申请的，视为撤回离婚登记申请。

第一千零七十八条　婚姻登记机关查明双方确实是自愿离婚，并已经对子女抚养、财产以及债务处理等事项协商一致的，予以登记，发给离婚证。

第一千零七十九条　夫妻一方要求离婚的，可以由有关组织进行调解或者直接向人民法院提起离婚诉讼。

人民法院审理离婚案件，应当进行调解；如果感情确已破裂，调解无效的，应当准予离婚。

有下列情形之一，调解无效的，应当准予离婚：

（一）重婚或者与他人同居；

（二）实施家庭暴力或者虐待、遗弃家庭成员；

（三）有赌博、吸毒等恶习屡教不改；

（四）因感情不和分居满二年；

（五）其他导致夫妻感情破裂的情形。

一方被宣告失踪，另一方提起离婚诉讼的，应当准予离婚。

经人民法院判决不准离婚后，双方又分居满一年，一方再次提起离婚诉讼的，应当准予离婚。

第一千零八十条　完成离婚登记，或者离婚判决书、调解书生效，即解除婚姻关系。

第一千零八十一条　现役军人的配偶要求离婚，应当征得军人同意，但是军人一方有重大过错的除外。

第一千零八十二条　女方在怀孕期间、分娩后一年内或者终止妊娠后六个月内，男方不得提出离婚；但是，女方提出离婚或者人民法院认为确有必要受理男方离婚请求的除外。

第一千零八十三条　离婚后，男女双方自愿恢复婚姻关系的，应当到婚姻登记机关重新进行结婚登记。

第一千零八十四条　父母与子女间的关系，不因父母离婚而消除。离婚后，子女无论由父或者母直接抚养，仍是父母双方的子女。

离婚后，父母对于子女仍有抚养、教育、保护的权利和义务。

离婚后，不满两周岁的子女，以由母亲直接抚养为原则。已满两周岁的子女，父母双方对抚养问题协议不成的，由人民法院根据双方的具体情况，按照最有利于未成年子女的原则判决。子女已满八周岁的，应当尊重其真实意愿。

第一千零八十五条　离婚后，子女由一方直接抚养的，另一方应当负担部分或者全部抚养费。负担费用的多少和期限的长短，由双方协议；协议不成的，由人民法院判决。

前款规定的协议或者判决，不妨碍子女在必要时向父母任何一方提出超过协议或者判决原定数额的合理要求。

第一千零八十六条　离婚后，不直接抚养子女的父或者母，有探望子女的权利，另一方有协助的义务。

行使探望权利的方式、时间由当事人协议；协议不成的，由人民法院判决。

父或者母探望子女，不利于子女身心健康的，由人民法院依法中止探望；中止的事由消失后，应当恢复探望。

第一千零八十七条　离婚时，夫妻的共同财产由双方协议处理；协议不成的，由人民法院根据财产的具体情况，按照照顾子女、女方和无过错方权益的原则判决。

对夫或者妻在家庭土地承包经营中享有的权益等，应当依法予以保护。

第一千零八十八条　夫妻一方因抚育子女、照料老年人、协助另一方工作等负担较多义务的，离婚时有权向另一方请求补偿，另一方应当给予补偿。具体办法由双方协议；协议不成的，由人民法院判决。

第一千零八十九条　离婚时，夫妻共同债务应当共同偿还。共同财产不足清偿或者财产归各自所有的，由双方协议清偿；协议不成的，由人民法院判决。

第一千零九十条　离婚时，如果一方生活困难，有负担能力的另一方应当给予适当帮助。具体办法由双方协议；协议不成的，由人民法院判决。

第一千零九十一条　有下列情形之一，导致离婚的，无过错方有权请求损害赔偿：

（一）重婚；

（二）与他人同居；

（三）实施家庭暴力；

（四）虐待、遗弃家庭成员；

（五）有其他重大过错。

**第一千零九十二条**　夫妻一方隐藏、转移、变卖、毁损、挥霍夫妻共同财产，或者伪造夫妻共同债务企图侵占另一方财产的，在离婚分割夫妻共同财产时，对该方可以少分或者不分。离婚后，另一方发现有上述行为的，可以向人民法院提起诉讼，请求再次分割夫妻共同财产。

## 第五章 收 养

### 第一节 收养关系的成立

**第一千零九十三条** 下列未成年人，可以被收养：

（一）丧失父母的孤儿；

（二）查找不到生父母的未成年人；

（三）生父母有特殊困难无力抚养的子女。

第一千零九十四条 下列个人、组织可以作送养人：

（一）孤儿的监护人；

（二）儿童福利机构；

（三）有特殊困难无力抚养子女的生父母。

**第一千零九十五条** 未成年人的父母均不具备完全民事行为能力且可能严重危害该未成年人的，该未成年人的监护人可以将其送养。

**第一千零九十六条** 监护人送养孤儿的，应当征得有抚养义务的人同意。有抚养义务的人不同意送养、监护人不愿意继续履行监护职责的，应当依照本法第一编的规定另行确定监护人。

**第一千零九十七条** 生父母送养子女，应当双方共同送养。生父母一方不明或者查找不到的，可以单方送养。

**第一千零九十八条** 收养人应当同时具备下列条件：

（一）无子女或者只有一名子女；

（二）有抚养、教育和保护被收养人的能力；

（三）未患有在医学上认为不应当收养子女的疾病；

（四）无不利于被收养人健康成长的违法犯罪记录；

（五）年满三十周岁。

**第一千零九十九条** 收养三代以内旁系同辈血亲的子女，可以不受本法第一千零九十三条第三项、第一千零九十四条第三项和第一千一百零二条规定的限制。

华侨收养三代以内旁系同辈血亲的子女，还可以不受本法第一千零九十八条第一项规定的限制。

**第一千一百条** 无子女的收养人可以收养两名子女；有子女的收养人只能收养一名子女。

收养孤儿、残疾未成年人或者儿童福利机构抚养的查找不到生父母的未成年人，可以不受前款和本法第一千零九十八条第一项规定的限制。

第一千一百零一条 有配偶者收养子女，应当夫妻共同收养。

第一千一百零二条 无配偶者收养异性子女的，收养人与被收养人的年龄应当相差四十周岁以上。

第一千一百零三条 继父或者继母经继子女的生父母同意，可以收养继子女，并可以不受本法第一千零九十三条第三项、第一千零九十四条第三项、第一千零九十八条和第一千一百条第一款规定的限制。

第一千一百零四条 收养人收养与送养人送养，应当双方自愿。收养八周岁以上未成年人的，应当征得被收养人的同意。

第一千一百零五条 收养应当向县级以上人民政府民政部门登记。收养关系自登记之日起成立。

收养查找不到生父母的未成年人的，办理登记的民政部门应当在登记前予以公告。

收养关系当事人愿意签订收养协议的，可以签订收养协议。

收养关系当事人各方或者一方要求办理收养公证的，应当办理收养公证。

县级以上人民政府民政部门应当依法进行收养评估。

第一千一百零六条 收养关系成立后，公安机关应当按照国家有关规定为被收养人办理户口登记。

第一千一百零七条 孤儿或者生父母无力抚养的子女，可以由生父母的亲属、朋友抚养；抚养人与被抚养人的关系不适用本章规定。

第一千一百零八条 配偶一方死亡，另一方送养未成年子女的，死亡一方的父母有优先抚养的权利。

第一千一百零九条　外国人依法可以在中华人民共和国收养子女。

外国人在中华人民共和国收养子女，应当经其所在国主管机关依照该国法律审查同意。收养人应当提供由其所在国有权机构出具的有关其年龄、婚姻、职业、财产、健康、有无受过刑事处罚等状况的证明材料，并与送养人签订书面协议，亲自向省、自治区、直辖市人民政府民政部门登记。

前款规定的证明材料应当经收养人所在国外交机关或者外交机关授权的机构认证，并经中华人民共和国驻该国使领馆认证，但是国家另有规定的除外。

第一千一百一十条　收养人、送养人要求保守收养秘密的，其他人应当尊重其意愿，不得泄露。

**第二节　收养的效力**

第一千一百一十一条　自收养关系成立之日起，养父母与养子女间的权利义务关系，适用本法关于父母子女关系的规定；养子女与养父母的近亲属间的权利义务关系，适用本法关于子女与父母的近亲属关系的规定。

养子女与生父母以及其他近亲属间的权利义务关系，因收养关系的成立而消除。

第一千一百一十二条　养子女可以随养父或者养母的姓氏，经当事人协商一致，也可以保留原姓氏。

第一千一百一十三条　有本法第一编关于民事法律行为无效规定情形或者违反本编规定的收养行为无效。

无效的收养行为自始没有法律约束力。

**第三节　收养关系的解除**

第一千一百一十四条　收养人在被收养人成年以前，不得解除收养关系，但是收养人、送养人双方协议解除的除外。养子女八周岁以上的，应当征得本人同意。

收养人不履行抚养义务，有虐待、遗弃等侵害未成年养子女合法权益行为的，送养人有权要求解除养父母与养子女间的收养关系。送养人、收养人不能达成解除收养关系协议的，可以向人民法院提起诉讼。

第一千一百一十五条　养父母与成年养子女关系恶化、无法共同生活的，可以协议解除收养关系。不能达成协议的，可以向人民法院提起诉讼。

第一千一百一十六条　当事人协议解除收养关系的，应当到民政部门办理解除收养关系登记。

第一千一百一十七条　收养关系解除后，养子女与养父母以及其他近亲属间的权利义务关系即行消除，与生父母以及其他近亲属间的权利义务关系自行恢复。但是，成年养子女与生父母以及其他近亲属间的权利义务关系是否恢复，可以协商确定。

第一千一百一十八条　收养关系解除后，经养父母抚养的成年养子女，对缺乏劳动能力又缺乏生活来源的养父母，应当给付生活费。因养子女成年后虐待、遗弃养父母而解除收养关系的，养父母可以要求养子女补偿收养期间支出的抚养费。

生父母要求解除收养关系的，养父母可以要求生父母适当补偿收养期间支出的抚养费；但是，因养父母虐待、遗弃养子女而解除收养关系的除外。

## 第六编　继　承

### 第一章　一般规定

第一千一百一十九条　本编调整因继承产生的民事关系。

第一千一百二十条　国家保护自然人的继承权。

第一千一百二十一条　继承从被继承人死亡时开始。

相互有继承关系的数人在同一事件中死亡，难以确定死亡时间的，推定没有其他继承人的人先死亡。都有其他继承人，辈份不同的，推定长辈先死亡；辈份相同的，推定同时死亡，相互不发生继承。

第一千一百二十二条　遗产是自然人死亡时遗留的个人合法财产。

依照法律规定或者根据其性质不得继承的遗产，不得继承。

第一千一百二十三条　继承开始后，按照法定继承办理；有遗嘱的，按照遗嘱继承或者遗赠办理；有遗赠扶养协议的，按照协议办理。

第一千一百二十四条　继承开始后，继承人放弃继承的，应当在遗产处理前，以书面形式作出放弃继承的表示；没有表示的，视为接受继承。

受遗赠人应当在知道受遗赠后六十日内，作出接受或者放弃受遗赠的表示；到期没有表示的，视为放弃受遗赠。

第一千一百二十五条　继承人有下列行为之一的，丧失继承权：

（一）故意杀害被继承人；

（二）为争夺遗产而杀害其他继承人；

（三）遗弃被继承人，或者虐待被继承人情节严重；

（四）伪造、篡改、隐匿或者销毁遗嘱，情节严重；

（五）以欺诈、胁迫手段迫使或者妨碍被继承人设立、变更或者撤回遗嘱，情节严重。

继承人有前款第三项至第五项行为，确有悔改表现，被继承人表示宽恕或者事后在遗嘱中将其列为继承人的，该继承人不丧失继承权。

受遗赠人有本条第一款规定行为的，丧失受遗赠权。

**第二章　法定继承**

第一千一百二十六条　继承权男女平等。

第一千一百二十七条　遗产按照下列顺序继承：

（一）第一顺序：配偶、子女、父母；

（二）第二顺序：兄弟姐妹、祖父母、外祖父母。

继承开始后，由第一顺序继承人继承，第二顺序继承人不继承；没有第一顺序继承人继承的，由第二顺序继承人继承。

本编所称子女，包括婚生子女、非婚生子女、养子女和有扶养关系的继子女。

本编所称父母，包括生父母、养父母和有扶养关系的继父母。

本编所称兄弟姐妹，包括同父母的兄弟姐妹、同父异母或者同母异父的兄弟姐妹、养兄弟姐妹、有扶养关系的继兄弟姐妹。

第一千一百二十八条　被继承人的子女先于被继承人死亡的，由被继承人的子女的直系晚辈血亲代位继承。

被继承人的兄弟姐妹先于被继承人死亡的，由被继承人的兄弟姐妹的子女代位继承。

代位继承人一般只能继承被代位继承人有权继承的遗产份额。

第一千一百二十九条　丧偶儿媳对公婆，丧偶女婿对岳父母，尽了主要赡养义务的，作为第一顺序继承人。

第一千一百三十条　同一顺序继承人继承遗产的份额，一般应当均等。

对生活有特殊困难又缺乏劳动能力的继承人，分配遗产时，应当予以照顾。

对被继承人尽了主要扶养义务或者与被继承人共同生活的继承人，分配遗产时，可以多分。

有扶养能力和有扶养条件的继承人，不尽扶养义务的，分配遗产时，应当不分或者少分。

继承人协商同意的，也可以不均等。

第一千一百三十一条　对继承人以外的依靠被继承人扶养的人，或者继承人以外的对被继承人扶养较多的人，可以分给适当的遗产。

第一千一百三十二条　继承人应当本着互谅互让、和睦团结的精神，协商处理继承问题。遗产分割的时间、办法和份额，由继承人协商确定；协商不成的，可以由人民调解委员会调解或者向人民法院提起诉讼。

## 第三章　遗嘱继承和遗赠

第一千一百三十三条　自然人可以依照本法规定立遗嘱处分个人财产，并可以指定遗嘱执行人。

自然人可以立遗嘱将个人财产指定由法定继承人中的一人或者数人继承。

自然人可以立遗嘱将个人财产赠与国家、集体或者法定继承人以外的组织、个人。

自然人可以依法设立遗嘱信托。

第一千一百三十四条　自书遗嘱由遗嘱人亲笔书写，签名，注明年、月、日。

第一千一百三十五条　代书遗嘱应当有两个以上见证人在场见证，由其中一人代书，并由遗嘱人、代书人和其他见证人签名，注明年、月、日。

第一千一百三十六条　打印遗嘱应当有两个以上见证人在场见证。遗嘱人和见证人应当在遗嘱每一页签名，注明年、月、日。

第一千一百三十七条　以录音录像形式立的遗嘱，应当有两个以上见证人在场见证。遗嘱人和见证人应当在录音录像中记录其姓名或者肖像，以及年、月、日。

第一千一百三十八条　遗嘱人在危急情况下，可以立口头遗嘱。口头遗嘱应当有两个以上见证人在场见证。危急情况消除后，遗嘱人能够以书面或者录音录像形式立遗嘱的，所立的口头遗嘱无效。

第一千一百三十九条　公证遗嘱由遗嘱人经公证机构办理。

第一千一百四十条　下列人员不能作为遗嘱见证人：

（一）无民事行为能力人、限制民事行为能力人以及其他不具有见证能力的人；

（二）继承人、受遗赠人；

（三）与继承人、受遗赠人有利害关系的人。

第一千一百四十一条　遗嘱应当为缺乏劳动能力又没有生活来源的

继承人保留必要的遗产份额。

第一千一百四十二条　遗嘱人可以撤回、变更自己所立的遗嘱。

立遗嘱后，遗嘱人实施与遗嘱内容相反的民事法律行为的，视为对遗嘱相关内容的撤回。

立有数份遗嘱，内容相抵触的，以最后的遗嘱为准。

第一千一百四十三条　无民事行为能力人或者限制民事行为能力人所立的遗嘱无效。

遗嘱必须表示遗嘱人的真实意思，受欺诈、胁迫所立的遗嘱无效。

伪造的遗嘱无效。

遗嘱被篡改的，篡改的内容无效。

第一千一百四十四条　遗嘱继承或者遗赠附有义务的，继承人或者受遗赠人应当履行义务。没有正当理由不履行义务的，经利害关系人或者有关组织请求，人民法院可以取消其接受附义务部分遗产的权利。

**第四章　遗产的处理**

第一千一百四十五条　继承开始后，遗嘱执行人为遗产管理人；没有遗嘱执行人的，继承人应当及时推选遗产管理人；继承人未推选的，由继承人共同担任遗产管理人；没有继承人或者继承人均放弃继承的，由被继承人生前住所地的民政部门或者村民委员会担任遗产管理人。

第一千一百四十六条　对遗产管理人的确定有争议的，利害关系人可以向人民法院申请指定遗产管理人。

第一千一百四十七条　遗产管理人应当履行下列职责：

（一）清理遗产并制作遗产清单；

（二）向继承人报告遗产情况；

（三）采取必要措施防止遗产毁损、灭失；

（四）处理被继承人的债权债务；

（五）按照遗嘱或者依照法律规定分割遗产；

（六）实施与管理遗产有关的其他必要行为。

第一千一百四十八条　遗产管理人应当依法履行职责，因故意或者重大过失造成继承人、受遗赠人、债权人损害的，应当承担民事责任。

第一千一百四十九条　遗产管理人可以依照法律规定或者按照约定获得报酬。

第一千一百五十条　继承开始后，知道被继承人死亡的继承人应当及时通知其他继承人和遗嘱执行人。继承人中无人知道被继承人死亡或者知道被继承人死亡而不能通知的，由被继承人生前所在单位或者住所地的居民委员会、村民委员会负责通知。

第一千一百五十一条　存有遗产的人，应当妥善保管遗产，任何组织或者个人不得侵吞或者争抢。

第一千一百五十二条　继承开始后，继承人于遗产分割前死亡，并没有放弃继承的，该继承人应当继承的遗产转给其继承人，但是遗嘱另有安排的除外。

第一千一百五十三条　夫妻共同所有的财产，除有约定的外，遗产分割时，应当先将共同所有的财产的一半分出为配偶所有，其余的为被继承人的遗产。

遗产在家庭共有财产之中的，遗产分割时，应当先分出他人的财产。

第一千一百五十四条　有下列情形之一的，遗产中的有关部分按照法定继承办理：

（一）遗嘱继承人放弃继承或者受遗赠人放弃受遗赠；

（二）遗嘱继承人丧失继承权或者受遗赠人丧失受遗赠权；

（三）遗嘱继承人、受遗赠人先于遗嘱人死亡或者终止；

（四）遗嘱无效部分所涉及的遗产；

（五）遗嘱未处分的遗产。

第一千一百五十五条　遗产分割时，应当保留胎儿的继承份额。胎儿娩出时是死体的，保留的份额按照法定继承办理。

第一千一百五十六条　遗产分割应当有利于生产和生活需要，不损害遗产的效用。

不宜分割的遗产，可以采取折价、适当补偿或者共有等方法处理。

第一千一百五十七条　夫妻一方死亡后另一方再婚的，有权处分所继承的财产，任何组织或者个人不得干涉。

第一千一百五十八条　自然人可以与继承人以外的组织或者个人签订遗赠扶养协议。按照协议，该组织或者个人承担该自然人生养死葬的义务，享有受遗赠的权利。

第一千一百五十九条　分割遗产，应当清偿被继承人依法应当缴纳的税款和债务；但是，应当为缺乏劳动能力又没有生活来源的继承人保留必要的遗产。

第一千一百六十条　无人继承又无人受遗赠的遗产，归国家所有，用于公益事业；死者生前是集体所有制组织成员的，归所在集体所有制组织所有。

第一千一百六十一条　继承人以所得遗产实际价值为限清偿被继承人依法应当缴纳的税款和债务。超过遗产实际价值部分，继承人自愿偿还的不在此限。

继承人放弃继承的，对被继承人依法应当缴纳的税款和债务可以不负清偿责任。

第一千一百六十二条　执行遗赠不得妨碍清偿遗赠人依法应当缴纳的税款和债务。

第一千一百六十三条　既有法定继承又有遗嘱继承、遗赠的，由法定继承人清偿被继承人依法应当缴纳的税款和债务；超过法定继承遗产实际价值部分，由遗嘱继承人和受遗赠人按比例以所得遗产清偿。

## 第七编　侵权责任

### 第一章　一般规定

第一千一百六十四条　本编调整因侵害民事权益产生的民事关系。

第一千一百六十五条　行为人因过错侵害他人民事权益造成损害的，应当承担侵权责任。

依照法律规定推定行为人有过错，其不能证明自己没有过错的，应当承担侵权责任。

第一千一百六十六条　行为人造成他人民事权益损害，不论行为人有无过错，法律规定应当承担侵权责任的，依照其规定。

第一千一百六十七条　侵权行为危及他人人身、财产安全的，被侵权人有权请求侵权人承担停止侵害、排除妨碍、消除危险等侵权责任。

第一千一百六十八条　二人以上共同实施侵权行为，造成他人损害的，应当承担连带责任。

第一千一百六十九条　教唆、帮助他人实施侵权行为的，应当与行为人承担连带责任。

教唆、帮助无民事行为能力人、限制民事行为能力人实施侵权行为的，应当承担侵权责任；该无民事行为能力人、限制民事行为能力人的监护人未尽到监护职责的，应当承担相应的责任。

第一千一百七十条　二人以上实施危及他人人身、财产安全的行为，其中一人或者数人的行为造成他人损害，能够确定具体侵权人的，由侵权人承担责任；不能确定具体侵权人的，行为人承担连带责任。

第一千一百七十一条　二人以上分别实施侵权行为造成同一损害，每个人的侵权行为都足以造成全部损害的，行为人承担连带责任。

第一千一百七十二条　二人以上分别实施侵权行为造成同一损害，能够确定责任大小的，各自承担相应的责任；难以确定责任大小的，平均承担责任。

第一千一百七十三条　被侵权人对同一损害的发生或者扩大有过错的，可以减轻侵权人的责任。

第一千一百七十四条　损害是因受害人故意造成的，行为人不承担责任。

第一千一百七十五条　损害是因第三人造成的，第三人应当承担侵权责任。

第一千一百七十六条　自愿参加具有一定风险的文体活动，因其他参加者的行为受到损害的，受害人不得请求其他参加者承担侵权责任；但是，其他参加者对损害的发生有故意或者重大过失的除外。

活动组织者的责任适用本法第一千一百九十八条至第一千二百零一条的规定。

第一千一百七十七条　合法权益受到侵害，情况紧迫且不能及时获得国家机关保护，不立即采取措施将使其合法权益受到难以弥补的损害的，受害人可以在保护自己合法权益的必要范围内采取扣留侵权人的财物等合理措施；但是，应当立即请求有关国家机关处理。

受害人采取的措施不当造成他人损害的，应当承担侵权责任。

第一千一百七十八条　本法和其他法律对不承担责任或者减轻责任的情形另有规定的，依照其规定。

**第二章　损害赔偿**

第一千一百七十九条　侵害他人造成人身损害的，应当赔偿医疗费、护理费、交通费、营养费、住院伙食补助费等为治疗和康复支出的合理费用，以及因误工减少的收入。造成残疾的，还应当赔偿辅助器具费和残疾赔偿金；造成死亡的，还应当赔偿丧葬费和死亡赔偿金。

第一千一百八十条　因同一侵权行为造成多人死亡的，可以以相同数额确定死亡赔偿金。

第一千一百八十一条　被侵权人死亡的，其近亲属有权请求侵权人承担侵权责任。被侵权人为组织，该组织分立、合并的，承继权利的组织有权请求侵权人承担侵权责任。

被侵权人死亡的，支付被侵权人医疗费、丧葬费等合理费用的人有权请求侵权人赔偿费用，但是侵权人已经支付该费用的除外。

第一千一百八十二条　侵害他人人身权益造成财产损失的，按照被侵权人因此受到的损失或者侵权人因此获得的利益赔偿；被侵权人因此受到的损失以及侵权人因此获得的利益难以确定，被侵权人和侵权人就赔偿数额协商不一致，向人民法院提起诉讼的，由人民法院根据实际情况确定赔偿数额。

第一千一百八十三条　侵害自然人人身权益造成严重精神损害的，被侵权人有权请求精神损害赔偿。

因故意或者重大过失侵害自然人具有人身意义的特定物造成严重精神损害的，被侵权人有权请求精神损害赔偿。

第一千一百八十四条　侵害他人财产的，财产损失按照损失发生时的市场价格或者其他合理方式计算。

第一千一百八十五条　故意侵害他人知识产权，情节严重的，被侵权人有权请求相应的惩罚性赔偿。

第一千一百八十六条　受害人和行为人对损害的发生都没有过错的，依照法律的规定由双方分担损失。

第一千一百八十七条　损害发生后，当事人可以协商赔偿费用的支付方式。协商不一致的，赔偿费用应当一次性支付；一次性支付确有困难的，可以分期支付，但是被侵权人有权请求提供相应的担保。

**第三章　责任主体的特殊规定**

第一千一百八十八条　无民事行为能力人、限制民事行为能力人造成他人损害的，由监护人承担侵权责任。监护人尽到监护职责的，可以减轻其侵权责任。

有财产的无民事行为能力人、限制民事行为能力人造成他人损害的，从本人财产中支付赔偿费用；不足部分，由监护人赔偿。

第一千一百八十九条　无民事行为能力人、限制民事行为能力人造成他人损害，监护人将监护职责委托给他人的，监护人应当承担侵权责任；受托人有过错的，承担相应的责任。

第一千一百九十条　完全民事行为能力人对自己的行为暂时没有意

识或者失去控制造成他人损害有过错的，应当承担侵权责任；没有过错的，根据行为人的经济状况对受害人适当补偿。

完全民事行为能力人因醉酒、滥用麻醉药品或者精神药品对自己的行为暂时没有意识或者失去控制造成他人损害的，应当承担侵权责任。

第一千一百九十一条　用人单位的工作人员因执行工作任务造成他人损害的，由用人单位承担侵权责任。用人单位承担侵权责任后，可以向有故意或者重大过失的工作人员追偿。

劳务派遣期间，被派遣的工作人员因执行工作任务造成他人损害的，由接受劳务派遣的用工单位承担侵权责任；劳务派遣单位有过错的，承担相应的责任。

第一千一百九十二条　个人之间形成劳务关系，提供劳务一方因劳务造成他人损害的，由接受劳务一方承担侵权责任。接受劳务一方承担侵权责任后，可以向有故意或者重大过失的提供劳务一方追偿。提供劳务一方因劳务受到损害的，根据双方各自的过错承担相应的责任。

提供劳务期间，因第三人的行为造成提供劳务一方损害的，提供劳务一方有权请求第三人承担侵权责任，也有权请求接受劳务一方给予补偿。接受劳务一方补偿后，可以向第三人追偿。

第一千一百九十三条　承揽人在完成工作过程中造成第三人损害或者自己损害的，定作人不承担侵权责任。但是，定作人对定作、指示或者选任有过错的，应当承担相应的责任。

第一千一百九十四条　网络用户、网络服务提供者利用网络侵害他人民事权益的，应当承担侵权责任。法律另有规定的，依照其规定。

第一千一百九十五条　网络用户利用网络服务实施侵权行为的，权利人有权通知网络服务提供者采取删除、屏蔽、断开链接等必要措施。通知应当包括构成侵权的初步证据及权利人的真实身份信息。

网络服务提供者接到通知后，应当及时将该通知转送相关网络用户，并根据构成侵权的初步证据和服务类型采取必要措施；未及时采取必要措施的，对损害的扩大部分与该网络用户承担连带责任。

权利人因错误通知造成网络用户或者网络服务提供者损害的，应当承担侵权责任。法律另有规定的，依照其规定。

第一千一百九十六条　网络用户接到转送的通知后，可以向网络服务提供者提交不存在侵权行为的声明。声明应当包括不存在侵权行为的初步证据及网络用户的真实身份信息。

网络服务提供者接到声明后，应当将该声明转送发出通知的权利人，并告知其可以向有关部门投诉或者向人民法院提起诉讼。网络服务提供者在转送声明到达权利人后的合理期限内，未收到权利人已经投诉或者提起诉讼通知的，应当及时终止所采取的措施。

第一千一百九十七条　网络服务提供者知道或者应当知道网络用户利用其网络服务侵害他人民事权益，未采取必要措施的，与该网络用户承担连带责任。

第一千一百九十八条　宾馆、商场、银行、车站、机场、体育场馆、娱乐场所等经营场所、公共场所的经营者、管理者或者群众性活动的组织者，未尽到安全保障义务，造成他人损害的，应当承担侵权责任。

因第三人的行为造成他人损害的，由第三人承担侵权责任；经营者、管理者或者组织者未尽到安全保障义务的，承担相应的补充责任。经营者、管理者或者组织者承担补充责任后，可以向第三人追偿。

第一千一百九十九条　无民事行为能力人在幼儿园、学校或者其他教育机构学习、生活期间受到人身损害的，幼儿园、学校或者其他教育机构应当承担侵权责任；但是，能够证明尽到教育、管理职责的，不承担侵权责任。

第一千二百条　限制民事行为能力人在学校或者其他教育机构学习、生活期间受到人身损害，学校或者其他教育机构未尽到教育、管理职责的，应当承担侵权责任。

第一千二百零一条　无民事行为能力人或者限制民事行为能力人在

幼儿园、学校或者其他教育机构学习、生活期间，受到幼儿园、学校或者其他教育机构以外的第三人人身损害的，由第三人承担侵权责任；幼儿园、学校或者其他教育机构未尽到管理职责的，承担相应的补充责任。幼儿园、学校或者其他教育机构承担补充责任后，可以向第三人追偿。

**第四章　产品责任**

第一千二百零二条　因产品存在缺陷造成他人损害的，生产者应当承担侵权责任。

第一千二百零三条　因产品存在缺陷造成他人损害的，被侵权人可以向产品的生产者请求赔偿，也可以向产品的销售者请求赔偿。

产品缺陷由生产者造成的，销售者赔偿后，有权向生产者追偿。因销售者的过错使产品存在缺陷的，生产者赔偿后，有权向销售者追偿。

第一千二百零四条　因运输者、仓储者等第三人的过错使产品存在缺陷，造成他人损害的，产品的生产者、销售者赔偿后，有权向第三人追偿。

第一千二百零五条　因产品缺陷危及他人人身、财产安全的，被侵权人有权请求生产者、销售者承担停止侵害、排除妨碍、消除危险等侵权责任。

第一千二百零六条　产品投入流通后发现存在缺陷的，生产者、销售者应当及时采取停止销售、警示、召回等补救措施；未及时采取补救措施或者补救措施不力造成损害扩大的，对扩大的损害也应当承担侵权责任。

依据前款规定采取召回措施的，生产者、销售者应当负担被侵权人因此支出的必要费用。

第一千二百零七条　明知产品存在缺陷仍然生产、销售，或者没有依据前条规定采取有效补救措施，造成他人死亡或者健康严重损害的，被侵权人有权请求相应的惩罚性赔偿。

## 第五章　机动车交通事故责任

第一千二百零八条　机动车发生交通事故造成损害的，依照道路交通安全法律和本法的有关规定承担赔偿责任。

第一千二百零九条　因租赁、借用等情形机动车所有人、管理人与使用人不是同一人时，发生交通事故造成损害，属于该机动车一方责任的，由机动车使用人承担赔偿责任；机动车所有人、管理人对损害的发生有过错的，承担相应的赔偿责任。

第一千二百一十条　当事人之间已经以买卖或者其他方式转让并交付机动车但是未办理登记，发生交通事故造成损害，属于该机动车一方责任的，由受让人承担赔偿责任。

第一千二百一十一条　以挂靠形式从事道路运输经营活动的机动车，发生交通事故造成损害，属于该机动车一方责任的，由挂靠人和被挂靠人承担连带责任。

第一千二百一十二条　未经允许驾驶他人机动车，发生交通事故造成损害，属于该机动车一方责任的，由机动车使用人承担赔偿责任；机动车所有人、管理人对损害的发生有过错的，承担相应的赔偿责任，但是本章另有规定的除外。

第一千二百一十三条　机动车发生交通事故造成损害，属于该机动车一方责任的，先由承保机动车强制保险的保险人在强制保险责任限额范围内予以赔偿；不足部分，由承保机动车商业保险的保险人按照保险合同的约定予以赔偿；仍然不足或者没有投保机动车商业保险的，由侵权人赔偿。

第一千二百一十四条　以买卖或者其他方式转让拼装或者已经达到报废标准的机动车，发生交通事故造成损害的，由转让人和受让人承担连带责任。

第一千二百一十五条　盗窃、抢劫或者抢夺的机动车发生交通事故造成损害的，由盗窃人、抢劫人或者抢夺人承担赔偿责任。盗窃人、抢劫人或者抢夺人与机动车使用人不是同一人，发生交通事故造成损害，属于该机动车一方责任的，由盗窃人、抢劫人或者抢夺人与机动车使用人承担连带责任。

保险人在机动车强制保险责任限额范围内垫付抢救费用的，有权向交通事故责任人追偿。

第一千二百一十六条　机动车驾驶人发生交通事故后逃逸，该机动车参加强制保险的，由保险人在机动车强制保险责任限额范围内予以赔偿；机动车不明、该机动车未参加强制保险或者抢救费用超过机动车强制保险责任限额，需要支付被侵权人人身伤亡的抢救、丧葬等费用的，由道路交通事故社会救助基金垫付。道路交通事故社会救助基金垫付后，其管理机构有权向交通事故责任人追偿。

第一千二百一十七条　非营运机动车发生交通事故造成无偿搭乘人损害，属于该机动车一方责任的，应当减轻其赔偿责任，但是机动车使用人有故意或者重大过失的除外。

**第六章　医疗损害责任**

第一千二百一十八条　患者在诊疗活动中受到损害，医疗机构或者其医务人员有过错的，由医疗机构承担赔偿责任。

第一千二百一十九条　医务人员在诊疗活动中应当向患者说明病情和医疗措施。需要实施手术、特殊检查、特殊治疗的，医务人员应当及时向患者具体说明医疗风险、替代医疗方案等情况，并取得其明确同意；不能或者不宜向患者说明的，应当向患者的近亲属说明，并取得其明确同意。

医务人员未尽到前款义务，造成患者损害的，医疗机构应当承担赔偿责任。

第一千二百二十条　因抢救生命垂危的患者等紧急情况，不能取得患者或者其近亲属意见的，经医疗机构负责人或者授权的负责人批准，可以立即实施相应的医疗措施。

第一千二百二十一条　医务人员在诊疗活动中未尽到与当时的医疗水平相应的诊疗义务，造成患者损害的，医疗机构应当承担赔偿责任。

第一千二百二十二条　患者在诊疗活动中受到损害，有下列情形之一的，推定医疗机构有过错：

（一）违反法律、行政法规、规章以及其他有关诊疗规范的规定；

（二）隐匿或者拒绝提供与纠纷有关的病历资料；

（三）遗失、伪造、篡改或者违法销毁病历资料。

第一千二百二十三条　因药品、消毒产品、医疗器械的缺陷，或者输入不合格的血液造成患者损害的，患者可以向药品上市许可持有人、生产者、血液提供机构请求赔偿，也可以向医疗机构请求赔偿。患者向医疗机构请求赔偿的，医疗机构赔偿后，有权向负有责任的药品上市许可持有人、生产者、血液提供机构追偿。

第一千二百二十四条　患者在诊疗活动中受到损害，有下列情形之一的，医疗机构不承担赔偿责任：

（一）患者或者其近亲属不配合医疗机构进行符合诊疗规范的诊疗；

（二）医务人员在抢救生命垂危的患者等紧急情况下已经尽到合理诊疗义务；

（三）限于当时的医疗水平难以诊疗。

前款第一项情形中，医疗机构或者其医务人员也有过错的，应当承担相应的赔偿责任。

第一千二百二十五条　医疗机构及其医务人员应当按照规定填写并妥善保管住院志、医嘱单、检验报告、手术及麻醉记录、病理资料、护理记录等病历资料。

患者要求查阅、复制前款规定的病历资料的，医疗机构应当及时提供。

第一千二百二十六条　医疗机构及其医务人员应当对患者的隐私和个人信息保密。泄露患者的隐私和个人信息，或者未经患者同意公开其病历资料的，应当承担侵权责任。

第一千二百二十七条　医疗机构及其医务人员不得违反诊疗规范实施不必要的检查。

第一千二百二十八条　医疗机构及其医务人员的合法权益受法律保护。

干扰医疗秩序，妨碍医务人员工作、生活，侵害医务人员合法权益的，应当依法承担法律责任。

**第七章　环境污染和生态破坏责任**

第一千二百二十九条　因污染环境、破坏生态造成他人损害的，侵权人应当承担侵权责任。

第一千二百三十条　因污染环境、破坏生态发生纠纷，行为人应当就法律规定的不承担责任或者减轻责任的情形及其行为与损害之间不存在因果关系承担举证责任。

第一千二百三十一条　两个以上侵权人污染环境、破坏生态的，承担责任的大小，根据污染物的种类、浓度、排放量，破坏生态的方式、范围、程度，以及行为对损害后果所起的作用等因素确定。

第一千二百三十二条　侵权人违反法律规定故意污染环境、破坏生态造成严重后果的，被侵权人有权请求相应的惩罚性赔偿。

第一千二百三十三条　因第三人的过错污染环境、破坏生态的，被侵权人可以向侵权人请求赔偿，也可以向第三人请求赔偿。侵权人赔偿后，有权向第三人追偿。

第一千二百三十四条　违反国家规定造成生态环境损害，生态环境能够修复的，国家规定的机关或者法律规定的组织有权请求侵权人在合理期限内承担修复责任。侵权人在期限内未修复的，国家规定的机关或者法律规定的组织可以自行或者委托他人进行修复，所需费用由侵权人负担。

第一千二百三十五条　违反国家规定造成生态环境损害的，国家规定的机关或者法律规定的组织有权请求侵权人赔偿下列损失和费用：

（一）生态环境受到损害至修复完成期间服务功能丧失导致的损失；

（二）生态环境功能永久性损害造成的损失；

（三）生态环境损害调查、鉴定评估等费用；

（四）清除污染、修复生态环境费用；

（五）防止损害的发生和扩大所支出的合理费用。

**第八章　高度危险责任**

第一千二百三十六条　从事高度危险作业造成他人损害的，应当承担侵权责任。

第一千二百三十七条　民用核设施或者运入运出核设施的核材料发生核事故造成他人损害的，民用核设施的营运单位应当承担侵权责任；但是，能够证明损害是因战争、武装冲突、暴乱等情形或者受害人故意造成的，不承担责任。

第一千二百三十八条　民用航空器造成他人损害的，民用航空器的经营者应当承担侵权责任；但是，能够证明损害是因受害人故意造成的，不承担责任。

第一千二百三十九条　占有或者使用易燃、易爆、剧毒、高放射性、强腐蚀性、高致病性等高度危险物造成他人损害的，占有人或者使用人应当承担侵权责任；但是，能够证明损害是因受害人故意或者不可抗力造成的，不承担责任。被侵权人对损害的发生有重大过失的，可以减轻占有人或者使用人的责任。

第一千二百四十条　从事高空、高压、地下挖掘活动或者使用高速轨道运输工具造成他人损害的，经营者应当承担侵权责任；但是，能够证明损害是因受害人故意或者不可抗力造成的，不承担责任。被侵权人对损害的发生有重大过失的，可以减轻经营者的责任。

第一千二百四十一条　遗失、抛弃高度危险物造成他人损害的，由所有人承担侵权责任。所有人将高度危险物交由他人管理的，由管理人承担侵权责任；所有人有过错的，与管理人承担连带责任。

第一千二百四十二条　非法占有高度危险物造成他人损害的，由非法占有人承担侵权责任。所有人、管理人不能证明对防止非法占有尽到高度注意义务的，与非法占有人承担连带责任。

第一千二百四十三条　未经许可进入高度危险活动区域或者高度危险物存放区域受到损害，管理人能够证明已经采取足够安全措施并尽到充分警示义务的，可以减轻或者不承担责任。

第一千二百四十四条　承担高度危险责任，法律规定赔偿限额的，依照其规定，但是行为人有故意或者重大过失的除外。

第九章　饲养动物损害责任

第一千二百四十五条　饲养的动物造成他人损害的，动物饲养人或者管理人应当承担侵权责任；但是，能够证明损害是因被侵权人故意或者重大过失造成的，可以不承担或者减轻责任。

第一千二百四十六条　违反管理规定，未对动物采取安全措施造成他人损害的，动物饲养人或者管理人应当承担侵权责任；但是，能够证明损害是因被侵权人故意造成的，可以减轻责任。

第一千二百四十七条　禁止饲养的烈性犬等危险动物造成他人损害的，动物饲养人或者管理人应当承担侵权责任。

第一千二百四十八条　动物园的动物造成他人损害的，动物园应当承担侵权责任；但是，能够证明尽到管理职责的，不承担侵权责任。

第一千二百四十九条　遗弃、逃逸的动物在遗弃、逃逸期间造成他人损害的，由动物原饲养人或者管理人承担侵权责任。

第一千二百五十条　因第三人的过错致使动物造成他人损害的，被侵权人可以向动物饲养人或者管理人请求赔偿，也可以向第三人请求赔偿。动物饲养人或者管理人赔偿后，有权向第三人追偿。

第一千二百五十一条　饲养动物应当遵守法律法规，尊重社会公德，不得妨碍他人生活。

## 第十章　建筑物和物件损害责任

第一千二百五十二条　建筑物、构筑物或者其他设施倒塌、塌陷造成他人损害的，由建设单位与施工单位承担连带责任，但是建设单位与施工单位能够证明不存在质量缺陷的除外。建设单位、施工单位赔偿后，有其他责任人的，有权向其他责任人追偿。

因所有人、管理人、使用人或者第三人的原因，建筑物、构筑物或者其他设施倒塌、塌陷造成他人损害的，由所有人、管理人、使用人或者第三人承担侵权责任。

第一千二百五十三条　建筑物、构筑物或者其他设施及其搁置物、悬挂物发生脱落、坠落造成他人损害，所有人、管理人或者使用人不能证明自己没有过错的，应当承担侵权责任。所有人、管理人或者使用人赔偿后，有其他责任人的，有权向其他责任人追偿。

第一千二百五十四条　禁止从建筑物中抛掷物品。从建筑物中抛掷物品或者从建筑物上坠落的物品造成他人损害的，由侵权人依法承担侵权责任；经调查难以确定具体侵权人的，除能够证明自己不是侵权人的外，由可能加害的建筑物使用人给予补偿。可能加害的建筑物使用人补偿后，有权向侵权人追偿。

物业服务企业等建筑物管理人应当采取必要的安全保障措施防止前款规定情形的发生；未采取必要的安全保障措施的，应当依法承担未履行安全保障义务的侵权责任。

发生本条第一款规定的情形的，公安等机关应当依法及时调查，查清责任人。

第一千二百五十五条　堆放物倒塌、滚落或者滑落造成他人损害，堆放人不能证明自己没有过错的，应当承担侵权责任。

第一千二百五十六条　在公共道路上堆放、倾倒、遗撒妨碍通行的物品造成他人损害的，由行为人承担侵权责任。公共道路管理人不能证明已经尽到清理、防护、警示等义务的，应当承担相应的责任。

第一千二百五十七条　因林木折断、倾倒或者果实坠落等造成他人损害，林木的所有人或者管理人不能证明自己没有过错的，应当承担侵权责任。

第一千二百五十八条　在公共场所或者道路上挖掘、修缮安装地下设施等造成他人损害，施工人不能证明已经设置明显标志和采取安全措施的，应当承担侵权责任。

窨井等地下设施造成他人损害，管理人不能证明尽到管理职责的，应当承担侵权责任。